民國文存

60

古書源流
（下）

李繼煌 編

知識產權出版社

《古書源流》對古代文獻學和目錄學著作進行專門集合整理，以經、史、子、集為分類標準，為相關讀者和研究者提供集中的文獻查閱便利。下冊為經部、史部、子部三卷，收錄的主要是各部有關文獻的節選或全本，對了解重要學術著作的沿革和學派的淵源具有一定的作用。

本書適合對古代文獻學和目錄學感興趣者及相關研究者閱讀使用。

責任編輯：劉　江　　　責任校對：董志英　　　動態排版：賀　天
特約編輯：張智萍　　　責任出版：劉譯文

圖書在版編目（CIP）數據

古書源流．下/李繼煌編．—北京：知識產權出版社，2014.7
（民國文存）
ISBN 978-7-5130-2847-9

Ⅰ.①古… Ⅱ.①李… Ⅲ.①古籍－彙編－中國 Ⅳ.①Z422

中國版本圖書館 CIP 數據核字（2014）第 151584 號

古書源流（下）
Gushu Yuanliu（xia）

李繼煌　編

出版發行：知識產權出版社有限責任公司	
社　　址：北京市海澱區馬甸南村 1 號	郵　編：100088
網　　址：http://www.ipph.cn	郵　箱：bjb@cnipr.com
發行電話：010-82000860 轉 8101/8102	傳　真：010-82005070/82000893
責編電話：010-82000860 轉 8344	責編郵箱：liujiang@cnipr.com
印　　刷：保定市中畫美凱印刷有限公司	經　銷：新華書店及相關銷售網站
開　　本：720 mm×960mm　1/16	印　張：18
版　　次：2014 年 7 月第一版	印　次：2014 年 7 月第一次印刷
字　　數：221 千字	定　價：60.00 元

ISBN 978-7-5130-2847-9

出版權專有　侵權必究
如有印裝質量問題，本社負責調換。

民國文存

（第一輯）

編輯委員會

文學組

組長：劉躍進

成員：尚學鋒　李真瑜　蔣　方　劉　勇　譚桂林　李小龍　鄧如冰　金立江　許　江

歷史組

組長：王子今

成員：王育成　秦永洲　張　弘　李雲泉　李揚帆　姜守誠　吳　密　蔣清宏

哲學組

組長：周文彰

成員：胡　軍　胡偉希　彭高翔　干春松　楊寶玉

出版前言

　　民國時期，社會動亂不息，內憂外患交加，但中國的學術界卻大放異彩，文人學者輩出，名著佳作迭現。在炮火連天的歲月，深受中國傳統文化浸潤的知識份子，承當著西方文化的衝擊，內心洋溢著對古今中外文化的熱愛，他們窮其一生，潛心研究，著書立說。歲月的流逝、現實的苦樂、深刻的思考、智慧的光芒均流淌於他們的字裡行間，也呈現於那些細緻翔實的圖表中。在書籍紛呈的今天，再次翻開他們的作品，我們仍能清晰地體悟到當年那些知識分子發自內心的真誠，蘊藏著對國家的憂慮，對知識的熱愛，對真理的追求，對人生幸福的嚮往。這些著作，可謂是中華歷史文化長河中的珍寶。

　　民國圖書，有不少在新中國成立前就經過了多次再版，備受時人稱道。許多觀點在近一百年後的今天，仍可說是真知灼見。眾作者在經、史、子、集諸方面的建樹成為中國學術研究的重要里程碑。蔡元培、章太炎、陳柱、呂思勉、謝無量、錢基博等人的學術研究今天仍為學者們津津樂道；魯迅、周作人、沈從文、丁玲、梁遇春、李健吾等人的文學創作以及傅抱石、豐子愷、徐悲鴻、陳從周等人的藝術創想，無一不是首屈一指的大家名作。然而這些凝結著汗水與心血的作品，有的已經罹於戰火，有的僅存數本，成為圖書館裡備受愛護的珍本，或成為古玩市場裡待價而沽的商品，讀者很少有隨手翻閱的機會。

鑑此，為整理保存中華民族文化瑰寶，本社從民國書海裡，精心挑出了一批集學術性與可讀性於一體的作品予以整理出版，以饗讀者。這些書，包括政治、經濟、法律、教育、文學、史學、哲學、藝術、科普、傳記十類，綜之為民國文存。每一類，首選大家名作，尤其是對一些自新中國成立以後沒有再版的名家著作投入了大量的精力，進行了整理。在版式方面有所權衡，基本採用化豎為橫、保持繁體的形式，標點符號則用現行的規範予以替換，一者考慮了民國繁體文字可以呈現當時的語言文字風貌，二者顧及到今人從左至右的閱讀習慣，以方便讀者翻閱，使這些書能真正走入大眾。然而，由於所選書籍品種較多，涉及的學科頗為廣泛，限於編者的力量，不免有所脫誤遺漏及不妥當之處，望讀者予以指正。

目　錄

古書源流卷二　經部源流 ……………………………… 1

六經正名 ……………………………………………………… 3

兩漢經師今古文家法考叙 …………………………………… 6

國朝經師經義目録 …………………………………………… 9

　《易》 ……………………………………………………… 9

　《書》 ……………………………………………………… 11

　《詩》 ……………………………………………………… 13

　《禮》 ……………………………………………………… 15

　《春秋》 …………………………………………………… 16

　　　附三傳總義 …………………………………………… 18

　《論語》 …………………………………………………… 18

　　　附經總義 ……………………………………………… 19

　《爾雅》 …………………………………………………… 19

　　　附音韻 ………………………………………………… 19

　《樂》 ……………………………………………………… 20

國朝詁經文鈔序（《研六室文鈔》） ………………………… 21

經解（《文史通義》） ………………………………………… 24

　經解上（章學誠） …………………………………………… 24

　經解中（章學誠） …………………………………………… 26

i

經解下《學章誠學》································ 27

古書源流卷三　子部源流 ································ 31

　　天下篇《莊子》································ 33
　　論六家要旨《史記》································ 38
　　要略篇《淮南子》································ 40
　　論子部之沿革興廢《讀子卮言》································ 48
　　論九流之名稱《讀子卮言》································ 55
　　論道家為百家所從出《讀子卮言》································ 59
　　呂氏春秋序《述學——論雜家之兼儒墨名法》································ 70

古書源流卷四　史部源流 ································ 73

　　尊史《定盦續集》································ 75
　　二體《史通》································ 76
　　六家《史通》································ 79
　　通志總序《通志》································ 88
　　文獻通考總序《文獻通考》································ 98
　　論過去之中國史學界《中國歷史研究法》································ 119

古書源流附錄································ 141

　　代序································ 142
　　（一）新"解老"································ 144
　　（二）讀《論語》································ 175

編後記································ 271

古書源流卷二

經部源流

六經正名

龔自珍

問：傳記及《爾雅》之為經，子斥之，以其不古也，《孝經》之名古矣，胡斥之？

答：《孝經》之名經，視他傳記古矣，視孔氏之世之六經則不古。羿不云乎？仲尼未生，已有六經；仲尼之生，不作一經。子惑是，是惑於《元命苞》《鉤命決》而已矣。《周官》之偶經，王莽所加。

問：張楫以降，論《爾雅》者衆矣，以孰為正？

答：以宋鄭樵之論為正。然則《雅》可廢邪？答：否！否！尚寶史游《急就》，豈不寶《雅》？尚尊許慎《說文》，豈不尊《雅》？尚信毛萇《詩傳》，豈不信《雅》？後聖如起，莫之廢也。《釋訓》一篇，最冗，最誕，最僑鄙，最不詞；如夾潊言。

問：六藝之有樂，謂聲容不謂竹帛明矣；《樂記》一篇之存，《周官大司樂》篇之存，寶公所獻，戴氏所錄，其存於天地也，不得謂韶濩之存於天地也明矣；班氏乃采《小戴記》之一篇以當六藝之一，何居？

答：子之言是也，而不可以責向與固也。向若曰：此樂之見於大略者爾；名為七略，則不得不然，名為藝文志，則不得不然。

問：《三禮》之名，始何時？

答：始熹平立石經時。夫小戴尊矣，抑《王言》《保傅》之篇善矣，《夏小正》視《月令》古矣，《曾子》十八篇亡，厓略稍稍見，大戴又有功焉，《公冠》《投壺》《諸侯遷廟》《諸侯釁廟》，又班氏所佩，其文與十七篇相似者也，^{十七篇今本《漢書》譌為七十篇，劉敞正之}則是淹中經之四篇也。然而蔡邕不書《大戴》，盧植鄭元不注《大戴》，用心亦有頗焉。

問：吾子之言，以經還經，以記還記，以傳還傳，以羣書還羣書，以子還子，五者正名之功碩矣。今天下古書益少，如其寫定於先生之堂，六藝九種，以誰氏為配？

答曰：我其縱言之：《周書》去其淺誕，剔其譌衍，寫定十有八篇；《穆天子傳》六篇，《百篇書序》，三代宗彝之銘可讀者十有九篇，《秦陰》一篇，^{此篇本在《周書》七十一篇之中，其目存，其文佚，予定為秦昭襄王時書，即今世所傳陰符經也}桑欽《水經》一篇，以配二十九篇之《尚書》；左氏《春秋》，^{宜剔去劉歆所竄益}《春秋公羊傳》，《鄭語》一篇，及太史公書，以配春秋；重寫定《大戴記》，^{存十之四}《小戴記》，^{存十之七}如周《髀算經》《九章算經》《考工記》《弟子職》《漢官舊儀》，以配禮古經；屈原賦二十五篇，漢《房中歌》《郊祀歌》《鐃歌》以配《詩》；許氏《說文》，以配小學：是故《書》之配六，《詩》之配四，《春秋》之配四，《禮》之配七，《小學》之配一。今夫穀梁氏，不受《春秋》制作大義，不得為《春秋》配也；《國語》《越絕》《戰國策》，文章雖古麗，抑古之雜史也，亦不以配《春秋》；《周官》五篇，既不行於周，又未嘗以行於秦漢。文章雖閎侈，志士之空言也，故不以配《禮》；若夫《詩小序》，不能得《詩》之最初義，往往取賦詩斷章者之義以為義，豈《書序》之倫哉？故不得為《詩》之配。竊又以焦氏《易林》、伏生《尚書大傳》、^{惠棟輯逸}《世本》、^{洪飴孫輯逸}董仲舒書之二十三篇。^{盧文弨校本}

《周官》五篇：此五者，附於《易書》《春秋》《禮經》之尾，如附庸之臣王者，雖不得為配，得以其屬籍通，已為之尊矣。盡之矣！盡之矣！或曰：胡不以《老子》配《易》？以《孟子》《郇子》配《論語》？應之曰：經自經，子自子；傳記可配經，子不可配經。雖使曾子、漆雕子、子思子之書具在，亦不以配《論語》；嫴也發其崈矣。

兩漢經師今古文家法考叙

魏源

　　魏源曰：余讀《後漢書·儒林傳》，衛、杜、馬、賈諸君子，承劉歆之緒論，創立費、孔、毛、左古文之宗，土苴西京十四博士今文之學，謂之俗儒，廢書而喟。夫西漢經師，存七十子微言大義：《易》則施、孟、梁、邱皆能以占變知來；《書》則大小夏侯、歐陽、兒寬，皆能以《洪範》匡世主；《詩》則申公、轅固生、韓嬰、王吉、韋孟、匡衡皆以三百五篇當諫書；《春秋》則董仲舒、雋不疑之決獄；《禮》則魯諸生賈誼、韋元成之議制度；而蕭望之等，皆以《孝經》《論語》保傅輔道：求之東京，未或有聞焉。其文章述作：則陸賈《新語》以詩書說高祖；賈誼《新書》為漢定制作；《春秋繁露》《尚書大傳》《韓詩外傳》，劉向《五行》、揚雄《太元》，皆以其自得之學範陰陽，矩聖學，規皇極，斐然與三代同風：而東京亦未有聞焉。今世言學，則必曰東漢之學勝西漢，東漢鄭許之學綜六經。嗚呼！二君惟《六書》《三禮》並視諸經為閎深，故多用今文家法。及鄭氏旁釋《易》《詩書》《春秋》，皆創異門，戶左今右古。其後鄭學大行，駸淫遂至《易》亡施、孟、梁、邱，《書》亡夏侯、歐陽，《詩》亡齊、魯、韓，《春秋》鄒、夾，《公羊》《穀梁》，半亡半存，亦成絕學。讖緯盛，經術卑，儒用絀，晏、肅、預、謐、頤之徒，始得以清言名理，並起持其後；東晉梅賾偽古文書，遂乘機竄入，並馬鄭亦歸於淪佚。西京微言大義之學，墜於東京；東京典章制度之學，絕於隋唐；兩漢故訓聲音之學，熄於魏晉：其道果孰隆替哉！且乎文質再世而必復，天道三微而成一著，今日復古之要，由詁訓聲音以進於東京典章制度，此齊一變至魯也；由典章制度以進於西漢微言大義，貫經術、故事、文章於一，此魯一變至道也。道光商橫攝提格之歲，源既敘錄武進禮曹劉申甫先生遺書，略陳羣經家法，茲乃推黃編集兩漢《儒林傳》《藝文志》之文，凡得：《周易》今文家施氏學第一，梁邱學第二，孟喜氏學第三，孟氏學旁出京氏、焦氏第四，《周易》古文家費氏學第五，其流為荀氏卦氣之學，鄭元爻辰之學，此外又有虞翻消息卦變之學，斯為易學今古文傳授大概也；《尚書》今文列於博士者，有伏生、歐陽、大小夏侯二十八篇之學，有孔安國古文四十餘篇之學，至東漢初，劉歆、杜林、衛宏、賈逵、馬融、鄭康成又別創古文之學，其篇次與今文同，而孔安國《佚十六篇》仍無師說，此皆不列於博士者，及東晉偽古文及偽《孔傳》出，唐代列於學校，而伏歐之今文，馬鄭之古文，同時並亡，予據大傳殘編，加以《史記》《漢書》、諸子所徵引，共成書古微，斯尚書今古文傳授大概也；《詩》則漢初皆習齊轅固生、魯申公、韓嬰三家，惟《毛詩》別為古文，鄭康成初年習《韓詩》，及箋《詩》改從毛，於是齊、魯、韓次第佚亡，今惟存《毛傳》及宋朱子、王應麟始略采三家詩殘文，而未得條緒，明何楷本朝范家相，桐城徐璈次第蒐輯，始獲三家詩十之七八，而余發揮之，成詩古微，此詩今古文大概也；小學以《說文》為宗，歷代罕究。國朝顧炎武始明音學，而段、王二氏發明說文廣雅，惟轉注之說，尚有疏舛，予特為發明之，此小學家之大概也；《禮經》則禘祫之義，王肅與鄭元抗衡，鄭主緯書感生五帝之說，肅主人帝為始祖所自出之帝，輸攻墨，秦固失之，楚亦未得，而鄭元《周禮注》計口出泉，至宋遂啓王安石新法之禍，惟宋朱子纂《儀禮經傳通解》，分家禮、邦國禮、王朝禮、喪祭禮，合三禮為一書，集三代古禮之大成，又欲采後世制度，因革損益以擇其可行，國朝《讀禮通考》《五禮通考》，實成其志，此則古今三禮之大概也：今采史志所載各家，立案於前，而後隨人疏證，略施斷制於後，俾承學之士法古今者一披覽，而羣經羣儒粲然，如處一堂，識大識小，學無常師，以為後之君子，亦將有樂於斯乎？

國朝經師經義目錄

江藩

《易》

魯商瞿子木受《易》於孔子，五傳至齊田何子莊，子莊之後，有施、孟、梁邱之學：施，施讎也，孟，孟喜也，梁邱，梁邱賀也；又有京氏學：京氏，京房也，從梁人焦延壽學《易》，延壽嘗從孟喜問《易》，喜死，房以延壽《易》卽孟氏學，翟牧白生不肯，皆曰，非也。然則京生之學，實出於焦贛，長於災異，非孟氏《易》明矣。又有費氏《易》。費氏名直，本以古字號古文《易》，無章句，徒以彖象、繫辭、文言，解說上下經。成帝時，劉向典校書，考《易》以為諸家說皆祖田何，大義畧同，惟京氏為異；又以中古文《易經》，校施、孟、梁邱之《易經》，或脫去无咎悔亡，惟費氏經與古文同。京兆陳元，扶風馬融，河南鄭衆，北海鄭元，潁川荀爽，並傳費氏《易》。沛人高相治《易》，與費氏同時，其《易》亦無章句，專說陰陽災異自言出丁將軍，傳至相；丁將軍、丁寬也，受田何《易》，是為高氏《易》。漢初立《易》楊氏博士；楊氏字叔元，田何之弟子也。宣帝後，立施孟梁邱之《易》，元帝又立京氏《易》。費高二《易》，民間傳之。後漢費氏興，而高氏微矣。永嘉以來，鄭元、王弼二注，列於國學，至南齊，《易》用鄭義，隋唐始專主王弼，而漢晉諸儒之注皆亡。惟唐李鼎祚《周易集解》，博採諸儒之說，如孟喜、京房、馬融、鄭元、荀爽、劉表、宋衷、虞翻、陸績略存一二；於是卦氣六日七分游歸飛伏爻辰交互消息升降納甲之變半見等例，藉此可以推尋。無如王韓清談，程朱理學，固結人心，或詆為穿鑿，或斥為邪說，先儒古義，棄如土梗矣。夫《易》為卜筮之書，秦火未燔。商瞿受《易》以來，傳授不絕，則漢儒之說，以商瞿為祖。商瞿之說，孔子之言也，嗟乎！孔子之言，可以謂之穿鑿，謂之邪說哉？蓋《易》自王輔嗣、韓康伯之書行，二千餘年，無人發明漢時師說，及東吳惠氏起而導其源，疏其流，於是三聖之易，昌明於世，豈非千秋復旦哉！國初老儒，亦有攻王弼之注，擊陳摶之圖者：如黃宗羲之《易學象數論》，雖闢陳摶康節之學，而以納甲動爻為偽象，又稱王輔嗣注簡當無浮義；黃宗炎之《周易象辭圖書辨惑》亦力闢宋人圖書之說，可謂不遺餘力矣，然不宗漢學，皆非篤信之士也。惟毛奇齡《仲氏易推》《易始末》《春秋占筮書》《易小帖》四書，頗宗舊旨，不雜蕪詞，但以變易交易，為伏羲之《易》，反易對易之外，又增移易為文王周公之易：牽合附會，不顧義理，務求詞勝而已。凡此諸書，不登茲錄。

《易圖明辨》十卷。胡渭撰《易說六卷》。惠士奇撰《周易述》二十三卷。《易漢學》八卷。《易例》二卷。《周易本義辨證》五卷。惠定宇撰《易述贊》二卷。洪榜撰《周易虞氏義》九卷。《虞氏消息》二卷。張惠言撰《易音》三卷。顧炎武撰

《書》

《尚書》有二，一為今文，伏生所受也；一為古文，孔安國所傳也。《書》本有百篇，孔子序之，遭秦滅學，至漢唯濟南伏生口傳二十八篇：一《堯典》，合《舜典》為一篇；二《皋陶謨》，合《益稷》為一篇；三《禹貢》；四《甘誓》；五《湯誓》；六《盤庚》；七《高宗肜日》；八《西伯戡黎》；九《微子》；十《牧誓》；十一《洪範》；十二《金縢》；十三《大誥》；十四《康誥》；十五《酒誥》；十六《梓材》；十七《召誥》；十八《洛誥》；十九《多士》；二十《無逸》；二十一《君奭》；二十二《多方》；二十三《立政》；二十四《顧命》，合《康王之誥》為一篇；二十五《呂刑》；二十六《文侯之命》；二十七《費誓》；二十八《秦誓》；又河内女子得《秦誓》一篇獻之，共二十九篇。伏生作《尚書傳》四十一篇，以授同郡張生，張生授千乘歐陽生，歐陽生授同郡兒寬，寬授歐陽生之子世，世傳至曾孫歐陽高，謂之《尚書》歐陽之學。又有夏侯都尉受業於張生，以授族子始昌，始昌傳族子勝為大夏侯之學；勝授從子建，別為小夏侯之學：於是有歐、陽、大小夏侯三家，訖漢東京，相傳不絕，是為《今文尚書》。漢武帝時，魯恭王壞孔子宅，得《古文尚書》，孔安國以今文字讀之，皆起，增多一十六篇：《舜典》一、《汨作》二、《九共》三、《大禹謨》四、《棄稷》五、《五子之歌》六、《允征》七、《湯誥》八、《咸有一德》九、《典寶》十、《伊訓》十一、《肆命》十二、《原命》十三、《武成》十四、《旅獒》十五、《冏命》十六：鄭康成謂之二十四篇者，分《九共》為九篇也。遭巫蠱事，不得列於學官，故稱逸書，亦稱中古文。其傳之者都尉朝，朝授膠東庸生，庸生授胡常，常授徐敖，敖授王璜、涂惲，惲授桑欽。成哀時，劉向父子校理秘書，皆見之。後漢賈徽受業於涂惲，傳子逵。又有孔僖者，安國後也，世傳其學。尹敏、周防、周磐、楊倫、張楷、孫期亦習古文。又有扶風杜林，得西州漆書，互相考證，以授衛宏徐巡；馬融亦傳其學。鄭君康成先受古文於張恭祖，既又游馬融之門，乃淵源於孔氏，又通杜林漆書者也；是為《古文尚書》。然增多之一十六篇，馬融云絕無師說，蓋安國以今文讀之，校其文字，習其句讀而已。漢儒重師承，無師說者，不敢強為之解，則張楷之注，賈逵之訓，馬融之傳，康成之注，亦但解伏生所傳之二十八篇，其一十六篇，皆無注釋也，所以謂之逸書；逸書者非逸其文，其說逸而無考也。其後《武成》亡於建武之際。至東漢之末，《允征伊訓》猶有存者，故康成注《書》，間一引之：如《禹貢》注，引《允征》《典寶》注，引《伊訓》之類。迄乎永嘉，師資道喪，二京逸典，咸就減亡。江左中興，元帝時，豫章內史梅賾奏上孔傳《古文尚書》，自云晉太保公鄭沖，以《古文尚書》授扶風蘇愉。愉授天水梁柳，柳授城陽臧曹，曹授汝南梅賾。賾所上之書，增多古文二十五篇：一《大禹謨》、二《五子之歌》、三《允征》、四《仲虺之誥》、五《湯誥》、六《伊訓》、七《太甲上》、八《大甲中》、九《太甲下》、十《咸有一德》、十一《說命上》、十二《說命中》、十三《說命下》、十四《泰誓上》、十五《泰誓中》、十六《秦誓下》、十七《武成》、十八《旅獒》、十九《微子之命》、二十《蔡仲之命》、二十一《周官》、二十二《君陳》、二十三《畢命》、二十四《君牙》、二十五《冏命》：是為偽《古文尚書》，偽《孔傳》。齊建武中，吳姚方興於大航市得《舜典》一篇奏上，比馬鄭註多"曰若稽古帝舜，曰重華，協于帝，濬哲文明，溫恭允塞，元德升聞，乃命以位"二十八字，乃分《堯典》之半為《舜典》，此又偽中之偽也。時梁武為博士，駁之，遂不行。至唐孔穎達為正義，取偽孔書，又取此說，反斥鄭氏所述之二十四篇為張霸偽造。霸偽造者，乃《百兩篇》。成帝時，劉向以古文校之，非是，遂黜其書；《漢書·儒林傳》，先述孔壁逸書，後敘《百兩篇》，則逸書非《百兩》明矣。且逸書及《百兩篇》劉向父子，領校祕書時皆得見之，豈有向明知其偽，而撰《別錄》仍取霸書乎？歆撰《三統》，歷述《伊訓武成畢命》諸篇，悉孔壁古文，豈有歆亦知其偽，而反取其說乎？沖遠之說，可謂游談無根矣。自此以後，正義大行，而馬鄭之注皆亡。至宋吳棫、朱子始疑其偽，繼之者吳草廬、郝京山、梅鷟也，然皆未能抉其奧，探其蘊。逮國朝閻氏、惠氏出，而偽古文寖微，馬鄭之學，復顯於世矣。國朝注《尚書》者十有餘家，不知偽古文偽孔傳者，概不著錄：如胡朏明《洪範正論》，雖力攻圖書之謬，而闕漢學五行災異之說，是不知夏侯始昌之《洪範》《五行傳》亦出於伏生也。朏明雖知偽古文，而不知《五行傳》之不可闕，是以黜之。

《古文尚書疏證》八卷。閻若璩撰《禹貢錐指》二十卷。圖一卷。胡渭撰《古文尚書考》二卷。惠定宇撰《尚書考辨》四卷。宋鑒撰《尚書後案》三十卷。王鳴盛撰《尚書集注音疏》十二卷。《尚書經師系表》一卷。江艮庭撰

《詩》

詩有齊、魯、韓、毛四家，皆出於子夏。《齊詩》齊人轅固生作詩傳，號曰《齊詩》；魯人申培公受詩於浮邱伯，以《詩經》為訓故以教，無傳，疑者則闕，號曰《魯詩》；燕人韓嬰推詩之意，作內外傳萬言，號曰《韓詩》；《毛詩》者，出自毛公，河間獻王好之。徐整

13

云：子夏授高行子，高行子授薛倉子，薛倉子授帛妙子，帛妙子授河間人大毛公，為詩故訓，傳於家，以授趙人小毛公，為河間獻王博士，以不在漢朝，故不列於學。一云，子夏傳曾申，申傳魏人李克，克傳魯人孟仲子，孟仲子傳根牟子，根牟子傳趙人孫卿子，孫卿子傳魯人大毛公。《漢書·儒林傳》云：毛公趙人，治《詩》，為河間獻王博士，授同國貫長卿，長卿授延年，延年授虢徐敖，敖授九江陳俠。或云：陳俠授謝曼卿。三說不同，未知孰是。後漢鄭衆賈逵傳《毛詩》，馬融作注，鄭元作箋，於是毛傳大行，而三家廢矣。魏王肅又述毛非鄭；王基駁王申鄭；孫毓為《詩評》，評毛、鄭、王肅三家同異而朋於王；陳統又難孫申鄭：王、鄭兩家，互相掊擊，皆本毛傳。自漢及五代，未有不本毛公。而別為之說者，有之自歐陽修《詩本義》始；於經義毫無裨益，專務新奇而已。修開妄亂之端，於是攻小序者，不一其人，攻大序者，不一其人，若《毛傳鄭箋》，則棄之如糞土矣。至程大昌之《詩論》，王柏之《詩疑》，變本加厲，斥之為異端邪說可也！國朝崇尚實學，稽古之士崛起。然朱鶴齡之《通義》，雖力駁廢序之非，而又採歐陽修、蘇轍、呂祖謙之說，蓋好博而不純者也。鶴齡與同里陳啓源商榷《毛詩》，啓源又著《稽古編》三十卷，惠徵君定宇亟稱之。其書雖宗鄭學，訓詁聲音，以《爾雅》為主，草木蟲魚，以陸疏為則，可謂專門名家矣。然而解"西方美人"，則盛稱佛教東流，始於周代，至謂孔子抑藐三皇，而獨聖於西方；解捕魚諸器，謂"廣殺物命，恬不知怪，非大覺緣果之文，莫能救之"，妄下斷語，謂："庖犧必不作網罟"，吁！可謂怪誕不經之談矣。以佛說解經，晉宋間往往有之，然皆襲其說而改其貌，未有明目張膽若此者也。顧震滄之《毛詩類釋》，多鑿空之言，非專門之學，亦在刪汰之例。

《詩說》三卷。^{惠周惕撰}《毛鄭詩考正》四卷。^{戴震撰}《詩本音》十卷^{顧炎武撰}《詩

音表》一卷。錢坫撰

《禮》

秦氏坑焚,《禮經》缺壞,漢興,魯高堂生傳《士禮》十七篇,即今之《儀禮》也。而魯徐生善為容。景帝時,河間獻王好古,得古禮獻之:古文禮五十篇,記百三十一篇,周禮六篇:其十七篇與高堂生同而字多異。或曰,河間獻王開獻書之路,有李氏上《周官》五篇,失《冬官》一篇,乃購千金,不得,取《考工記》以補之,即今之《周禮》也。禮記者、本孔子門徒,共撰所聞,以為此記,後人各有損益。《中庸》子思所作,《緇衣》公孫尼子制,《月令》呂不韋撰,《王制》漢時博士所為。陳邵周《禮論》序云:"戴德刪古禮二百四篇為八十五篇,謂之《大戴禮》,戴聖刪《大戴禮》為四十九篇,是為《小戴禮》,後漢馬融盧植,考諸同異,附戴聖篇章,去其繁重及所敍略而行於世,即今之《禮記》也。"傳《禮經》者,自瑕邱蕭奮授東海孟卿,卿授同郡后蒼及魯瑕邱卿,其古禮經五十六篇,蒼傳十七篇,所餘三十餘篇,以付書館,名為《逸禮》;蒼說禮,號《后蒼曲臺記》,授聞人通漢及戴德戴聖慶普。由是禮有大小戴慶氏之學。普授夏侯敬,又傳族子咸。大戴授徐良,小戴授橋仁楊榮。新莽時,劉歆為國師,始立周官經。杜子春受業於歆,授鄭興父子,此《士禮》《周官》授受源流也。慶氏《曲臺》,其亡已久,傳《禮記》者,馬融盧植鄭康成。自晉及唐,三禮皆用鄭注,至宋儒潛心理學,不暇深究名物度數,所以於《禮經》無可置喙。然必欲攻擊漢儒,乃於《周禮》中指摘其好引讖緯而已。南宋以後,始改竄經文,補亡之說興矣。士禮十七篇,文詞古奧，宋儒畏其難讀，別無異說。至敖繼公始疑《喪服傳》非子夏所作，而注文隱攻鄭氏，巧於求勝；於是郝敬之臆斷，奇齡之吾說起矣。延祐科舉之制，《易詩書春秋》，皆以宋儒新說與注疏相參，惟《禮記》則專用注流。至陳澔乃為集說一書，不從鄭注，於是談《禮記》皆趨淺顯而不問古義矣。至國朝如萬斯大蔡德晉盛百二，雖深於《禮經》，然或取古注，或參妄說，吾無取焉；方苞輩則更不足道矣。

《周官祿田考》三卷。沈彤撰《禘祫說》二卷。惠定宇撰《周禮疑義舉要》七卷。江永撰《考工記圖》二卷。戴震撰《弁服釋例》十卷。任大椿撰《車制考》一卷。錢坫撰

《儀禮鄭注句讀》十七卷。《監本正誤》一卷。《石經正誤》一卷。張爾岐撰《儀禮小疏》一卷。沈彤撰《儀禮釋宮譜增注》一卷。江永撰《儀禮管見》四卷。褚寅亮撰《儀禮正偽》十七卷。金日追撰《儀禮圖》六卷。張惠言撰《禮經釋例》十三卷。凌廷堪撰

《深衣考》一卷。黃宗羲撰《明堂大道錄》八卷。惠定宇撰《禮記訓義擇附三禮總義》。《禮說》十四卷。惠士奇撰《禮經綱目》八十五卷。江永撰《禮箋》十卷。金榜撰

《春秋》

孔子作《春秋》，為之傳者，左邱明、公羊高、穀梁赤及鄒氏、夾氏。鄒氏無師，夾氏有錄無書，皆不顯於世。傳於世者，左氏、公、穀三家。邱明作傳以授曾申，申傳吳起，起傳其子期，期傳譯椒，椒傳虞卿，卿傳荀況，況傳張蒼，蒼傳賈誼，誼傳至其孫嘉，嘉傳貫公，貫公傳少子長卿，長卿傳張敞及張禹，禹傳尹更始，更始傳其子咸及翟

方進胡常，常授賈護，護授陳欽；劉歆從尹咸及翟方進受《左氏》，歆授賈徽，徽傳子逵。逵受詔，列《公羊穀梁》不如《左氏》四十事奏之，又作《左氏》訓詁，於是鄭衆馬融服虔，皆為左氏學。至和帝元興十一年，鄭興父子奏上《左氏》，乃立於學官，遂盛行。江左中興，用服氏注，後專用杜氏，而諸家之注發矣。傳《公羊》者，胡母生董仲舒。仲舒傳褚大嬴公段仲溫呂步舒，嬴公授孟卿及眭宏，宏授嚴彭祖顏安樂；由是《公羊》有嚴顏之學，數傳至孫寶，後漢何休為之注。傳《穀梁》者，瑕邱江公受於魯申公，其學寖微，惟榮廣浩星公二人受焉。蔡千秋周慶丁姓皆從廣受《穀梁》。千秋又事浩星公，為學最篤。宣帝即位，聞衞太子好《穀梁》，乃詔千秋與公羊家並說，上善穀梁說，後又選郎十人從千秋受，會千秋病死，徵江公孫為博士，詔劉向受《穀梁》，欲令助之。江博士復死，乃徵周慶丁姓待詔，使卒授十人，十餘歲皆明習，乃召五經名儒，太子太傅蕭望之等大議殿中，平《公羊穀梁》同異。望之等多從《穀梁》，由是大盛。又有尹更始事千秋，傳其學，又受《左氏傳》為章句十五卷。繼之者唐固糜信。至隋時，《穀梁》用范甯注，是時左氏學大行，二家鮮習之者。至唐趙匡啖助陸淳，始廢傳談經，而三傳束置高閣；《春秋》之一大厄也。有宋諸儒之說《春秋》，皆啖趙之子孫而已。國朝為左氏之學者，吳江朱氏，無錫顧氏。而鶴齡雜取邵寶王樵之說，而不採賈服。震滄之大事表雖精，然實以宛斯之書為藍本，且不知著書之體，有不必表者亦表之，甚至如江湖術士之書，以七言為歌括，不值一噱矣。茲不著錄。宋以後，貴文章，治《左氏》，《公穀》竟為絕學。阮君伯元云孔君廣森深於公羊之學，然未見其書，不敢著錄，餘做此云。

《左傳》《杜解》《補正》三卷。^{顧炎武撰}《左傳事緯》十二卷，附錄八卷。^{馬驌撰}《春秋長歷》十卷。《春秋世族譜》一卷。^{陳厚耀撰}《左傳補注》六卷。^{惠定宇撰}《春秋左傳小疏》一卷。^{沈彤撰}《春秋地理考實》四卷。^{江永撰}

附三傳總義

《春秋說》十五卷。^{惠士奇撰}

《論語》

《論語》者，孔子應答弟子及時人所言，或弟子相與言而接聞夫子之語也。鄭康成云，仲弓子夏等所撰定。漢興，傳者《魯論》《語齊論》《語古論語》三家。傳《魯論》者，龔奮夏侯勝韋賢賢弟元成扶卿夏侯建蕭望之。《齊論語》則有《問王知道》二篇，凡二十二篇，其二十篇中章句，頗多於《魯論》，傳之者王吉王卿貢禹五鹿充宗膠東庸生。《古論語》出孔壁中，二十一篇有兩子張，篇次與《齊魯》不同，孔安國為傳，馬融亦注之。張禹受《魯論》於夏侯建，又從庸生王吉受《齊論》，擇善而從，號曰《張侯論》，包咸周氏並為章句。鄭元就《魯論》張包周之篇章，考之《齊古》，為之注焉。魏何晏又為集解，梁陳鄭何並立於學官，唐則專用何注，而鄭注亡矣。至南宋朱子始以《論語孟子》及《禮記》中之《中庸大學》二篇，合為四書，盛行於世。凡四書類及經總義類皆附於此。

《四書釋地》一卷。《四書釋地續》一卷。《四書釋地又續》二卷。《四書釋地三續》二卷。《四書釋地餘論》一卷。^{閻若璩撰}《鄉黨圖考》十卷。^{江永撰}《孟子字義疏證》三卷。^{戴震撰}《論語後錄》五卷。^{錢坫撰}《論語駢枝》一卷。^{劉台拱撰}

附經總義

《九經誤字》一卷。^{顧炎武撰}《九經古義》十六卷。^{惠定宇撰}《羣經補義》五卷。^{江永撰}《經義雜記》三十卷。^{臧琳撰}《古經解鉤沈》三十卷。^{余古農撰}《經讀考異義證》□□卷。^{武億撰}《經傳小記》三卷。^{劉台拱撰}

《爾雅》

《爾雅》一書，張揖云，《釋詁》一篇周公作，《釋言》以下，或言仲尼所增，子夏所足，叔孫通所益，梁文所補。漢儒為此學者，犍為舍人劉歆樊光李巡孫炎。後用郭璞注，而各家之注俱亡。凡方言釋名小學諸書，皆附於後。

《爾雅正義》二十卷。^{邵晉涵撰}《方言疏證》十三卷。^{戴震撰}《釋名疏證》八卷。《釋名補遺》一卷。《續名》一卷。^{江艮庭撰}《小學鉤沈》二十卷。《字林考逸》八卷。^{任大椿撰}《說文解字義證》五十卷。^{桂馥撰}《別雅》五卷。^{吳玉搢撰}

附音韻

《音論》三卷。《唐韻正》二十卷。《古音表》二卷。《韻補正》一卷。^{顧炎武撰}《古韻標準》四卷。《四聲切韻表》四卷。《音學辨微》一卷。^{江永撰}《聲韻考》四卷。《聲類表》十卷。^{戴震撰}《四聲均和表》五卷。《示兒切語》一卷。^{洪榜撰}

《樂》

　　古者，六籍五經禮樂並重周衰禮壞樂微迨秦燔書而樂之遺籍，掃地盡矣。漢興，制氏以雅樂聲律，世為樂官，能記其鏗鏘鼓舞，而不能言其義。其後樂人竇公獻樂章，武帝時河間獻王作樂記，與制氏不相遠，內史丞王定傳之以授常山王禹，成帝時禹為謁者，獻記二十四卷，劉向校書，得樂記二十三篇，與禹不同，其道寖微。魏晉以後，典章廢棄，即《班志》所載二十三篇，已不復得，於是遂為絕學。國朝諸儒蔚起，搜討舊聞，雖樂制云亡，而論音律者，求周尺、漢尺之遺，尋審律審音之旨，俾二千餘年之墜緒，彰明宇宙，不誠繼往開來之偉業哉！若斯之類，不可泯滅，因別立一類，以附卷末。

《律呂新論》二卷。《律呂闡微》十卷。江永撰《律呂考文》六卷。錢塘撰《燕樂考原》六卷。凌廷堪撰

國朝詁經文鈔序（《研六室文鈔》）

胡培翬

經學莫盛於漢。自文帝置《論語》《孝經》《孟子》《爾雅》博士，其後增立五經博士，傳業寖廣，一經說至百萬言，大師衆至千餘人，可謂盛矣。然諸儒講論六藝之文罕傳焉，以無裒集之者故也。漢儒說經，各有家法，不為嚮壁虛造之談；歷魏晉至隋唐遵循勿失。宋時周、程、張、朱諸子講明義理，而名物制度，猶必以漢儒為宗。逮至元明，講章時文之習勝，率多高心空腹，束書不觀，而經術日衰矣。我國家重熙累洽，列聖相承，尊經重學，頒御纂欽定之書於天下而又廣開四庫，搜羅祕逸，兩舉鴻博，一舉經學，天下之士，靡然嚮風。二百年來，專門名家者：於《易》有半農、定宇、惠氏父子，於《書》有艮庭江氏、西莊王氏，於《詩》有長發陳氏，於《春秋》有復初顧氏，於《公羊》有顨軒孔氏，於《禮》有稷若張氏、慎修江氏、易疇程氏，於《爾雅說文》音韻有亭林顧氏、東原戴氏、二雲邵氏、懋堂段氏、石臞王氏；於諸經言天文，則勿菴梅氏；言地理，則東樵胡氏、百詩閻氏；言金石文字，則竹汀錢氏。其讀書卓識，超出前人，自闢涂徑，為歷代諸儒所未及者，約有數端：一曰辨羣經之偽：如胡氏之《易圖明辨》，辨《河圖洛書先天後天》各圖，非《易書》本有；王氏之《白田雜著》，辨《周易本義》前九圖，非朱子所作；閻氏《古文尚書疏證》、惠氏《古文尚書考》，辨東晉晚出之古文《孔傳》，為梅賾偽託；毛

21

氏《詩傳詩說駁議》辨子貢傳《申培說》為豐坊偽撰是也。一曰存古蹟之真：如《易經》二篇，傳十篇，本自別行，王弼作注，始分傳附經，朱子《本義》，復古十二篇，而明時修《大全》，用《程傳》本，以本義附之，後坊刻去《程傳》，專存《本義》，仍用《程傳》本，而朱子書，亦失其舊，自御纂《周易》折中，改從古本，學者始見真面目，惠氏《周易本義辨證》詳言之；又如竹君朱氏之倡刊《說文》始一終亥之本；通志堂抱經堂之校刊經典釋文全書是也。一曰發明微學：惠氏之《易漢學周易述》；張氏之《周易虞氏義虞氏消息》；王氏之《廣雅疏證》；段氏之《說文注》；黃梨洲、梅勿菴之《本周髀言天文》；邵二雲之《重疏爾雅》；焦里堂之《重疏孟子》是也。一曰廣求遺說：余氏之《古經解鈎沈》；任氏之《小學鈎沈》；邵氏之《韓詩內傳考》；洪氏之輯鄭賈服諸家說為《左傳》詁；臧氏之輯《儀禮》喪服，馬王注《禮記》，盧植解詁《月令》，蔡邕章句《爾雅古注》是也。一曰駁正舊解：江氏之《深衣考誤》，辨深衣非六幅交，解為十二幅；《鄉黨圖考》辨治朝本無屋無堂；顧亭林《左傳杜解補正》，顧復初《春秋大事表》，皆糾杜注諒闇短喪之謬；戴東原《聲韻考》，以轉注為互訓，歷指前人解釋之誤是也。一曰創通大義：顧氏之《音學五書》分十部，江氏之《古韻標準》分十三部，段氏之《六書音韻表》分十七部，以考古音；王尚書之《經傳釋詞》標舉一百六十字，以明經傳中語詞非實義；凌教授之《禮經釋例》分通例、飲食例、賓客例、射例、變例、祭例、器服例、雜例，以言禮之節文等殺是也。凡此皆本朝經學之卓卓者，其他閉戶研求，以其所得，筆之於書，不可殫述。蓋惟上有稽古司天之聖人，而後下之服習者衆，彬彬乎超軼兩漢也。諸儒所注羣經，成書具在，而其散見於文集者，或與友朋辨論經義，或剖析古今疑旨，或所注之經，句詮字釋，限於篇幅，因取書中關涉大義者，別

國朝詁經文鈔序（《研六室文鈔》）

為文發之；又有札記之書，所釋非一經，每經不數條，顧較通釋全經者，時有創獲，衷而輯之，誠通經之軌轍已。然而諸儒著述，散在人間，為類甚繁，非博聞多識，好學深思之君子，未易攬❶其全，集其成也。涇邑朱蘭坡先生以許鄭之精研，兼馬班之麗藻，出入承明金馬著作之庭二十餘年，內府圖籍，外間所未見者，輒錄副本；又性好表章遺逸，宏獎士類，四方著述未經刊布者，多求審定；先世培風閣藏書最富，而其萬卷齋所得祕木尤多：於是博采本朝說經之文，覈其是非，勘其同異，分類編錄，名曰《詁經文鈔》：凡《易》八卷，《書》八卷，《詩》八卷，《春秋》八春，《周禮》十卷，《儀禮》五卷，《禮記》五卷，《三禮總義》十卷，《論語孟子附羣經義》共五卷，《爾雅》一卷，《說文》一卷，《音韻》一卷，總七十卷。《續鈔》又已積二十卷，其文多鈔自諸家集中；而解經之書，有分段箋釋自成篇章者，亦同錄入。尋其義例，宗主漢儒，惟收徵實之文，不取蹈空之論；至於一事數說，兼存並載，以資考證；蓋欲讀者因文通經，非因經存文也。然而諸家撰著之精，亦藉是萃集，不致散逸矣。培翬曩歲在都，追陪講論，飫聞大旨，今獲覩是書之成，奉命作序，自慚膚末，無裨高深；惟敬述我朝經學之盛，與是書所以嘉惠藝林之意，揭之於篇，以諗來者。儻有好而梓之，廣其傳布，則後進獲益無窮，不朽之業，實在於斯。所深企焉！

---

❶ "攬"當爲"覽"。——編者註

經解（《文史通義》）

章學誠

經解上 章學誠

六經不言經，三傳不言傳，猶人各有我，而不容我其我也。依經而有傳，對人而有我，是經傳人我之名，起於勢之不得已，而非其質本爾也。《易》曰："上古結繩而治。後世聖人，易之以書契，百官以治，萬民以察。"夫為治為察，所以宣幽隱而達形名，布政教而齊法度也，未有以文字為一家私言者也。《易》曰："雲雷屯，君子以經綸。"經綸之言，綱紀世宙之謂也。鄭氏注謂"論撰書禮樂，施政事"，經之命名，所由昉乎？然猶經緯經紀云爾，未嘗明指詩書六藝為經也。三代之衰，治教既分，夫子生於東周，有德無位，懼先聖王法積道備至於成周無以續且繼者，而至於淪失也，於是取周公之典章所以體天人之撰而存治化之迹者，獨與其徒相與申而明之，此六藝之所以雖失官守，而猶賴有師教也。然夫子之時，猶不名經也。逮夫子既沒，微言絕而大義將乖，於是弟子門人，各以所見所聞所傳聞者，或取簡畢，或授口耳，錄其文而起義：左氏《春秋》，子夏《喪服》諸篇，皆名為傳，而前代逸文不出於《六藝》者，稱述皆謂之傳，如孟子所對湯武

經解（《文史通義》）

及文王之囿是也；則因傳而有經之名，猶之因子而立父之號矣。至於官師既分，處士橫議，諸子紛紛，著書立說，而文字始有私家之言，不盡出於典章政教也。儒家者流，乃尊《六藝》而奉以為經，則又不獨對傳為名也。荀子曰："夫學始於誦經，終於習禮。"莊子曰："孔子言治，《詩》《書》《禮》《樂》《易》《春秋》六經。"又曰："繙十二經"以見老子、荀、莊，皆出子夏門人，而所言如是，《六經》之名起於孔門弟子亦明矣。然所指專言六經，則以先王政教典章，綱維天下，故經解疏別六經，以為入國可知其教也。《論語》述夫子之言行，爾雅為羣經之訓詁；《孝經》則又再傳門人之所述，與《緇衣坊表》諸記相為出入者爾。劉向班固之徒，序類有九，而稱藝為六，則固以三者傳而附之於經，所謂離經之傳，不與附經之傳相次也。當時諸子著書，往往自分經傳，如撰輯《管子》者之分別經言，《墨子》亦有經篇，韓非則有儲說經傳；蓋亦因時立義自以其說相經緯爾，非有所擬而僭其名也。經同尊稱，其義亦取綜要，非如後世之嚴也。聖如夫子，而不必為經，諸子有經，以貫其傳，其義各有攸當也。後世著錄之家，因文字之繁多，不盡關於綱紀，於是取先聖之微言，與羣經之羽翼，皆稱為經。如《論語》《孟子》《孝經》與夫《大小戴記》之別於《禮》，《左公穀》之別於《春秋》，皆題為經，乃有九經、十經、十三、十四諸經，以為專部；蓋尊經而並及經之支裔也。而儒者著書，始嚴經名，不敢觸犯，則尊聖教而慎避嫌名，蓋猶三代以後，非人主不得稱我為朕也。然則今之所謂經，其強半皆古人之所謂傳也。古之所謂經，乃三代盛時，典章法度，見於政教行事之實，而非聖人有意作為文字以傳後世也。

經解中 章學誠

事有實據,而理無定形,故夫子之述《六經》,皆取先王典章,未嘗離事而著理。後儒以聖師言行爲世法,則亦命其書爲經,此事理之當然也。然而以意尊之,則可以意僭之矣。蓋自官師之分也,官有政,賤者不敢強干之,以有據也;師有教,不肖者輒敢紛紛以自命,以無據也。孟子時以楊墨爲異端矣。楊氏無書墨翟之書,初不名《經》,_{雖有經篇經說,未名全書爲經}而莊子乃云,苦獲鄧陵之屬,皆論《墨經》,則其徒自相崇奉而稱經矣。東漢秦景之使,天竺四十二章,皆不名經,_{佛經皆中國翻譯,竺書無經字}[1]其後華言譯受,附會稱經,則亦文飾之辭矣。《老子》二篇,劉班著錄,初不稱經,《隋志》乃依《阮錄》稱《老子經》。意者,《阮錄》出於梁世,梁武崇尚異教,則佛老皆列經科,其所倣也。而加以《道德真經》,與《莊子》之加以《南華真經》,《列子》之加以《冲虛真經》,則開元之元教設科,附飾文致,又其後而益甚者也。韓退之曰:"道其所道,非吾所謂道"。則名教既殊,又何妨於經其所經,非吾所謂經乎?若夫國家制度,本爲經制,李悝法經,後世律令之所權輿,唐人以律設科,明祖頒示大誥,師儒講習,以爲功令,是卽《易》取經綸之意,國家訓典,臣民尊奉爲經,義不背於古也。孟子曰:"行仁政,必自經界始。"地界言經,取經記之意也。是以地理之書,多以經名,《漢志》有《山海經》,《隋志》乃有《水經》,後代州郡地理,多稱《圖經》,義皆本於經界書,亦自存掌故,不與著述同科,其於六藝之文,固無嫌也。至於術數諸家,均出聖門制作,周公經理垂典,皆守人官物曲,而不失

---

[1] "中國翻"據商務書局《文史通譯》補。——編者註

其傳。及其官司失守,而道散品亡,則有習其說者,相與講貫而授受,亦猶孔門傳習之出於不得已也。然而口耳之學,不能歷久而不差,則著於竹帛,以授之其人,_{說詳詩教上篇}亦其理也。是以至戰國而羲、農、黃帝之書,一時雜出焉。其書皆稱古聖,如天文之《甘石星經》,方技之《靈》《素》《難經》,其類實繁則猶匠祭魯般,兵祭蚩尤,不必著書者之果為聖人,而習是術者,奉為依歸,則亦不得不尊以為經言者也。又如《漢志》以後,雜出春秋戰國時書,若師曠《禽經》,伯樂相馬之經,其類亦繁,不過好事之徒,因其人而附合,或略知其法者,託古人以鳴高,亦猶儒者之傳梅氏《尚書》,與子夏之書《大序》也。他若陸氏《茶經》,張氏《棋經》,酒則有《甘露經》,貨則有《相貝經》,是乃以文為諧戲,本無當於著錄之指。譬猶毛穎可以為傳,蟹之可以為志,琴之可以為史,荔枝、牡丹之可以為譜耳,此皆若有若無,不足議也。蓋即數者論之,異教之經,如六國之各王其國,不知周天子也,而春秋名分,人具知之,彼亦不能竊而據也;制度之經,時王之法,一道同風,不必皆以經名,而禮、時為大,既為當代臣民,固當率由而不越,即服膺六藝,亦出遵王制之一端也;術藝之精,則各有其徒相與守之固無虞其越畔也至諧戲而亦以經名此,趙佗之所謂妄竊帝號,聊以自娛,不妨諧戲置之,《六經》之道,如日中天,豈以是為病哉!

經解下 _{章學誠}

異學稱經,以抗六藝,愚也;儒者僭經,以擬六藝,妄也。《六經》初不為尊稱,義取經綸為世法耳。《六藝》皆周公之政典,故立為經；夫子之聖，非遜周公，而《論語》諸篇不稱經者，以其非政典也。後儒因所尊而尊之，分部隸經，以為傳固翼經者耳。佛、老之書，本為一家之言，非有綱紀政事，其徒欲專其教，自以一家之言，尊之過於《六經》，無不可也。強加經名以相擬，何異優伶效楚相哉？亦其愚也！揚雄劉歆，儒之通經者也。揚雄《法言》，蓋云時人有問，用法應之，抑亦可矣，乃云象《論語》者，抑何謬邪。雖然，此猶一家之言，其病小也；其大可異者，作《太元》以準《易》，人僅知謂僭經爾，不知《易》乃先王政典，而非空言，雄蓋蹈於僭竊王章之罪，弗思甚也。<small>詳"易教"篇</small>衛氏之《元包》、司馬之《潛虛方》且擬《元》而有作，不知《元》之擬《易》已非也。劉歆為王莽作《大誥》，其行事之得罪名教，固無可說矣；卽擬尚書，亦何至此哉！河汾六籍，或謂好事者之緣飾，王通未必遽如斯妄也。誠使果有其事，則《六經》奴婢之誚，猶未得其情矣。奴婢未嘗不服勞於主人，王氏六經服勞於孔氏者，又何在乎？束晳之《補笙詩》、皮日休之《補九夏》、白居易之《補湯征》，以為文人戲謔而不為虐，稱為擬作，抑亦可矣，標題曰"補"，則亦何取？辭章家言，以綴詩書之闕邪？至《孝經》雖名為經，其實傳也；儒者重夫子之遺言，則附之經部矣。馬融誠有志於勸忠，自以馬氏之說，援經徵傳，縱橫反覆，極其言之所至可也，必標《忠經》，亦已異矣；乃至分章十八，引風綴雅，一一效之，何殊張載之擬《四愁》《七林》之倣《七發》哉？誠哉，非馬氏之書俗儒所依託也。宋氏之《女孝經》，鄭氏之《女論語》以謂女子有才，嘉尚其志可也；但彼如欲明女教，自以其意立說可矣。假設班氏惠姬與諸女相問答，則是將以書訓典，而先自託於子虛亡是之流，使人何所適從？彼意取其似經傳耳，夫經豈可似哉？經求其似，則諢騙有卦，<small>見《輟耕錄》</small>鞾始收聲有月令矣。<small>皆諧謔事</small>若夫屈原抒憤，有辭二十五篇，劉班著錄，概稱之曰《屈原賦》矣。乃王逸作《注》,《離騷》之篇,已有經名,王氏釋經為徑,亦不解題為經者始誰氏也,至宋人注屈,乃云,一本九歌以下有傳字,雖不知稱名所始,要亦依經而立傳,名不當自宋始也。夫屈子之賦,固以離騷為重,史遷以下,至取騷以名其全書,今猶是也。然諸篇之旨,本無分別,惟因首篇取重,而強分經傳,欲同正雅爲經。變雅為傳之例,是《孟子》七篇當分梁惠王經與公孫滕文諸傳矣。夫子之作《春秋》,莊生以謂議而不斷,蓋其義寓於其事,其文不自為賞罰也。漢魏而下,倣春秋者,蓋亦多矣,其間或得或失,更僕不能悉數,後之論者,至以遷固而下,擬之《尚書》,諸家編年,擬之《春秋》。不知遷固本紀,本為春秋家學,書志表傳,殆猶《左國》內外之與為終始發明耳。諸家陽秋,先後雜出,或用其名,而變其體,<small>《十六國春秋》之類</small>或避其名而擬其實,<small>《通鑑綱目》之類</small>要皆不知遷固之書,本紹《春秋》之學,並非取法《尚書》者也。故明於《春秋》之義者,但當較正遷固以下,其文其事之中其義固何如耳,若欲萃聚其事,以年分編,則荀悅袁宏之例具在,未嘗不可法也。必欲於紀傳編年之外,別為《春秋》,則亦王氏《元經》之續耳。夫異端抗經,不足道也,儒者,服習《六經》,而不知經之不可以擬,則淺之乎為儒者矣!

古書源流卷三

子部源流

天下篇（《莊子》）

莊周

天下之治方術者多矣，皆以其有為不可加矣，古之所謂道術者果惡乎在？曰：無乎不在。曰：神何由降？明何由出？聖有所生，王有所成，皆原於一。不離於宗，謂之天人；不離於精，謂之神人；不離於真，謂之至人；以天為宗，以德為本，以道為門，兆於變化，謂之聖人。以仁為恩，以義為理，以禮為行，以樂為和，薰然慈仁，謂之君子。以法為分，以名為表，以參為驗，以稽為決，其數一二三四是也。百官以此相齒。以事為常，以衣食為主，蕃息畜藏，老弱孤寡為意，皆有以養民之理也。古之人其備乎！配神民，醇^{通準}天地，育萬物，和天下，澤及百姓。明於本數，係於末度。六通四辟，大小精粗，其運無乎不在。其明而在數度者，舊法世傳之，史尚多有之。其在於詩書禮樂者，鄒魯之士，縉紳先生，多能明之。《詩》以道志，《書》以道事，《禮》以道行，《樂》以道和，《易》以道陰陽，《春秋》以道名分。其數散於天下，而設於中國者，百家之學，時或稱而道之。天下大亂，賢聖不明，道德不一，天下多得一察焉以自好。^{察當讀為際，際猶一邊也}譬如耳、目、鼻、口，皆有所明，不能相通，猶^{有當為百}家衆技也，皆有所長，時有所用。雖然，不該不徧，一曲之士也，判天地之美，析萬物之理，察古人之全，寡能備於天地之美，稱神明之容。是故內聖外王之道，闇而不明，鬱而不發，天下之人，各為其所欲焉以自為方，悲夫！百家往而不反，必不合矣。後世之學者，不幸不見天地之純，古人之大體，道術將為天下裂。

不侈於後世，不靡於萬物，不暉於數度；^{靡，麗也。}^{暉，光也}以繩墨自矯，而備世之急：——古之道術有在於是者，墨翟禽滑釐聞其風而悅之。為之大過，己之大順，^{順借為蹎，舛之或字}作為非樂，命之曰節用，生不歌，死無服。墨子汎愛兼利而非鬬，其道不怒；又好學而博。不異，不與先王同，毀古之禮樂。黃帝有咸池，堯有大章，舜有大韶，禹有大夏，湯有大濩，文王有辟雍之樂，武王周公作武古之喪禮，貴賤有儀，上下有等：天子棺槨七重，諸侯五重，大夫三重，士再重。今墨子獨生不歌，死不服，銅棺三寸而無槨，以為法式。以此教人，恐不愛人；以此自行，固不愛己；未敗墨子道，^{未借為非，敗卽伐字，言己非攻伐墨子之道也}雖然，歌而非歌，哭而非哭，樂而非樂，是果類乎？其生也勤，其死也薄，其道大觳。使人憂，使人悲，其行難為也，恐其不可以為聖人之道。反天下之心，天下不堪。墨子雖獨能任，奈天下何！離於天下，其去王也遠矣！墨子稱道曰："昔者，禹之湮洪水，決江河，而通四夷九州也，名山^{當為川}三百，支川三千，小者無數，禹親自操橐耜而九雜^{鳩集}天下之川，腓無胈，脛無毛，沐甚雨，櫛疾風，置萬國。禹大聖人也，而形勞天下也如此。"使後世之墨者，多以裘褐為衣，以跂蹻為服，日夜不休，以自苦為極。曰："不能如此，非禹之道也，不足為墨。"相里勤之弟子，五侯之徒，南方之墨者，苦獲已齒鄧陵子之屬，俱誦《墨經》，而倍譎不同，相謂"別墨"；以堅白同異之辯相訾，以觭偶不仵之辭相應。^{仵，同也}"以巨子"為聖人，皆願為之尸，^{主也}冀得為其後世，至今不決。墨翟禽滑釐之意則是，其行則非也。將使後世之墨者，必自苦以腓無胈，脛無毛，相進而已矣。亂之上也，治之下也。雖然，墨子真天下之好也，將求之不得也，雖枯槁不舍也，才士也夫！

天下篇(《莊子》)

不累於俗，不飾於物；不苟[通苟]於人，不忮於衆。願天下之安寧，以活民命，人我之養，畢足而止，以此白心：——古之道術有在於是者。宋鈃尹文聞其風而說之。作爲華山之冠以自表。接萬物以別宥爲始。語心之容，命之曰："心之行以腼[和調]合驩，以調海內。"請欲置之以爲主。見侮不辱，救民之鬬；禁攻寢兵，救世之戰；以此周行天下，上說下教，雖天下不取，强聒而不舍者也。故曰：上下見厭，而强見也。雖然，其爲人太多，其自爲太少。曰："請欲固置，五升之飯足矣，先生恐不得飽，弟子雖饑，不忘天下。"[宋鈃尹文稱天下爲先生，自稱爲弟子]日夜不休，曰："我必得活哉，圖傲乎救世之士哉！"曰："君子不爲苛察，不以身假物。"[必自出其力也]以爲無益於天下者，明之不如已也。以禁攻寢兵爲外，以情欲寡淺爲內，其大小精粗，其行適至是而止。

公而不黨，易而無私；決然無主，趣物而不兩；不顧於慮，不謀於知，於物無擇，與之俱往：——古之道術有在於是者。彭蒙、田駢、慎到聞其風而說之。齊萬物以爲首，曰："天能覆之，而不能載之；地能載之，而不能覆之；大道能包之，而不能辯之。"知萬物皆有所可，有所不可，故曰：選則不徧，教則不至，道則無遺者矣。是故慎到棄知去己而緣不得已；泠汰[聽放]於物，以爲道理。曰："知不知，將薄知而後鄰傷之者也。"[謂知力淺，不知任其自然，故薄之，而又鄰傷焉]謑髁無任，而笑天下之尚賢也。縱脫無行，而非天下之大聖。椎拍輐斷，與物宛轉。舍是與非，苟可以免，不師知慮，不知前後，魏然而已矣。推而後行，曳而後往，若飄風之還，若羽之旋，若磨石之隧，全而無非，動靜無過，未嘗有罪，是何故？夫無知之物，無建己之患，無用知之累，動靜不離於理，是以終身無譽。故曰：至於若無知之物而已，無用賢聖。夫塊不失道，豪傑相與笑之曰：慎到之道，非生人之行，而至死人之理，適得怪焉。[塊，土塊無知之物。慎到以爲不失道，非死人而何，故豪傑笑之]田駢亦然，學於彭蒙，得不教焉。[得自任之道也]彭蒙之師曰："古之道人，至

35

於莫之是莫之非而已矣。」其風窢然，^{逆風所動之聲}惡可而言？常反人不見觀，^{不順民望}而不免於鮫斷。其所謂道非道，而所言之韙不免於非。彭蒙、田駢、慎到不知道。雖然，概乎皆嘗有聞者也。

以本為精，以末為粗，以有積為不足，澹然獨與神明居：——古之道術有在於是者。關尹、老聃聞其風而說之。建之以常無有，主之以太一；以濡弱謙下為表，以空虛不毀萬物為實。關尹曰：「在己無居，形物自著。其動若水，其靜若鏡，其應若響；芴乎若亡，寂乎若清，同焉者和，得焉者失；未嘗先人而常隨人。」老聃曰，「知其雄，守其雌；為天下谿；知其白，守其辱，為天下谷。」人皆取先，己獨取後。曰：「受天下之垢。」人皆取實，己獨取虛，無藏也故有餘。巋然而有餘。其行身也徐而不費。無為也而笑巧。人皆求福，己獨曲全。曰：「苟免於咎。」以身為根，以約為紀。曰：「堅則毀矣，銳則挫矣。」常寬容於物，不削於人，可謂至極。關尹老聃乎！古之博大真人哉！

寂寞無形，變化無常；死與生與？天地並與？神明往與？芒乎何之？忽乎何適？萬物畢羅，莫足以歸：——古之道術有在於是者。莊周聞其風而說之。以謬悠之說，荒唐之言，無端崖之辭，時恣縱而不儻，不以觭見之也。^{不急欲使物見其意}以天下為沈濁不可與莊語，以巵言為曼衍，以重言為真，以寓言為廣。獨與天地精神往來，而不敖倪於萬物，不譴是非以與世俗處。其書雖瓌瑋而連犿，^{宛轉貌}無傷也；其辭雖參差，而諔詭可觀。彼其充實不可以已。上與造物者游，而下與外死生無終始者為友。其於本也，弘大而辟，深閎而肆；其於宗也，可謂稠適而上遂矣。雖然，其應於化而解於物也，其理不竭，其來不蛻，芒乎昧乎，未之盡者。

惠施多方，其書五車，其道舛駁，其言也不中。歷物之意，曰：「至

天下篇（《莊子》）

大無外，謂之大一；至小無內，謂之小一。無厚不可積也，其大千里。天與地卑（通比，近也），山與澤平。日方中方睨，物方生方死。大同而與小同異，此之謂小同異；萬物畢同畢異，此之謂大同異。南方無窮而有窮。今日適越而昔來，連環可解也。我知天下之中央，燕之北，越之南是也。氾愛萬物天地一體也。"惠施以此為大觀於天下而曉辯者，天下之辯者相與樂之。——卵有毛，雞三足。郢有天下。犬可以為羊。馬有卵。丁子有尾。火不熱。山出口。輪不輾地。目不見。指不至，至不絕。龜長於蛇。矩不方，規不可以為圓，鑿不圍枘。飛鳥之景，未嘗動也。鏃矢之疾，而有不行不止之時。狗非犬。黃馬驪牛三。白狗黑。孤駒未嘗有母。一尺之捶，日取其半，萬世不竭。——辯者以此與惠施相應，終身無窮。桓團公孫龍，辯者之徒，飾人之心，易人之意；能勝人之口，不能服人之心，辯者之囿也。惠施日以其知與人【之】辯，特與天下之辯者為怪，此其柢也（柢，通氐，略也）。然惠氏之口談，自以為最賢。曰："天地其壯乎"！施存雄而無術。南方有倚人焉，曰黃繚，問天地所以不墜不陷，風雨雷霆之故。惠施不辭而應，不慮而對。徧為萬物說，說而不休，多而無已，猶以為寡，益之以怪；以反人為實，而欲以勝人為名，是以與眾不適也。弱於德，強於物，其塗隩矣！由天地之道，觀惠施之能，其猶一蚊、一虻之勞者也。其於物也，何庸？夫充一尚可，曰："愈貴道。"幾矣！惠施不能以此自寧，散於萬物而不厭，卒以善辯為名，惜乎！惠施之才駘蕩而不得，逐萬物而不反，是窮響以聲，形與影競走也。悲夫！

論六家要旨（《史記》）

司馬談

　　太史公仕於建元、元封之間，愍學者之不達其意而師悖，乃論六家之要指曰：《易大傳》，"天下一致而百慮，同歸而殊塗。"夫陰陽、儒、墨、名、法、道德，此務為治者也，直所從言之異路，有省不省耳。嘗竊觀陰陽之術，大祥而衆忌諱，使人拘而多所畏；然其序四時之大順，不可失也。儒者博而寡要，勞而少功，是以其事難盡從；然其序君臣父子之禮，列夫婦長幼之別，不可易也。墨者儉而難遵，是以其事不可徧循；然其彊本節用，不可廢也。法家嚴而少恩；然其正君臣上下之分，不可改矣。名家使人儉而善失真；然其正名實，不可不察也。道家使人精神專一，動合無形，贍足萬物。其為術也，因陰陽之大順，采儒墨之善，撮名法之要，與時遷移，應物變化，立俗施事，無所不宜，指約而易操，事少而功多。儒者則不然。以為人主天下之儀表也，主倡而臣和，主先而臣隨；如此則主勞而臣逸。至於大道之要，去健羨，絀聰明，釋此而任術。夫神大用則竭，形大勞則敝；形神騷動，欲與天地長久，非所聞也。夫陰陽、四時、八位、十二度、二十四節，各有教令，順之者昌，逆之者不死則亡，未必然也；故曰，使人拘而多畏。夫春生、夏長、秋收、冬藏，此天道之大經也，弗順則無以為天下綱紀；故曰四時之大順，不可失也。夫儒者，以六藝為法。六藝經傳，以千萬數，累世不能通其學，當年不能究其禮；故曰，博而寡要，勞而少功。若夫列君臣、父子之禮，序夫婦長幼之別，雖百家弗能易也。墨者亦尚堯舜，道言其德行。曰："堂高三尺，土階三等，茅茨不翦，采椽不刮；食土簋，啜土刑，糲粱之食，藜藿之羹；夏日葛衣，冬日鹿裘；其送死，桐棺三寸，舉音不盡其哀，教喪禮必以此為萬民之率，使天下法"：若此，則尊卑無別也。夫世異時移，事業不必同，故曰儉而難遵，要曰彊本節用，則人給家足之道也：此墨子之所長，雖百家弗能廢也。法家不別親疎，不殊貴賤，一斷於法，則親親尊尊之恩絕矣；可以行一時之計，而不可長用也：故曰嚴而少恩。若尊主卑臣，明分職不得相踰越，雖百家弗能改也。名家苛察繳繞，使人不得反其意，專決於名而失人情；故曰使人儉而善失真。若夫控名責實，參伍不失，此不可不察也。道家無為，又曰無不為。其實易行，其辭難知。其術以虛無為本，以因循為用；無成勢，無常形，故能究萬物之情；不為物先，不為物後，故能為萬物主；有法無法，因時為業；有度無度，因物與合：故曰："聖人不朽，時變是守"。虛者、道之常也，因者、君之綱也，羣臣並至，使各自明也。其實中其聲者謂之端，實不中其聲者謂之窾。窾言不聽，姦乃不生，賢不肖自分，白黑乃形；在所欲用耳，何事不成？乃合大道，混混冥冥，光耀天下，復反無名。凡人所生者神也，所託者形也；神大用則竭，形大勞則敝，形神離則死；死者不可復生，離者不可復反，故聖人重之。由是觀之，神者、生之本也，形者、生之具也。不先定其神，而曰我有以治天下，何由哉？

要略篇（《淮南子》）

劉安

夫作為書論者，所以紀綱道德，經緯人事，上考之天，下揆之地，中通諸理，雖未能抽引玄妙之中才，繁然足以觀終始矣。總要舉凡，而語不剖判純樸，靡散大宗，懼為人之惛惛然弗能知也，故多為之辭，博為之說；又恐人之離本就末也，故言道而不言事，則無以與世浮沉，言事而不言道，則無以與化游息。故著二十篇：有《原道》、有《俶真》、有《天文》、有《地形》、有《時則》、有《覽冥》、有《精神》、有《本經》、有《主術》、有《繆稱》、有《齊俗》、有《道應》、有《氾論》、有《詮言》、有《兵畧》、有《說山》、有《說林》、有《人間》、有《修務》、有《泰族》也：

《原道》者、盧牟六合（盧牟，猶規模也）混沌萬物，象太一之容，測窈冥之深，以翔虛無之軫（軫，道眕也）；託小以苞大，守約以治廣，使人知先後之禍福，動靜之利害；誠通其志，浩然可以大觀矣。欲一言而寤，則尊天而保真；欲再言而通，則賤物而貴身；欲參言而究，則外物而反情。執其大指，以內洽五藏（洽潤），瀸濇漸漬肌膚，被服法則，而與之終身，所以應待萬方，覽耦百變也（耦，通也）；若轉丸掌中，足以自樂也。

《俶真》者，窮逐終始之化，贏垺有無之精（贏，繞匝也。垺，靡煩也）。離別萬物之變，合同生死之形；使人遺物反己，審仁義之間，通同異之理，觀至德之統，知變化之紀，說符玄妙之中，通迥（洞字）造化之母也。

《天文》者，所以和陰陽之氣，理日月之光，節開塞之時，列星辰之行，知逆順之變，避忌諱之殃，順時運之應，法五神之常；使人有以仰天承順而不亂其常者也。

《地形》者，所以窮南北之修，極東西之廣，經山林之形，區川谷之居，明萬物之主，知生類之衆，列山淵之數，規遠近之路；使人通迴周備，不可動以物，不可驚以怪者也。

《時則》者，所以上因天時，下盡地力，據度行當，合諸人則，形十二節，_{一月為人一節}以為法式，終而復始，_{歲終十二月，從正月始也}轉於無極，因循倣依，以知禍福，操舍開塞，各有龍忌，_{中國以鬼神之事日忌，北胡，南越，皆謂之請龍}發號施令，以時教期；_{俞樾云：期，當讀為惎。宣二年，左傳，楚人惎之。杜注曰：惎，教也。《文選·西京賦》，人惎之謀。薛綜注曰：惎，教也。是惎與教同義。故曰，以時教惎}使君人者知所以從事。

《覽冥》者，所以言至精之通九天也，至微之淪無形也，純粹之入至清也，昭昭之通冥冥也。乃始攬物引類，覽取撟掇，_{撟，取也。掇，拾也}浸想宵類，_{浸，微視也。宵，物似也。類聚也}物之可以喻意象形者，乃以穿通窘滯，決瀆壅塞，引人之意，繫之無極；乃以明物類之感，同氣之應，陰陽之合，形埒之朕；所以令人遠觀博見者也。

《精神》者，所以原本人之所由生，而曉寤其形骸九竅，取象與天合同；其血氣與雷霆風雨比類；其喜怒與晝宵寒暑並明_{宵夜。〇王念孫云：並明二字，後人所加也。與者，如也。《廣雅》，與如也，司馬相如《子虛賦·楚王之獵》，孰與寡人乎？郭璞曰：與，猶如也。《漢書·高帝紀》：今某之業所就，孰與仲多？顏師古曰：與，如也。案：古書多謂如曰與。祥見釋詞。）言血氣之相從，如雷霆風雨；喜怒之相反，如晝宵寒暑也。後人不知與之訓為如，而讀與雷霆風雨比類為一句，故又於晝宵寒暑下加"並明"二字，以成對文耳。不知合同其血氣，比類其喜怒，相對為文。今以比類二字上屬爲句，而"其喜怒"三字自為一句，則句法參差矣。"與雷霆風雨""與晝宵寒暑"，亦相對為文。今加"並明"二字，則句法又參差矣。且此文以生天爲韻，雨怒暑為韻，今加"並明"二字，則失其韻矣。又案："取象於天"為句，"合同其血氣"為句，《漢魏叢書》本，改"於天"爲"與天"，（莊本同）以與下兩與字相對，則又誤以"於天合同"為句矣。皆由不知兩與之訓為如，故紛紛妄改耳}審死生之分，別同異之跡，節動靜之機，以反其性命之宗；所以使人愛養其精神，撫靜其魂魄，不以物易己，而堅守虛無之宅者也。

《本經》者，所以明大聖之德，通維初之道，埒略衰世古今之變，以襃先世之隆盛，而貶末世之曲政也；所以使人黜耳目之聰明，精神之感動，樽流遁之觀，（樽，止也。流遁，披散也）節養性之和，分帝王之操，列小大之差者也。

《主術》者，君人之事也。所以因（作）任督責，使羣臣各盡其能也。明攝權操柄，以制羣下，提名責實，（提，挈也）考之參伍，所以使人主秉數持要，不妄喜怒也。其數直施而正邪，外私而立公，使百官條通而輻輳，各務其業，人致其功，此主術之明也。

《繆稱》者，破碎道德之論，差次仁義之分，略雜人間之事，總同乎神明之德；假象取耦，以相譬喻，斷短為節，以應小具；所以曲說攻論，應感而不匱者也。

《齊俗》者，所以一羣生之修短，同九夷之風氣，（一作采）通古今之論，貫萬物之理，財制禮義之宜，擘畫人事之終始者也。

《道應》者，攬掇遂事之蹤，追觀往古之跡，察禍福利害之反，考驗乎老莊之術，而以合得失之勢者也。

《氾論》者，所以箴縷縏繺之間，（繺，綃煞也）攪挈呢齟之郄也。（攪，薜也。挈，塞也。呢齟，錯梧也）接徑直施，以推本樸，而兆見得失之變，利病之反，所以使人不妄沒於勢利，不誘惑於事態，有符曬睨兼稽時勢之變而與化推移者也。

《詮言》者，所以譬類人事之指，解喻治亂之體也。差擇微言之眇，詮以至理之文，而補縫過失之闕者也。

《兵略》者，所以明戰勝攻取之數，形機之勢，詐譎之變，體因循之道，操持後之論也。所以知戰陣分爭之非道不行也；知攻取堅守之非德不強也。誠明其意，進退左右無所失，擊危乘勢以為資，清靜以為常，王念孫云：無所擊危者，危與詭同。《說林》篇尺寸雖齊，必有詭。《文子·上德篇》，詭作危。《漢書·天文志》，司詭星，史記天官書，作司危星。）擊詭，猶今人言違礙也。謂進退左右無所違礙也。睨，釋文曰，詭，戾也。《文選·長笛賦》，窊隆詭戾，李善注，詭戾，乘違貌。）《主術篇》曰：舉動廢置，曲得其宜，無所擊戾。（又曰：木擊折陘，水戾破舟。）彼言無所擊戾，此言無所擊詭，其義一也。作危者，借事耳，劉績不解無所擊危之義，乃於無所下屬避實就虛，若驅羣失字，（豬本及莊本同）讀無所失絕句，而以擊危二字下屬為句，其失甚矣羊，此所以言兵者也。

《說山說林》者，所以窾窾穿鑿百事之壅遏，而通行貫扃萬物之室塞者也。假譬取象，異類殊形，以領理人之意。解墮結紐，說捍搏囷，搏，圜也。囷，宅也。而以明事垺事者也。垺，兆朕也。○王念孫云：墮，亦解也。《廣雅》：墮，脫也。《論衡·道虛篇》曰：龜之解甲，蛇之脫皮，鹿之墮角，是墮與解脫同義。《易林》噬嗑之小畜曰：關柝開啟，衿帶解墮是也。細當爲紐字之誤也。紐，亦結也。《楚辭·九嘆》王注曰：紐，結束也。《管子·樞言篇》曰：先生不約束，不結紐，是也。說，與脫同。捍，當爲擇字之誤也。（隸書擇字或作擇，與捍相似。見漢成陽靈臺碑。）擇與釋同。《墨子·節葬篇》曰：爲而不已，操而不擇。《易林·恒之蒙》曰：郊耕擇相，有所疑止。《韓子·五蠹篇》，布帛尋常，庸人不釋。《論衡·非韓篇》引韓子釋作擇，皆是也。脫，釋，皆解也。搏囷者，卷束之名。（《考工記》鮑人卷而搏之。注，鄭司農云：搏，讀為縛。一如塡之縛謂卷縛草革也。《說文》，梱，絭束也。梱與囷聲近而義同。）解墮結紐，說擇搏囷，其義一也。明事垺事，下字因上事字而衍。明事垺者，明百事之形垺以示人也。高注繆稱篇曰：形垺，兆朕也。故此注亦曰：垺，兆朕也

《人間》者，所以觀禍福之變，察利害之反，鑽脈得失之跡，標舉終始之壇也。標，末也。壇，場也。○俞樾云：高注曰：壇，場也。然終始不當以壇場言。此注未得其義。壇當讀爲嬗，說文，女嬗一曰傳也。精神篇，以不同形相嬗也。高注曰：嬗，傳也。終始之嬗，即終始之傳。作壇者，叚字也。分別百事之微敷陳存亡之機，使人知禍之爲福，亡之爲得，成之爲敗，利之爲害也。誠喻至意，則有以傾側偃仰世俗之間，而無傷乎讒賊螫毒者也。

《修務》者，所以爲人之於道未淹，昧論未深，見其文辭反之，以清靜爲常，恬淡爲本，則懈墮分學，縱欲適情，而以偷自佚，而塞於大道也。今夫狂者無憂，聖人亦無憂：聖人無憂，和以德也；狂者無憂不知禍福也。故通而無爲也，與塞而無爲也（同）；其無爲則同，其所以無爲則異。故爲之浮稱流說其所以能聽，所以使學者孳孳以自幾也。

《泰族》者，橫八極，致高崇，上明三光，下和水土，經古今之道，治倫理之序，總萬方之指，而歸之一本，以經緯治道，紀綱王事。乃原心術，理性情，以館清平之靈，澄徹神明之精，以與天和相嬰薄。嬰，繞；抱也。所以覽五帝三皇，懷天氣，抱天心，執中含和德形於內，以莙凝天地，發起陰陽，序四時，正流芳，綏之斯寧，推之斯行。乃以陶冶萬物，遊化羣生，唱而和，動而隨，四海之內，一心同歸。故景星見，祥風至，黃

龍下，鳳巢列樹，麟止郊野。德不內形，而行其法藉，專用制度，神祇弗應，福祥不歸，四海不賓，兆民弗化；故德形於內，治之大本，此鴻烈之《泰族》也。鴻，大也。烈，功也

凡屬書者，所以窺道開塞，庶後世使加舉錯取舍之宜適，外與物接而不眩，內有以處神養氣，宴煬至和而已。自樂所受乎天地者也。故言道而不明終始，則不知所傲依；言終始而不明天地四時，則不知所避諱；言天地四時而不引譬援類，則不知精微；言至精而不原人之神氣，則不知養生之機；原人情而不言大聖之德，則不知五行之差；言帝道而不言君事，則不知小大之衰；言君事而不為稱喻，則不知動靜之宜；言稱喻而不言俗變，則不知合同大指已；言俗變而不言往事，則不知道德之應；知道德而不知世曲，則無以耦萬方；知汜論而不知詮言，則無以從容；通書文而不知兵指，則無以應卒已；知大略而不知譬喻，則無以推明事；知公道而不知人間，則無以應禍福；知人間而不知修務，則無以使學者勸：力欲強省其辭，覽總其要，弗曲行區入，則不足以窮道德之意；故著書二十篇，則天地之理究矣，人間之事接矣，帝王之道備矣。其言有小有巨，有微有粗，指奏卷異，各有為語。今專言道，則無不在焉。然而能得本知末者，其唯聖人也。今學者無聖人之才，而不為詳說，則終身顛頓乎混溟之中，而不知覺寤乎昭明之術矣。今《易》之乾坤，足以窮道通意也。八卦可以識吉凶知禍福矣，然而伏羲為之六十四變，周室增以六爻，所以原測淑清之道，而擔逐萬物之祖也。夫五音之數，不過宮、商、角、徵、羽，然而五弦之琴，不可鼓也；必有細大駕和，而後可以成曲。今畫龍首，觀者不知其何獸也，具其形則不疑矣。今謂之道則多，謂之物則少，謂之術則博，謂之事則淺；推之以論，則無可言者。所以為學者固欲致之不言而已也。夫道論至深，故多為之辭，以抒其情；萬物至眾，故博為之說，以

要略篇（《淮南子》）

通其意。辭雖壇卷連漫，絞紛遠緩，所以洮汰滌蕩至意，_{洮汰，潤也}使之無凝竭底滯捲握而不散也。夫江河之腐胔不可勝數，然祭者汲焉，大也；一盃酒白，蠅漬其中，匹夫弗嘗者，小也，_{王念孫云：一杯酒白，白字義不可通。《藝文類聚·雜器物部》，引此白作甘，是也。言酒雖甘而蠅漬其中，則人弗飲也。隸書甘字或作白，與白相似而誤。○俞樾云：酒白二字，文不成義。疑本作白酒，而傳寫誤倒之。《周官》酒正職，鄭注曰：昔酒今之酋久白酒。然則白酒正漢時常語。《藝文類聚·雜器部》引此白作甘，蓋因已倒為酒白，故臆改為甘字。一杯酒甘，亦於義不安，未足據也}誠通乎二十篇之論，睹凡得要，以通九野，_{九野，八方中央也}經十門，_{八方上下也}外天地，捭山川，_{捭，屏棄也}其於逍遙一世之間，宰匠萬物之形，亦優游矣。若然者，挾日月而不烑，_{挾，至也。烑，光也。○孫詒讓云：挾，當為周挾之義。荀子禮論篇，方皇周挾，楊注云：挾，讀為浹，帀也。烑者，宛之借字。（二字聲類同。）本經訓，高注云：宛不滿密也。後文云：布之天下而不宛，注云：宛，緩也。前俶眞訓云：橫扃天地之間而不宛。氾論訓云：舒之天下而不宛，荀子賦篇云：充盈大宇而不宛。並與此文意相近}潤萬物而不耗，曼兮洮兮，足以覽矣，貌兮浩兮，曠曠兮可以游矣。

文王之時，紂為天子，賦斂無度，殺戮無止，康梁沉湎，宮中成市，_{康梁，耽樂也。沉湎，淫酒也。成市，言集者多也}作為炮烙之刑，刳諫者，剔孕婦，天下同心而苦之。文王四世纍善，_{太王，王季，王文，武王，凡四世也}修德行義，處岐周之間，地方不過百里，天下二垂歸之。_{莊逵吉云：御覽，垂作分}文王欲以卑弱制強暴，以為天下去殘除賊，而成王道，故太公之謀生焉。_{太公為周陳陰符，兵謀也}

文王業之而不卒，武王繼文王之業，用太公之謀，悉索薄賦，_{薄，少也。賦，兵也}躬擐甲冑，_{擐，貫著也}以伐無道而討不義，誓師牧野，以踐天子之位。天下未定，海內未輯，武王欲昭文王之令德，使夷狄各以其賄來貢，遼遠未能至，故治三年之喪，殯文王於兩楹之間，_{殯，大斂也。兩楹，堂柱之間，賓主夾之}以俟遠方。武王立三年而崩，成王在襁褓之中，未能用事，蔡叔管叔輔公子祿父_{祿父紂之兄子，周封之以為殷，後使管、蔡監之}而欲為亂。周公繼文王之業，持天子之政，以股肱周室，輔翼成王，懼爭道之不塞，臣不之危上也，故縱馬華山，放牛桃林，敗鼓折枹，搢笏而朝，以寧靜王室鎮撫諸侯。成王既壯，能從政事，周公受封於魯，以此移風俗。

孔子修成康之道，述周公之訓，以教七十子，使服其衣冠，修其篇籍，故儒者之學生焉。

墨子學儒者之業，受孔子之術，以為其禮煩擾而不說，^{說，易也。○王念孫云：如注}義則悅當為悅。(他活反。)本經篇，其行悅而順情，彼注云：悅，簡易也。義與此注同。莊本改悅為說，未達高氏之旨厚葬靡財而貧民，服傷生而害事，^{王念孫云：服傷生而害事，文義未明○服上當有久字，厚葬厚服，相對為文。墨子節葬篇，多言厚葬久葬。晏子春秋外篇，厚葬破民貧國。久喪遒哀費日，皆淮南所本也}故背周道而用夏政：禹之時，天下大水，禹身執虆臿^虆以為民先，剔河而道九岐，鑿江而通九路，辟五湖而定東海；當此之時，燒不暇攢，^{攢，排去也}濡不給扢，^{扢，拭也}死陵者葬陵，死澤者葬澤，故節財薄葬，閑服生焉。^{王念孫云：閑，與簡同。《莊子‧天運篇》，食於苟簡之田，釋文，簡，司馬本作閒。）簡服，謂三月之服也。《宋書‧禮記》，引尸子曰：禹治為喪法，使死於陸者葬於陵，死於澤者葬於澤，桐棺三寸，制葬三月，是也。道藏本。劉本，作閒服。他本閒字皆誤作閑，而莊本從之，謬矣。文選夏侯常侍誄注，及路史後紀引此，並作簡服}

齊桓公之時，天子卑弱，諸侯力征，南夷北狄，交伐中國，中國之不絕如線；齊國之地，地東負海而北障河，地狹田少，而民多智巧；桓公憂中國之患，苦夷狄之亂，欲以存亡繼絕，崇天子之位，廣文武之業，故管子之書生焉。

齊景公內好聲色，外好狗馬，獵射亡歸，好色無辨，^{辨別也}作為路寢之臺，族鑄大鐘，^{族，聚也}撞之庭下，郊雉皆响，^{鳴也}一朝用三千鐘贛，^{鐘，十斛也。贛，賜也。一朝賜群臣之費三萬斛也}梁丘據子家噲導於左右，^{二人景公臣也。導，諫也}故晏子之諫生焉。

晚世之時，六國諸侯，谿異谷別，水絕山隔，各自治其境內，守其分地，握其權柄，擅其政令；下無方伯，上無天子，力征爭權，勝者為右，恃連與，(國)^{恃連與之國}約重致，剖信符，結遠援，以守其國家，持其社稷，故縱橫修短生焉。

申子者、韓昭釐之佐。韓、晉別國也，地墩民險，而介於大國之間。晉國之故禮未滅，韓國之新法重出，先君之令未收，後君之令又下；新故相反，前後相繆，百官背亂，不知所用：故刑民之書生焉。

秦國之俗，貪狼^{狼也}強力，^荒寡義而趨利，可威以刑，而不可化以善，可勸以賞，而不可厲以名；被險而帶河，四塞以為固，地利形便，畜積殷富：孝公欲以虎狼之勢而吞諸侯，故商鞅之法生焉。

若劉氏之書，^{淮南王自謂也}觀天地之象，通古今之事，權事而立制，度形而施宜，原道之心，合三王之風，以儲與扈冶；^{儲與，猶攝業也。扈冶，廣大也}玄眇之中，精搖靡覽，^{楚人謂精進為精搖，靡小皆覽之}棄其畛挈，^{楚人謂澤濁為畛挈}斟其淑靜，以統天下，理萬物，以應變化，通殊類；非循一跡之路，守一隅之指，拘繫牽連之物，而不與世推移也；故置之尋常而不塞，布之天下而不窕。^{窕，緩也，布之天下雖大不窕也}

論子部之沿革興廢（《讀子卮言》）

江瑔

子者，男子之美稱也。古者門弟子之於師，亦稱之曰子（按《孝經》釋文、《論語》皇疏，皆云古者稱師為子），故周秦以前儒者之譔述，未必盡出己手，往往由門弟子述其師說綴輯而成（按：孫星衍云，凡稱子書，多非自著）。是以尊其師而稱之曰子，後世卽以其人之名名其書，此子部之書所由成也。

子書今列四部之一，與經、史、集並稱，世呼之曰丙部（按：隋唐以後，分經史子集為甲、乙、丙、丁四部。子居第三，適為丙位，故曰丙部，詳見下）。然子書所晐之範圍若何？究何種始可入子書？自漢魏以迄今茲，言人人殊；茲試略述子部之沿革，與學者共商討焉：

目錄之學，古人無之，有之自劉歆始。歆括天下圖書，區為七略：一輯略，二六藝，三諸子，四詩賦，五兵書，六術數，七方技。子書之特立為一類，實始於此。班固承之，其譔《漢書·藝文志》，倣歆之例，而為六略，獨無輯略；蓋輯略為歆自述輯撰之大綱，非圖書之類別也。自班固以後，各有變更。王儉則為七志：一經典並史記，二諸子，三文翰，四軍書，五陰陽，六術藝，七圖譜；雖名目略有變異，而實與歆之七略無殊，不過所多者圖譜耳。其後阮孝緒則有七錄：一經典，二紀傳，三子兵，四文集，五技術，六佛，七道；則與前之分合頗異。許善心七林因之，無所異同，並效七錄，各為總敍，冠於篇首。至

論子部之沿革興廢(《讀子卮言》)

荀勗始分為四部：一甲，記六藝小學；二乙，為諸子兵書術數；三丙，為《史記》之屬；四丁，為詩賦圖讚汲冢書。李充亦分為四部，而略變易之次序：五經為甲，史記為乙，諸子為丙，詩賦為丁；謝靈運、王亮之四部因之，任昉又加術數，而為五部。至唐之四庫，始確分經史子集四類：甲部則經類十一，乙部則史類十三，丙部則子類十七，丁部集類三，以子類之包羅為最多。所謂丙部十七者，即儒、道、并神仙、釋氏、法、名、墨、縱橫、雜、農家、小說、天文、曆算、兵、五行、藝術、類書、明堂經脈、醫術是也。宋代又於四庫之外，增加天文圖書，別為六閣。元明以來，復仍唐之舊。清修四庫全書，而四部之名始定。由此可見由漢以來以迄今日，無一同者，信乎分類之難也。

然分類之難，不難於經史集，而難於子：蓋經史集三類頗有畛域，易於判別，若子類則無畛域之可言。判別維艱，故古人或分或合，議論紛然，莫衷一是。如歆之七略，固之六略，以諸子與兵書、術數、方技分而為四；孝緒之七錄，合兵於子，而技術復別為一類；任昉五部，子之外又有術數；宋人六閣，亦別天文圖書於子之外；是子之範圍甚為單純，而不至如後世之駁雜。自荀勗創立四部，合諸子兵書術數而一之，唐以後之四庫，遂以子部包羅十餘類之多，殊與古人異。然子部之範圍究若何？兵書、術數、方技、天文、圖書之屬果可入於子部耶？抑不能名之曰子耶？是亦古今一大疑問也。

大抵世之論子部者，有廣狹二義，而以荀勗為二者之樞紐：荀勗以前，皆取狹義者也，荀勗以後，皆取廣義者也。(惟宋略異)取狹義，故分類多，取廣義，故分類少。然由前之說，則術數方技諸類，究將奚屬？由後之說，又能否名稱其實耶？此古今學者所以聚訟紛紜也。

竊謂古今圖書，皆所以達意而明理，原六通四辟，而非判若鴻溝，有一定之界限。故言其小，則同為儒家，而有孟荀，同為道家，而有老莊，同為法家，而有申韓，同為禮學，而有鄭王，同為性理，而有朱陸；各明一義，不可以強同。若言其大，實無往而不通。學者特立四部，而以經史子集統之，原為未當。惟學者為以簡御繁起見，提綱挈領，舉其大以統其小，本為不獲已之苦心，則以術數、方技諸類附於子部之後，亦無大害。然以之與周秦諸子相較而並觀，則淵源各別，擬非其類，而失諸子之真矣。

古人著書，必持之有故，言之成理，卓然成一家言，而後可以名曰子書。唐宋以後，諸子道衰，類書繁起，鈔胥是務，勦襲相因，亦裒然列名於子部之中。子書之體不明，先民之緒遂湮，無惑乎諸子百家之學響沈景絕於後世，而綴學汲古之士，所以忒然而懼也。

古之學術，曰道曰器，道者形而上，器者形而下，形而下者有形，形而上者無形。諸子百家之學，寄想於無朕，役志於無涯，顯之家國天下之大，隱之身心性命之微，皆純然為無形之學。故其為道，誠為百學之冠，下視彼紛紛者，均亡足以攀其肩。惟昔在古代，天地秘藏，鑰之未啟，至周秦之際，諸子乃逐浪犇濩，礜石影沙，扶輿旁薄，坌然興起，開古今未有之奇觀；吾國所以獲稱為數千年聲名文物之邦，亦賴此焉。然吾國學術之盛，莫過於周秦，而吾國學術之衰，亦自周秦始：蓋盛極難繼，理則然也。

自秦政愚民，燔百家語，諸子之學，掃蕩無餘。後儒掇拾殘灰，雖復稍出，然趙綰等請罷黜於漢（按：《漢書·武帝紀》建元元年丞相綰奏：所舉賢良，或治申商韓非蘇秦張儀之言，亂國政，請皆罷，奏可），呂公著請排斥於宋（按：《宋史·呂公著傳》元祐元年公著請令禁主司不得出題老、莊書，舉子不得以申、韓、佛書為學），李廷機

論子部之沿革興廢（《讀子巵言》）

請嚴禁於明（按：《翰院名臣錄》李廷機入翰院為講官時，子書盛行，廷機以異端害教，非表章六經，尊崇孔孟之意，乃上疏數千言，請嚴禁罷黜之，疏太長，不錄）。雖自漢以後，歷代間有奉詔校定及詔求子書之事（如漢武帝元朔五年詔諸子傳說，皆充秘府，見《漢書·藝文志序》。成帝時，詔劉歆與父向領校秘書，講諸子，見《劉歆傳》。後漢安帝永初中，詔劉珍校定東觀諸子等書，見《後漢書·劉珍傳》。順帝永和元年，詔伏無忌與議郎黃景校定諸子百家藝術，見《後漢書·伏湛傳》。唐玄宗開元元年，詔中書令張說舉能治《易》《老》《莊》者，見《新唐書·儒學·康子元傳》。開元八年，馬懷素卒後，詔秘書館並號修書學士草定四部，又令毋熒、劉彥直等治子部書，見儒學《馬懷素傳》。開元二十年，置崇元學，令習《老》《莊》《列》《文》等書，準明經例舉送，見《舊唐書·禮儀志》。開元二十九年，詔求明《道德經》及《莊》《列》《文子》者，見《新唐書·玄宗本紀》及《選舉志》。天寶元年，詔以莊、文、列、庚桑為真經，又詔崇文習《道德經》，見《舊唐書本紀》及《禮儀志》。宋真宗景德二年，幸龍閣觀書，見《真宗實錄》，三年，御崇政殿觀秘閣新校子庫書，四年，召輔臣登太清樓觀新寫四部書。仁宗景祐三年，命張觀等編四庫書，皆見《玉海》。金世宗大定二十三年，使譯經所進所譯《老子》《揚子》《文中子》《劉子》等書，命頒行之，見《金史·本紀》。此皆可考見者也）。或在上者有所嗜好，自行撰著為天下倡（如魏武帝注《孫子》，梁武帝善《老子》，製《老子講疏》，并釋典諸經義記數百卷。簡文帝製《老莊法寶連璧》諸書。元帝製《補闕子》四卷，《老子講疏》四卷。唐代推尊道家，提倡尤力。明太祖亦喜《道德經》諸子百家之書）。然前者不過飾為具文，以壯外觀（如漢武帝既詔求諸子，又罷黜百家），後者又往往援諸子而入於神仙，去之益遠（如梁武帝、簡文帝等雖喜老莊，究不得其真義。唐代自以爲老子之後，因尊崇老子，并及道家諸人，然視道家之學，等於神仙，其尊老子爲皇帝，莊列文庚桑諸子爲真人，尤爲可笑）。而世之學者，類以爲諸子之學皆反經術，非聖人，明鬼神，信物怪，小辯破義，小道不通，致遠恐泥，皆不足以留意（語見《漢書·東平思王宇傳》）。自宋儒以後，更肆爲詆斥，目爲異端邪說，束其書而不觀，於是諸子遂成絕學。

大氐❶在昔古代，諸子之學在官，而秦漢以後，諸子之書亦在官。故秦政燔書，令天下以吏爲師，漢以馬上得天下，謾視儒生，厲行挾書之禁。厥後禁雖解除，然成帝河平五年東平王宇來朝，上疏求諸子書，拒而不與（見《漢書·宇傳》）。南宋文帝元嘉三年，沮渠蒙遜遣使奉表，請《周易》及子集諸書，文帝並賜之，合四百七十五卷（見《宋書·大沮渠蒙遜傳》）。此可見當時諸子之書，皆儲於官府，民間絕無可得，故藩王外國紛紛請求。蓋此亦秦政愚民之術，延數百年而不變，是以漢於藩王則拒之，宋於外國則可以與之，亦均有深意於其間；子學衰微之原因，亦端在於是。

迨隋唐以降，子部之籍，漸散及於人間；然亦因是而亡佚者，又不知幾許。徵諸唐宋，可以推見。如唐初圖書，分立四部，置知書官八人分掌之，凡四部庫書，兩京各一本（見《舊唐書·經籍志後序》）。開元十九年，集賢院所儲子庫，共二萬一千五百四十八卷；至天寶三載，更造四庫書目，則子庫僅一萬六千二百八十七卷（見《唐會要》），亡者殆三之一。至宋真宗景德二年，幸龍閣觀書，則子書又僅八千四百八十九卷（見《真宗實錄》）；四年，召輔臣登太清樓觀新寫四部書，子庫亦僅八千五百七十二卷（見《玉海》）。方諸天寶，亡者又居半數。及仁宗景祐元年，命張觀、李淑、宋郊等編四庫書；二年，上經史，明

---

❶ "氐"當爲"氏"。——編者註

論子部之沿革興廢（《讀子卮言》）

年，上子集萬二千三百六十六卷（亦見《玉海》），其數幷集庫言之，則其時子書殆又少於真宗景德四年之數（按：景德四年，集庫五千三百六十一卷，合子庫共萬三千九百三十三卷。今以景祐時較之，則子集共少一千五百餘卷）。是可見子部之書，每隨世而銳減銷亡於無形或燬於火，或散於兵，或沒於水，或湮霾於文人學士之擯□❶；其銳減之數，銷亡之速，偶一稽檢，輒足駭人聽聞。其諸史經籍藝文志之所錄求諸今日，殆又十亡八九，此尤子書之大阨也（按：近儒鄭獻甫作《書不亡於秦火論》，其言曰："隋以後，一束於唐人之正義，專主一家，再棄於宋人之□❷盡廢百家，而漢魏之古書，隋唐之舊本，於是乎日煙月沒而盡亡矣"。又曰："隋《經籍志》較漢《藝文志》所錄，殆少十之三，宋《藝文志》較隋《經籍志》所錄，又少十之三，而唐時《藝文類聚》，宋時《太平御覽》，以及孔沖遠疏諸經，顏師古注《漢史》，□❸崇賢注《文選》所引諸書，或存或佚，今多未見，此不焚而焚者也"，云云。其言為詳盡沈痛，雖非專指子書言之，而子書殆尤甚也）。

清代右文，碩學輩出，於數千年殘缺之子書，為之考訂掇輯，蔚然可觀；諸子一線之微緒，賴茲不墜，厥功最偉。然於百家分合異同之故，及其淵源派別之所在，姓氏名字之紛亂，則闕焉未詳；又往往以數術方技二類，與諸子相混雜，識者憾之。余不敏，治百家語有年，寢饋既久，頗有所悟，每亦有為前人所未見及者。竊不自揆，用敢以積年所得，援近儒禮經通論之例，述為茲篇。分章標論，前後仍有條貫，往往一篇之稿，經年累月而後就，雖有時言或近於奇創，而詳徵博引，必有據依，非敢故立異說。至若篇中所述，悉依《漢志》，以存子書之

---

❶ 原版不清，據上下文不能疑爲"棄"。——編者註
❷ 原版不清，據鄭獻甫《書不之於秦火論》補充爲"講義"。——編者註
❸ 原版不清，據上下文疑爲"李"。——編者註

真；惟九流之外，若小說家者流，雖不足與諸家並，然亦為論道之書，為當時之所尚。兵書一類，尤純然為子體，不過成帝時，諸臣奉詔，分門校輯，以用兵之道，所關靡細，其書亦繁富，其中類別頗多，故別立一類，專人任之。迨劉班纂述，悉仍其舊，而其實與諸子絕無所異。（按《漢志序》謂："成帝詔劉向校經傳諸子詩賦，步兵校尉任宏校兵書，尹咸校數術，李柱國校方技，是兵書別立一類，實始於其時。蓋以任宏知兵，故命宏專任其責。及歆之《七略》、固之《藝文志》，皆仍其舊而不變。故班氏敍述諸子十家，皆云出於某官，而於兵家亦云出古司馬之職，體例無異，是可知兵家亦諸子之一也。阮氏《七錄》，合兵於子，最為有識；惟宜列兵於子中，不宜既曰子，又曰兵，似截然二事耳。"）茲亦并述及之，博雅君子，幸有所正焉！

論九流之名稱（《讀子卮言》）

江瑔

九流之名，見於班氏《藝文志》，昉❶於劉氏《七略》，古無有也。周秦之世，官失其守，百家爭鳴，而諸子之學興，然未有九流之名號。《荀子·非十二子》，雖舉其名，而不列其家。《莊子·天下篇》於儒家外，亦舉彭蒙、田駢、慎到、墨翟、禽滑釐、老聃、惠施、公孫龍之儔，亦不指其為某家之學。司馬論《六家要指》，始舉儒、道、名、墨、法、陰陽，然其數祇六，而未有九也。劉氏譔《七略》，班氏本之為《漢志》，始定九流之名。後世沿而用之，垂二千餘年而不變。

大氐所謂某家之學者，皆綜其學術之宗旨言之，必其宗旨純一，可以貫澈初終，成一家言者，而後舉其綱以括其目。然竊援名以核實，惟名、法、墨、農、陰陽五家為名正而言順（按：墨為學術之名，與名法諸字同，非墨子之姓，詳見下），餘皆於理有未安，未知命名之意，始於何時，析而為九，創於何人（按：劉班當必有所本），殊大惑而不可解也。

古者通天地人曰儒。《周官》大宰，儒以道得民，與師對舉，又大司徒，四曰聯師儒，是儒為術士之稱（見《說文》），有道德有道術者之通名（見《周禮·太宰疏》及《漢書·司馬相如傳注》），不特儒

---

❶ "昉"今作"仿"。——編者註

家得稱為儒，卽諸子百家，無一而非儒也。雖儒行見於《禮記》，君子儒見於《論語》，然孔門未嘗標儒之目，舉以自號。墨子雖有非儒之篇，然亦泛指當時之儒者言之，亦猶孔子勿為小人儒之意。乃九流之目，首列儒家，一似非孔門之士，不足以獵斯號也者，何也？豈以儒有濡義，言孔子之道，可以潤身而澤民耶？則百家之學皆有之，不獨儒家。豈以儒有懦愞濡緩之義，言儒家實有此病，因以號之耶？恐非命名之初意。況《荀子》一書，言儒字甚多：如云偷儒轉脫（見《修身篇》），為懦弱畏事之意（見楊倞注）。荀子，儒家也，豈有舉此不美之名，以自名其學哉。大氐所謂儒家者，本於《周官》"儒以道得民"一語，謂儒卽以六藝教民之保氏（見鄭注）。孔門傳六藝之學，故加以儒之號。然六藝為上古三代之史，為當世之所共有，非孔門所得而私；且孔門之六藝，實傳於道家之老子，不以名其師，反以名其弟子，亦未合於理也。故竊以謂儒為學士通稱，不能獨加於孔門之士，而與八家並列。乃後世強謂儒為孔子之道（見《淮南子俶真篇注》），又謂能說一經者，謂之儒生（見《論衡超奇篇》），質諸孔門，何有是哉？

道之為物，大之足以彌綸天地，小之足以無間身心；精深廣大，不可方物。然亦道術之通稱，猶孟子所云若大路然。諸子百家，莫不苞涵大道者也，乃獨舉道家之名，以目老莊之徒，則諸子百家皆非道耶？若云道者指玄妙之道言，然道家所言，雖迹涉虛無，不可端倪，而實皆隄括治平天下之旨；觀《漢志》道家，首列伊尹太公，而下及於管子，皆勳業爛然，聲垂後世，尤顯著易見者。是言雖玄妙，而道實非玄妙；卽以玄妙為道，則彼博大平易，人當共由者，將何以名之耶？大氐命名道家之故，實由於老子之《道德經》。然《道經》《德經》以首句之"道"字、"德"字而得名，如"關雎""麟趾"之類。古人著書，素有此體，非老子深意所在，無關宏旨者。乃掇取其書之半名，而為其一家之專號，恐非老子之所願；且老子書本名《道德經》，非名《道經》。與其掇其半名而曰道家，何如掇其全名而曰道德家之為愈耶？

從橫一家，僅蘇張數人為之，持其利口長舌，巧捷齊給，游說於諸侯之庭，以獵一時之富貴。此在戰國之世，說士之風盛行，固足以驚人而動衆。而究無切實之學問，若儒、墨、名、法諸家，足以成一家言。不特其意在希榮取寵，異於古之行人之官，且夸誕無學，又與遠西之雄辯家相去絕遠也。況從橫者，一從一橫，迥不相侔。蓋蘇張之術不同，宗旨各別，明為二家，安可納於一家耶？

雜家之學，兼儒墨，合名法，而兼取各家之長；大氐諸子之書，不能屬於各專家者，可以隸於雜家。此在學者分析學術之派別，以寓天下之羣書，其於各有專家之名者，既各從其類，若夫既無專名，又不能附於各家之下，則不能不以雜家之名統括之，此誠為不得已之苦心。（按：近世學者，於分析事類，或條舉約章，往往有列舉及總括之二法。其可以指數者，既列舉於前，恐有罣漏，則以凡字及其他等字以總括於其後。九流之中有雜家，想其命名之故，理亦猶是。然如其說，則宜以雜家居九流之末，列於第九，其理始順。今《班志》列雜家於第八，反居農家之前者，亦未可解。豈以農家之學，傳者甚微，不及雜家之盛，故列之於前耶？）然既曰雜，則並蓄兼收，宗旨必不純一。古之名為一家之學者，必有純一之宗旨，以貫澈其初終。既雜矣，何家之可言？雜則非家，家則不雜，未可混而一之；既曰雜，又曰家，則不詞之甚；況雜家之學，出於議官，名之曰雜，與議官之意何涉？是則雜家之名，於理亦未當矣。

凡茲之類，命名之意，均有未安。總之，儒為學士之通稱，非孔門所得獨有；道為學問之總匯，非老莊所得自私；曰從橫，曰雜，又

57

未得為專家之名。然九流之名,其來已久,而儒道二字,又常見秦漢以前之書,韓非子亦以儒墨並舉,稱之為顯學,則劉班二氏必有所承受。至若命名始於何人,其意又何在,則不可考而知矣。

論道家為百家所從出（《讀子卮言》）

江瑔

百家之學，俱源於史，上已詳述之矣，然則春秋戰國以前，學在官而不在民，自史官失守，而百家之學，卽聯鑣而齊起，並轡而交馳乎？非也。其起也有先後焉，有程序焉，有遞嬗相生之道焉；蓋言其末流雖並轡聯鑣，各不相謀，而溯其初起之源，則實統於一。一者何？卽道家是也。道家者，上所以接史官之傳，下所以開百家之學者也。

道家之學，較諸家為最早，前已言之；然所謂早者，非專指老子之時言之也。諸家之學，皆起於春秋戰國之時，道家之學，則在春秋戰國以前，而源於有史之初。夫史官之初設，所以制文字，掌文書（按：《周禮·天官序》官史十有二人，注，史掌書者，又疏史主造文書也）。蓋立史官以制文字，文字旣成，復專為史官所司。然文字之興，肇於黃帝之世（按：制文字者為倉頡，倉頡為黃帝史臣），而黃帝固為道家之始祖。是時百學未興，道家卽巍然以立；然則謂有史官卽有道家，可也，謂有文字卽有道家，亦無不可也。

自是厥後，為人君者，皆以道家之術治天下：如堯之讓天下，舜之無為而治，禹之節儉，湯之身為犧牲，武王之大賚，皆深得道家之精意；卽在下者，如巢許務光之徒，敝屣天下，自樂其樂，亦默傳道家之遺風。其他著書立說，以行於世者，如殷之伊尹，周之鬻子太公，齊之管仲，皆盛行於一時；可見其學之盛，而其來已久。蓋自黃帝以後，老子以前，上下二千年，惟道家之學，扶輿磅礴，而無他家立足於其間。然則是時舍道家外，殆無學之可言矣！

上古三代之世，學在官而不在民，草野之士，莫由登大雅之堂；惟老子世為史官，得以掌數千年學庫之管鑰，而司其啟閉。故老子一出，遂盡洩天地之秘藏，集古今之大成，學者宗之，天下風靡；道家之學，遂普及於民間。即儒家書所載，如長沮、桀溺、接輿、荷蕢、石門之倫，亦皆道家之徒，則其流行之盛，亦可想見。然是時諸家之學，尚未興也。道家之徒既衆，遂分途而趨，各得其師之一端，演而為諸家之學，而九流之名以興焉。

道家之學，無所不賅，徹上徹下，亦實亦虛。學之者不得其全，遂分為數派。其得道家之玄虛一派者，為名家，為陰陽家，及後世之清談家，神仙符籙家；得道家之踐實一派者，為儒家；得道家之刻忍一派者，為法家；得道家之陰謀一派者，為兵家，為縱橫家；得道家之慈儉一派者，為墨家；得道家之齊萬物平貴賤一派者，為農家；得道家之寓言一派者，為小說家；傳道家之學而不純，更雜以諸家之說者，為雜家。是得秋戰國之世，百家爭鳴，雖各張一幟，勢若水火，而其授受之淵源，實一一出於道家。諸子之書具在，間有散佚不存者，古籍亦載其遺說，其學之所自來，可按而尋也。

道家之言，半涉玄虛，老莊列文之書，皆寄想於無何有之鄉，游神於寫宕寥廓之地，眇然而莫得其朕。名家陰陽家宗之。名家堅白異同之辯，以及雞三足，卵有毛之說，多涉虛想。陰陽家談天雕龍之術，亦虛言其理，不徵其數（本章學誠說），故惠施為名家之鉅子，嘗問道於莊周，尹文子亦名家之學，劉向論其學本於黃老。此名家出於道家之證也。

黃帝為道家之祖，陰陽家亦有黃帝《泰素》二十篇（按：劉向《別錄》云：或言韓諸公孫之所作，言陰陽五行，以為黃帝之道也，故曰泰素）。南公本道家者流，陰陽家又有《南公》三十一篇（考《史記·項羽本紀》楚南公曰："楚雖三戶，亡秦者必楚也。"《正義》引《虞喜志》云："南公者，道士，識廢興之數。"按：所謂道士者，言其為道家之士，猶儒家之稱儒士也）。而道家小天地，鄒衍因推言九州為小。此陰陽家出於道家之證也。

蓋名家、陰陽家之學，皆本道家玄虛之說，而推求其故，或辨論其是非，或推詰其終始。然由前一派，又變為晉之清談，由後一派，而後世之神仙符籙家，又依附其陰陽五行之說，蓋愈變而愈遠矣。

道家之言，雖涉於虛，而其學實徵於實；小之足以保身，大之足以治國，故三代以前之文化，及西漢之治術，皆食道家之賜，此其已試之效，載於史乘，尤彰明而較著者。儒家以踐實為務，以身體力行為歸，其義卽本於道家。六經為道家所舊有，孔子曾問禮於老聃，奉之為嚴師（見《史記》），儒學脫胎於道家，無可諱言。故孔子竊比於老彭，而有猶龍之歎（按：老子、老聃、老彭，卽一人）。太公為道家之鉅子，而六韜亦列於儒家。管子明道家之用，其書有《內業》，儒家亦有《內業》十五篇（按：《漢志》儒家《內業》十五篇，不知作書者。王應麟考證曰：《管子》有《內業篇》，此書恐亦其類）。至若孟子痛闢楊墨，不遺餘力，而無一語及老子，此蓋淵源所自，不敢輕議其師也。此儒家出於道家之證也。

道家之學，雖徵於實，然亦非守實而不知變；惟無為而無不為，必相時而後動，無躁進以希功。蓋道家之學，最善於忍者也。如老子所謂名與身孰親，所謂功成而弗居，所謂功成名遂身退，所謂夫惟不爭，故無尤，所謂無遺身殃，是謂襲常，所謂知足不辱，知止不殆；大抵其學不好名，不尚賢，不貴難得之貨，不見可欲，非極善忍者，斷不能為此。蓋道家既以善忍為能事，而老子生當亂世，尤不敢放論以賈禍，故以忍辱為高。此亦明哲保身之良法。然大凡能忍天下之所不能忍者，其心必極殘忍者也，故申韓宗之一變而為刻薄寡恩之行，而法家於以立（按：忍有二義：一曰堅忍，一曰殘忍。大抵能堅忍者，性多殘忍，性殘忍者，亦善於堅忍，所謂怒者常情，笑者不可測也。清儒魏祥說黃老之後為申韓，曾本此理詳論之。其言曰："忍者必陰，性陰者必毒。女子之為質，婉孌而多美，柔澤而善從，匿影閨房之中，聲氣不出壼閫，然一言而破國，一笑可以傾城；虺蛇潛於空洞，人或經年不見，出而螫人，則人必死"云云，其譬雖略失於苛，然確有至理）。故申不害、韓非之學，皆本於黃老（《史記》謂：申子之學，本於黃老，而主刑名；韓子喜刑名法術，而其歸本於黃老）。太史公以老、莊、申、韓合傳，言申、韓慘礉少恩，皆原於道德之意。韓非著書，亦有《解老》《喻老》之篇。《管子》一書，《漢志》列於道家，《隋志》以後，則入於法家，而慎子亦法家之徒（按：《漢志》法家有慎子四十二篇）。荀子謂其蔽於法，而不知賢（按：不知賢，即老子之不尚賢）。楊倞注，亦謂其術本黃老，歸刑名，多明不尚賢不使能之道。《太平御覽》引慎子語云："昔者天子手能衣而宰夫設服，足能行而相者導進，口能言而行人稱辭。"又云："不瞽不聾，不能為公。"此皆黃老清淨無為之旨。又道家有鄭長者一篇，班氏曰，先韓子，韓子稱之。今考韓非書，亦每引鄭長者之言，是可知法家諸人，無一不本於黃老者。此法家出於道家之證也。

道家善忍，忍則必陰（本魏祥說），故黃帝有《陰符經》，太公之謀，亦曰陰符，後世之縱橫家，兵家，皆由是出焉。《陰符經》為言兵之書，後世兵家咸本其謀；蓋用兵之道，雖貴於正，而行兵之術，不妨出於奇，此兵家之學，所以以權謀為先（按：《漢志》兵家四類，首列權謀）。然道家沈機觀變，最精於謀，若施之於戰陳之間，天下遂莫與敵。如太公之言曰："鷙鳥將擊，其勢必伏；至人將動，必有愚色。"此卽兵家示敵以弱之術也。老子之言曰："將欲翕之，必固張之；將欲奪之，必固與之。"此卽兵家餌敵之策也。又曰："知其雄，守其雌。"此卽兵家知己知彼百戰百勝之道也。又如老子曰："天下皆謂吾道大似不肖。"莊子曰："呼我爲牛，則應之曰牛；呼我爲馬，則應之曰馬。"亦卽范蠡吾雖覥然人面，吾猶禽獸之意也（按：蠡亦兵家，《漢志》有范蠡二篇）。大抵道家之術，最堅忍而陰鷙，兵家卽師其術以用兵，故五兵戰法，始於道家之黃帝。太公爲道家之鉅子，而《漢志》道家有太公二百三十七篇，謀八十一篇，言七十一篇，民八十五篇，皆言兵之書（按：李靖曰：謀所謂陰謀不可以言窮，言不可以兵窮，兵不可以財窮，此三門也）。《史記・齊世家》亦云："後世之言兵，及周之陰權，皆宗太公爲本謀。"兵家有范蠡，今其書雖不存，而《國語・越語》下篇多載其語。呂祖謙謂其多與《管子・勢篇》相出入，則其學亦必出於道家之管子。他若《漢志》兵家所錄《黃帝》十六篇《太壹兵法》一篇，《地典》六篇，皆黃帝之書（《隋志》有《黃帝太一兵曆》，卽《太壹兵法》無疑。《帝王世紀》云："黃帝以風后配上台，天老配中台，五聖配下台，謂之三公。"其餘知天規，紀地典，則地典亦出於黃帝也）。班氏論兵陰陽推刑德，亦黃帝之術（按：尉繚子《天官篇》，梁惠王問曰："黃帝刑德，可以百勝，有之乎？"對曰："刑以伐之，德以守之，非所謂天官時日陰陽向背也。人事而已矣。"則推刑德亦黃帝之術明甚）。又《封胡》五篇，《風后》十三篇，《力牧》十五篇，《鬼臾區》三篇，《蚩尤》二篇，皆黃帝之臣，道家之流（按：管子《五行篇》，黃帝得蚩尤而明於天道，則蚩尤亦黃帝臣也。蓋古代蚩尤有數人：有爲天子之蚩尤，如應劭謂：蚩尤古天子，好五兵是也；有庶人之蚩尤,如臣瓚謂:蚩尤庶人之貪者是也;有與黃帝戰之蚩尤,如《史記》言:黃帝與蚩尤戰於涿鹿之野是也;有黃帝臣之蚩尤,如管子云云是也。考《史記·高帝紀》謂:祠黃帝祭蚩尤於沛庭。又《隋志》有黃帝蚩尤兵法一卷,則《漢志》所言蚩尤,必黃帝之臣無疑)。至若道家所錄,往往互見於兵家,《劉略》兵家,更有伊尹、太公、管子、鶡冠子諸人。是道家者流,殆無不知兵者。此兵家出於道家之證也。

若縱橫家者,亦堅忍而陰鷙者也。縱橫家以蘇、張為最著。蘇秦受妻嫂之辱,張儀受館人之毆,而忍辱負恥,志不少衰,蓋其學亦出於《陰符經》。考蘇、張皆師鬼谷子。鬼谷子善陰謀,其書有《陰符七術》及《揣摩》諸篇。《戰國策》亦言蘇秦發書陳篋數十,得太公陰符之謀,伏而誦之,簡練以為揣摩。是則縱橫家之學,出於《陰符經》無疑。《史記》又言鬼谷子長於養性治身,蘇秦、張儀師之,受縱橫之事,其後秦儀復往見,先生乃正席而坐,嚴顏而言,告二子以全身之道,是即老子明哲保身之旨也。蘇、張既傳鬼谷之學,出而縱橫捭闔,鼓其如簧之舌,而發為違心之論,取功名富貴如拾芥,是亦老子翕張與奪之術也。縱橫家又有《蒯子》五篇。考《漢書·蒯通傳》謂通論戰國時說士權變。按:所謂權變者,即權謀之謂,是可知縱橫家之學,以權謀為宗,與兵家同。此縱橫家出於道家之證也。

道家雖善忍,而仍以慈儉為宗。老子之言曰:"天下之寶三:一曰慈,二曰儉,三曰不為天下先。"《道德經》五千言,可以此三者括之。其曰不為天下先,楊朱之學所從出也;其曰慈,曰儉,墨翟之學所從出也。墨子得道家之慈,故有兼愛之篇;得道家之儉,故有節用節葬之篇。惟其慈,故不嗜殺人:老子曰:"以道佐人主者,不以兵強天下。"又曰:"天下有道,卻走馬以糞;天下無道,戎馬生於郊。"此即墨子非攻之旨也(按:惟慈故能勇。墨子為宋守,其服役者百八十人,可使赴湯蹈刃。蓋使人能以慈,故人樂為之効死也。此派後世任俠之徒宗之)。亦惟儉,故不尚奇巧:老子曰:"人多技巧,奇物滋起。"此即墨子經說之旨也。雖其他不能盡同:老子欲棄義,墨子則有《貴義篇》;老子欲不尚賢,墨子則有《尚賢篇》。此則正言若反,相反而實相成。蓋墨子之學,雖本於道家,亦採於儒學,故《淮南子·要略訓》稱:墨子學儒者之業,受孔子之術,其與老子之說相背者,皆採於儒家者也。汪中謂:墨學出於史佚、史角(見上),史佚、史角,皆史官,與老子之為柱下史同。其出於史佚、史角,即出於道家也。《莊子·天下篇》論列諸家,首舉墨子而言,雖譏其道過於觳,然終美之曰:"墨子真天下之好也,將求之不得也,雖枯槁不舍也,才士也。"莊子於諸家之學,多所訾毀獨,於關尹、老聃無毀辭。尹、聃之外,於墨子亦譽之者多,與對於惠施諸人辭調大異;蓋以其同出於老氏也。楊朱亦道家別派,故孟子書以楊墨並稱。大抵楊氏偏於為我,墨氏偏於為人,皆得道家之一偏,故莊子雖譽之,而亦略有所譏。然墨子之所得,亦實較諸子為最多也。此墨家出於道家之證也。

道家之學,既以慈儉為宗,儉則自食其力,慈則視物我為一體;此其道,農家宗之。農家之書,今已盡佚,無從考見,惟據孟子所載許行之言,可略得其梗概。大抵農家之學,力苦以自食,使天下無逸民,且須君臣並耕,盡去上下之序:蓋慨戰國之世,君權過重,荒淫酖嬉,而民受其虐,故發為此匡救之論(按:農家專重論理,非泛言種植農藝之事,與後世之農家迥別)。亦即道家絕去禮法,平上下尊卑之序,使萬物得其大齊之旨也。故亢倉子為道家者流,而其書亦有農道之篇。農家有神農二十篇(按:氾勝之書,亦引神農之教)。管子為道家,亦引神農之教曰:"一穀不登減一穀,穀之法十倍。"《呂氏春秋》道家兼雜家言,亦引神農之教曰:"士有當年而不耕者,則天下或受其饑;女有當年而不績者，則天下或受其寒"。是亦農家均勞逸之旨也。此農家出於道家之證也。

　　道家之學，既包羅萬有，識大識小，罔不賅備；然生於亂世，不敢放言高論，以招當世之忌，故莊列著書，寓言居半，或借人借事以寫意，或并其人其事而無之；小說家本之，因以掇拾瑣聞，藉以風世（按：小說家雖在九流之外，不能與諸子並，然《班志》仍列於諸子略，想亦當為一時之所尚也）。故《漢志》小說家有黃帝說四篇，伊尹說二十七篇，鬻子說十九篇，而黃帝為道家之祖，伊尹鬻子亦皆道家者流，雖其書為後人依託，然其言必近於道家無疑。考《史記·殷本紀》載伊尹從湯言素王及九主之事，伊尹說所載，亦必其事（故王應麟《藝文志考證》即引此以為證）。然劉向《別錄》云："九主者，有法君、專君、授君、勞君、寄君、等君、破君、國君、三歲任君凡九品。"（按：其言甚奇，頗有合於今日君主民主之制。）其言絕與道家相類。又有宋子十八篇，班氏曰："其言黃老意"。莊子《天下篇》曰"不累於俗，不飾於物，不苟於人，不忮於眾，願天下之安寧，以活民命，人我之養，畢足而止。以此白心，古之道術有在於是者。宋鈃尹文聞其風而說之"云云。蓋即隱合道家之旨（按：尹文子雖列名家，劉向亦言其學本於黃老，詳見上）。荀子引宋子曰："明見侮之不辱，使人不鬥。"（按：莊子亦云宋鈃、尹文見侮不辱，救民之鬥。）又曰："人之情欲寡，而皆以己之情欲為多，是過也。"皆純然道家之言。又有務成子十一篇，荀子謂舜學於務成昭，當即其人。楊倞注，尸子曰："務成昭之教舜曰："避天下之逆，從天下之順，天下不足取；避天下之順，從天下之逆，天下不足失。"其言亦與道家相符契。又有待詔臣安成《未央術》一篇，應劭曰："道家也，好養生事，為未央之術"。又有待詔臣饒《心術》二十五篇（劉向《別錄》云：饒，齊人也，不知其姓，武帝時，待詔作書，名曰《心術》），以《心術》名書，似非閭里小知者之所及，當亦道家之言。又有《青史子》五十七篇，班氏曰："古史官，記事也。"則亦與道家出於史官同。他若《封禪方說》十八篇，為武帝時之書（見班注），其時方士最盛，爭言封禪事，則此書當為方士所作，而冒稱道家之支流者。此小說家出於道家之證也。

然以上諸家，皆道家之支流也，亦皆得道家之一偏者也。其有得道家之正傳，而所得於道家，亦較諸家為獨多者，則惟雜家。蓋雜家者，道家之宗子，而諸家者，皆道家之旁支也。惟其學雖本於道家，而亦旁通博綜，更兼採儒墨名法之說，故世名之曰雜家。此不過採諸家之說，以濬其流，以見王道之無不貫，而其歸宿，固仍在道家也。雜家之書最著者，為呂氏《春秋》。其書有八覽、六論、十二紀之稱，雖由門下士雜纂而成，而其八覽、六論，實採於黃老。又以有十二紀以紀歲時，故名曰《春秋》，而《春秋》之名，亦本於道家所世傳之史。次若淮南子，亦半近道家之言。淮南王安本喜黃老之學，其書分內外篇。顏師古曰："內篇論道，外篇雜說。"所謂論道者，蓋論道家之道也。又次如《鶡冠子》，《漢志》列於道家，後世則列於雜家，今其書猶存。韓愈謂其詞雜黃老刑名，宋濂亦云：所謂天用四時，地用五行，天子執一以守中央。此亦黃老家之至言，蓋其學實道家而兼雜家言者也。又次如尸子《穀梁傳》論舞夏，引尸子言，謂自天子至諸侯，皆用八佾，則尸子必長於禮；然禮亦道家之所守也（故孔子問禮於老聃）。《後漢書注》謂：尸佼作書二十篇，內十九篇陳道德仁義之紀。所謂道德者，當即老子《道德經》之旨，而以道德仁義為次，亦老子"失道而後德，失德而後仁，失仁而後義"之意也。他若孔甲盤盂，班氏列雜家之首，而孔甲為黃帝之史。考蔡邕《銘論》謂：黃帝有巾機之法，孔甲有盤盂之戒，則其書與道家所錄之《黃帝銘》六篇，大旨相同。此可見凡雜家之學，皆以道家為本，而兼採於諸家。此又雜家出於道家之證也。

然則道家之學，為百家所從出，溯源尋本，厥理最明，雖為余一人之創言，而實非余一人之誣語。惟其中以儒、法、名、墨、雜、兵諸家所得於道家為最多，故其傳獨盛。陰陽、縱橫、農、小說諸家所得於道家為略少，故其傳亦甚微。故雖同出於道家，而有盛衰之別，由於其所得之多少而分，亦猶同在孔門，而有登堂入室之不同，不足怪也。

大抵古今學術之分合以老子為一大關鍵。老子以前，學傳於官，故祇有道家而無他家，其學定於一尊。老子始官而終隱，學始傳於弟子，故由道家散為諸家，而成為九流之派別。是老子為當時諸家之大師，或親受業於其門，或輾轉相授，故諸子著書，每多攻擊，而罕有詆及老子之言，則不敢背本忘師之故。惟同一大師，而弟子則異派，則由於本其師說，而附益以己見，遂致殊塗；亦猶儒分為八，墨分為三，不足怪也。同一大師，而弟子則往往操戈於同室，則由於各務求其說之勝人，至於交攻；亦猶同出孔門，而有孟荀之相非，亦無足怪也。

或疑道家既為諸家之大師，何以諸子之學，有與道家絕異者。然椎輪為大輅之始，大輅寧有椎輪之質？增冰為積水所成，積水曾微增冰之凜（語本昭明太子，見《文選序》）。諸子各因師以明道，非屈道以徇師，泰西哲學家有言曰：「吾愛吾師，吾尤愛真理。」故諸子雖出於道家，亦不能盡與道家同，亦猶曾子之有吳起，墨子之有墨者夷之；卽老莊同為道家，而其學亦略異，無足怪也。

或又疑道家既為諸子之大師，何以諸子之學有軼過於道家者？又何以道家之傳，後世殆絕，而儒家為道家所出，反歷千萬禩而不衰耶？此則自來學術之傳授，均以後來者居上，前人發其端，其力難，後人揚其緒，其力易。故荀子之言曰："青出於藍而勝於藍，冰成於水而寒於水"，亦猶鄭玄之經，傳於馬融，而鄭之學，則優於馬，亦無足怪也。

是可見老子以前，道家獨盛，老子以後，百家朋興。而諸子之學，雖支分派別，源遠流歧，而溯其授受之薀蕰，咸萌芽於道家，實瞭然無可疑。故司馬談論六家要指，首推道家，司馬遷撰《史記》，先黃老而後六經；蓋溯其學術所自來，而不能強為倒置也。乃班固則反訛其是非謬於聖人，韓愈之徒，更力闢老氏而深非其"吾師弟子"之言；下至宋儒，又咸以老子為異端，詆之不遺餘力，抑何未之深思，數典而自忘其祖耶？

呂氏春秋序（《述學——論雜家之兼儒墨名法》）

汪中

《呂氏春秋》，世無善本，余向所藏，皆明時刻，循覽既久，輒有所是正。於時嘉善謝侍郎，仁和盧學士並好是書，及同學諸君各有校本，爰輯為一編，而屬學士刻之。既成，為之序曰：周官失其職，而諸子之學以興，各擇一術，以明其學，莫不持之有故，言之成理，及比而同之，則仁之與義，敬之與和，猶水火之相反也。最後《呂氏春秋》出，則諸子之說兼有之：故《勸學》《尊師》《誣徒》一作詆役《善學》一作用衆四篇，皆教學之方，與《學記》表裏；《大樂》《侈樂》《適音》一作和樂《古樂》《音律》《音初》《制樂》皆論樂。《藝文志》言劉向校書，別得《樂記》二十三篇，今《樂記》有其一篇，而其他篇名，載在別錄者，惟見於正義所引。按本書《適音篇樂記》載之，疑劉向所得，亦有採及諸子，同於河間獻王者；凡此諸篇，則六藝之遺文也。十二紀發明明堂禮，則明堂陰陽之學也；《貴生》《情欲》《盡數》《審分》《君守》五篇，尚清淨養生之術，則道家流也；《蕩兵》一作用兵《振亂》《禁塞》《懷寵》《論威》《簡選》《決勝》《愛士》七篇，皆論兵，則兵權謀形勢二家也；《上農》《任地》《辨土》三篇，皆農桑樹藝之事，則農家者流也。其有牴牾者，《振亂》《禁塞》《大樂》三篇，以墨子非攻救守，及非樂為過，而《當染篇》，全取墨子《應言篇》。司馬喜事，則深重墨氏之學。甚者吳起之去西河長見觀表二篇，一事兩見，惟有始覽，所謂解見某書者，於本書能觀其會通爾。司馬遷謂不韋使其客人人著所聞，以為備天地萬物古今之事；然則是書之成，不出於一人之手，故不明一家之學，而為後世修文御覽華林徧略之所託始，《藝文志》列之雜家，良有以也。然其所採摭，今見於周漢諸書者，十不及三四，其餘則本書已亡，而先哲之話言，前古之佚事，賴此以傳於後世。其善者，可以勸，其不善者，可以懲焉。亦有閭里小智，一意採奇詞奧旨，可喜可觀，庶幾乎立言不朽者矣！其文字異同，已注於篇中，茲不復及，故序其著書之意，以質之諸君子，幸正教之。

古書源流卷四
史部源流

尊史（《定盦續集》）

龔自珍

　　史之尊，非其職語言，司謗譽之謂，尊其心也。心何如而尊？善入。何者善入？天下山川、形勢、人心、風氣、土所宜、姓所貴，皆知之；國之祖宗之令，下逮吏胥之所守皆知之；其於言禮，言兵，言政，言獄，言掌故，言文體，言人賢否，如其言家事：可謂入矣。又如何而尊？善出。何者善出？天下山川、形勢、人心、風氣、土所宜、姓所貴，國之祖宗之令，下逮吏胥之所守，皆有聯事焉，皆非所專官；其於言禮，言兵，言政，言獄，言掌故，言文體，言人賢否，如優人在堂下，號咷舞歌，哀樂萬千，堂上觀者，肅然踞坐，眲睞而指點焉：可謂出矣。不善入者，非實錄；垣外之耳，烏能治堂中之優也耶？則史之言必有餘寱；不善出者。必無高情至論：優人哀樂萬千，手口沸羹，彼豈復能自言其哀樂也耶？則史之言必有餘喘。是故欲為史若為史之別子也者，毋寱毋喘，自尊其心；心尊則其官尊矣。官尊言尊，則其人亦尊矣。尊之之所歸宿如何？曰，乃又有所大出入焉。何則大出入？曰，出乎史，入乎道。欲知大道，必先為史。此非我所聞，乃劉向班固之所聞。向固有徵乎？我徵之曰，古有柱下史老耼，卒為道家大宗，我無徵也歟哉？

二體（《史通》）

劉知幾

三五之代，書有典墳，悠哉邈矣，不可得而詳。自唐虞以下，迄於周，是為古文《尚書》。然世猶淳質，文從簡略，求諸備體，固以闕如。既而丘明傳《春秋》，子長著《史記》，載筆之體，於斯備矣。後來繼作，相與因循，假有改張，變其名目，區域有限，孰能踰此？蓋荀悅、張璠，丘明之黨也；班固、華嶠，子長之流也。惟此二家，各相矜尚，必辨其利害，可得而言之。夫《春秋》者，繫日月而為次，列時歲以相續，中國外夷，同年共世，莫不備載其事，形於目前，理盡一言，語無重出，此其所以為長也。至於賢士貞女，高才儁德，事當衝要者，盱衡而備言，跡在沈冥者，不枉道而詳說。如絳縣之老，杞梁之妻，或以酬晉卿而獲記，或以對齊君而見錄，其有賢如柳惠，仁若顏回，終不得彰其名氏，顯其言行。故論其細也，則纖芥無遺，語其粗也，則丘山是棄，此其所以為短也。《史記》者，紀以包舉大端，傳以委曲細事，表以譜列年爵，志以總括遺漏；逮於天文地理，國典朝章，顯隱必該，洪纖靡失，此其所以為長也。若乃同為一事，分在數篇，斷續相離，前後屢出，於《高紀》則云語在《項傳》，於《項傳》則云事具《高紀》；又編次同類，不求年月，後生而擢居首帙，先輩而抑歸末章，遂使漢之賈誼，將楚屈原同列，魯之曹沫，與燕荊軻並編，此其所以為短也。考茲勝負，互有得失，而晉世干寶著書乃盛譽丘明，而深抑子長，其義云："能以三十卷之約，括囊二百四十年之事，靡有遺也。"尋其此說，可謂勁挺之詞乎？案春秋時事，入於左氏所書者，蓋三分得其一耳。丘明自知其略也，故為《國語》以廣之。然《國語》之外，尚多亡逸，安得言其括囊靡遺者哉？向使丘明世為史官，皆倣《左傳》也。至於前漢之嚴君平、鄭子真，後漢之郭林宗、黃叔度、晁錯、董生之對策，劉向、谷永之上書，斯並德冠人倫，名馳海內，識洞幽顯，言窮軍國，或以身隱位卑，不預朝政，或以文煩事博，難為次序，皆略而不書，斯則可也。必情有所悇，不加刊削，則漢氏之志傳百卷，併列於十二紀中，將恐碎瑜多蕪，闌單失力者矣。故班固知其若此，設紀傳以區分，使其歷然可觀，綱紀有別。荀悅猷其迂闊，又依左氏成書，翦截《班史》，篇才三十，歷代褒之，有踰本傳。然則班荀二體，角力爭先，欲廢其一，固亦難矣。後來作者，不出二途，故《晉史》有王虞，而副以《干紀》；《宋書》有徐沈，而分為《裴略》，各有其美，並行於世。異夫令升之言，唯守一家而已。

荀悅、張璠 見《左傳》家，皆編年體

華嶠 （《晉書·華表傳》）表子嶠，字叔駿，元康初為內臺中書散騎，著作門下，撰集皆典統之。初嶠以《漢紀》煩穢，慨然有改作之意。會為臺郎典官制事，得徧觀祕籍，遂就其緒，為紀與傳、譜凡九十七卷，改名《漢後書》，文質事實有遷、固之規

絳縣老 （《左傳·襄三十》）晉悼夫人食輿人之城杞者，絳縣人，或年長矣，無子，而往與於食，有與疑年使之。年曰："臣生之歲，正月甲子朔，四百有四十五甲子矣。"吏走問之朝，師續曰："七十三年矣，趙孟召之而謝過焉。"曰："使吾子辱在泥塗久矣，武之罪也，與之田，使為君復陶"

杞梁妻 （《左傳·襄二十三》）齊侯襲莒，杞殖載甲宿於莒郊，莒子親鼓之獲杞梁。齊侯歸，遇杞梁之妻於郊，使弔，辭曰：殖之有罪，何辱命焉；若免於罪。猶有先人之敝廬在，下妾不得與郊弔，齊侯弔諸其室。（杜注）杞梁卽杞殖

柳惠不彰 （《左傳·僖二十六》）齊孝公伐我北鄙，公使展喜犒師，使受命於展禽。（杜注）柳下惠也。（按）惠見《左傳》，有此明文，今云不彰不顯，與顏子並說，是《史通》疎處

賈誼、屈原 （《史記·屈原賈生列傳第二十四》，原、楚懷王時人，誼，漢文帝時人）

曹沫、荊軻 （《史記·刺客列傳第二十六》，沫、魯莊公時人。軻，衛人，游燕。在燕王喜時）。（按曹沫，左氏、穀梁並作曹劌）

77

前漢嚴鄭（《王貢龔鮑傳》敍）谷口有鄭子眞，蜀有嚴君平，皆修身自保。成帝時，元舅大將軍王鳳，以禮聘子眞，子眞不詘。君平卜筮於成都，市人有邪惡非正之問，各因勢導之以善，日閱數人，得百錢，足自養，則閉肆下簾，而授老子、揚雄著書，稱此二人

後漢郭黃（《郭太傳》）太字林宗，家世貧賤，遊於洛陽，見河南尹李膺，後歸鄉里，與膺同舟而濟，衆賓以爲神仙焉。舉有道不應。（《黃憲傳》）憲字叔度，父爲牛醫，潁川荀淑遇憲於逆旅，與語移日，旣而至袁閎所，曰："子國有顏子，寧識之乎？"閎曰："見吾叔度耶？太守王龔，不能屈。"郭林宗少過袁閎不宿，從憲累日方還。或問之，林宗曰，奉高之器，皆之汎濫，清而易挹，叔度汪汪若。若千頃波，澄之不清，淆之不濁，不可量也。（按）林宗此語，本傳亦載，故《史通》二人合舉

晁董對策（《漢書·晁錯傳》）錯爲人陗直刻深，孝文時，拜太子家令，號爲智囊。後詔舉賢良文學士。錯在選中，上親策之以明國體，通人事，能直言，三道之要對策，惟錯爲高第。（《董仲舒傳》）仲舒，廣川人，少治春秋。孝景時爲博士，下帷講誦，三年不窺園。武帝卽位，舉賢良文學，凡三問，仲舒三對，天子以爲江都相

向永上書（《漢書·楚元王傳》）向，字子政，本名更生。元帝初，爲宗正外戚，許史放縱，宦官弘恭、石顯弄權，乃上封事諫。成帝卽位，顯等服辜，更生更名向：召拜中郎，數奏封事，遷光祿大夫，時上無繼嗣，政由王氏，上封事極諫，天子召見歎息，以爲中壘校尉。（《谷永傳》）永，字子雲，博學經書，爲太常丞，數上疏言得失，後爲刺史奏事。京師時有黑龍見，天子問所欲言，永對切諫，永自知有內應，展對無所依違

蘭單未詳，大抵是當日方言渙散不振攝之意。盧照鄰《釋疾文》云："草木扶疏兮若此，予獨蘭驒兮不自勝。"疑卽此二字之別寫也。（《集韻》）驒，他干切。（按）今俗亦有闌闌灘灘之語

王虞（《晉書·王隱傳》）隱，字處叔，父銓有著述之志。每私錄晉事及功臣行狀，未就而卒。元帝召隱爲著作郎，令撰晉史。時著作郎虞預私撰《晉書》，數訪於隱，所聞漸廣。（《虞預傳》）預字叔寧。（唐藝文志）王隱《晉書》八十九卷，虞預《晉書》五十八卷

《干紀》卽干寶《晉紀》見《左傳》家

徐沈徐爰傳見正史篇注。（《書錄解題》）《宋書》本何承天、山謙之、蘇寶生所撰，至徐爰勒爲一史，起義熙迄大明，自永光以來，闕而不補。（《梁書·沈約傳》）約，字休文，吳興人，高祖勛業旣就，約嘗扣其端曰："今不可以淳風期萬物，攀龍附鳳者，莫不云明公其人也。"高祖受禪，爲尚書僕射，卒謚曰隱。著《宋書》百卷，其目詳《外篇》《正史篇》

裴略卽裴子野宋略，見《左傳》家

六家（《史通》）

劉知幾

自古帝王編述文籍，外篇言之備矣。古往今來，質文遞變，諸史之作，不恆厥體，權而為論，其流有六：一曰尚書家，二曰春秋家，三曰左傳家，四曰國語家，五曰史記家，六曰漢書家。今略陳其義列之於後：

尚書家者，其先出於太古。《易》曰："河出圖，洛出書，聖人則之。"故知書之所起遠矣。至孔子觀書於周室得虞夏商周四代之典，乃刪其善者，定為尚書百篇。孔安國曰："以其上古之書，謂之尚書。"《尚書璇璣鈐》曰："尚者上也，上天垂文，為（古象字，一作以）布節度，如天行也。"王肅曰："上所言，下為史所書，故曰尚書也。"推此三說，其義不同。蓋書之所主，本於號令，所以宣王道之正義，發話言於臣下，故其所載，皆典謨訓誥誓命之文。至如堯舜二典，直序人事，《禹貢》一篇，唯言地理，《洪範》總述災祥，（董、劉五行之說）《顧命》都陳喪禮，茲亦為例不純者也。又有《周書》者，與《尚書》相類，卽孔氏刊約百篇之外，凡為七十一章。上自文武，下終靈景，甚有明允篤誠，典雅高義，時亦有淺末恆說，滓穢相參，殆似後之好事者，所增益也。至若《職方》之言，與《周官》無異；《時訓》之說，比《月令》多同，斯百王之正書、五經之別錄者也。自宗周既殞，書體遂廢，迄乎漢魏，無能繼者。至晉廣陵相魯國孔衍，以為國史所以表言行，昭法式，至於人理常事，不足備列，乃刪漢魏諸史，取其美詞典言，足為龜鏡者，定以篇第，纂成一家，由是有《漢尚書》《後漢尚書》《魏尚書》，凡為二十六卷。至隋祕書監太原王劭，又錄開皇仁壽時事，編而次之，以類相從，各為其目，勒成《隋書》八十卷，尋其義例，皆準《尚書》。原夫《尚書》之所記也，若君臣相對，詞旨可稱，則一時之言，累篇咸載。如言無足紀，語無可述，若此故事，雖有脫略，而觀者不以為非；爰逮中葉，文籍大備，必翦截今文，摸擬古法，事非改轍，理涉守株：故舒元<small>孔衍字</small>所撰漢魏等書，不行於代也。若乃帝王無紀，公卿缺傳，則年月失序，爵里難詳，斯並昔之所忽，而今之所要。如君懋<small>王劭字</small>《隋書》，雖欲祖述商周，憲章虞夏，觀其所述，乃似孔子《家語》、臨川《世說》，可謂畫虎不成反類犬也。故其書受嗤當代，良有以焉。

《尚書百篇》　（漢《藝文志》）易曰："河出圖，洛出書，聖人則之，故書之所起遠矣。"至孔子寡焉。上斷於堯，下訖於秦，凡百篇。（按）《志》語，本孔安國《尚書序》百篇，蓋古尚
書原數也

孔安國　（《史記·孔子世家》）孔子而下，歷伯魚、子思、子上、子家、子京、子高、子慎及鮒，凡八世，鮒弟子襄生忠，忠生延年及安國。安國為今皇帝博士。（《漢藝文志》）武帝末，魯共王壞孔子宅，得古文尚書，孔安國悉得其書獻之。（《尚
書孔序》）以其上古之書，謂之《尚書》，百篇之義，世莫得聞

《璇璣鈐》　（後漢《方術傳》）樊英善河洛七緯。（章懷注）七緯者，易緯，稽覽圖乾鑿度坤靈圖通卦驗是類謀辨終備也。書緯，璇璣鈐考，靈耀刑德放帝命驗運期授也。詩緯，推度災氾歷樞含神務也。禮緯，含文嘉稽命徵斗咸儀也。樂緯，動聲儀稽耀嘉叶圖微也。孝經緯，援神契鉤命決也。春秋緯，演孔圖元命苞文耀鉤運斗樞感精符，合誠圖考異，郵保乾圖漢含孳佑助期握誠圖，潛潭巴說題
辭也

王肅　（《魏志·王朗傳》）朗子肅，字子雍，中領軍散騎常侍，善賈馬之學，而不好鄭氏，采會同異為《尚書》《詩》《論語》《三禮》《左氏解》，及撰定父朗所作易傳，皆列於學官。（按）郭本引南齊魏之王肅，誤。（又按）王應麟《困學紀聞》云，樂書引樂記，通典引大傳，並存王肅注，而集說以為元魏人，誤也。在元魏者，字恭懿，不以經學名，然則誤已在宋時矣。而王謂不以經學名，亦非恭懿長於三禮，《北史》與劉
石經同傳，常相辯論往來也

為例不純　（漢《藝文志》）左史記言，言為尚書；右史記事，事為春秋。（荀悅《申鑒》）其說同。（鄭氏《六藝論》）左史所記為春秋，右史所記為尚書，是以玉藻云。動則左史書之。言則右史書之。（按）王者因事而有言，有言必有事，理勢本自相連。珥筆如何分記，況左右配屬，班荀之與鄭戴，又各牴牾，此等皆出自漢儒，難可偏據。魏晉以來，黏配相沿，杜預以漢志為誤，《史通》則又以漢志為例，遂有
為例不純之議，並非

又有《周書》　（漢《藝文志》）《周書》七十一篇，劉向云：周時誥誓號令，蓋孔子所論百篇之餘也。（《困學紀聞》）隋唐志繫之汲冢，然汲冢得竹書，在晉咸寧五年，而太

六家（《史通》）

史公、鄭康成、許叔重、馬融皆引其文，皆在漢世，杜元凱解《左傳》時，書亦未出也。亦以周書爲據，《束晳傳》及《左傳正義》，引王隱《晉書》所載，竹書之目，亦無《周書》，然則繫於汲冢誤矣。（今按）《史通》亦多引其書，皆不冠以汲冢，隋唐志之誤信矣

《職方》《時訓》　（《逸周書》序）王紀雖弛，天命方永，四夷八蠻，攸遵王政，作《職方》。辯十二氣之應以明天時，作《時訓》。（按）浚儀《王氏紀聞》，引此序十二氣作二十四氣

孔衍《漢魏尚書》　（晉《儒林傳》）孔衍，字舒元，孔子二十二世孫。中興初補中書郎，出為廣陵郡，凡所撰述百餘萬言。（唐《藝文志》）孔衍《漢尚書》十卷，《後漢尚書》六卷，《後魏尚書》十四卷。（按）《後魏》後字衍文

王劭《隋書》　（《隋書》）王劭，字君懋，授著作郎，遷祕書少監，專典國史，撰《隋書》八十卷，多錄口勅，又採迂怪委巷之言，以類相從，為其題目

守株　（《韓非·五蠹》）宋人耕田，田中有株，兔走觸株而死，因釋耒而守株，冀復得兔，兔不可得，為宋國笑。摸擬篇用其訓稍群

《家語》　（王肅注後序）《孔子家語》者，與《論語》《孝經》並時，弟子取其正實而切事者，別出為論語，其餘則都集錄之。（《晁氏讀書志》）凡四十四篇。劉向校錄，止二十七篇，王肅得此於孔猛家。（《朱子與呂伯恭書》）程氏遺書，若只暗地刪卻，久後易惑人，記論語者，只為如此，留下《家語》至今作病痛也

《臨川世說》　（《宋書·宗室傳》）臨川王道規無子，以長沙景王子義慶為嗣。（《高氏緯略》）義慶采擷漢晉以來佳事佳話，為《世說新語》。（《讀書志》）劉知幾頗言此書非實錄，予亦云

　　春秋家者，其先出於三代。案汲冢《瑣語》記太丁時事，目為夏殷春秋。孔子曰："疏通知遠，書教也，屬辭比事，春秋之教也。"知《春秋》始作，與《尚書》同時。《瑣語》又有《晉春秋記·獻公》十七年事。《國語》云："晉羊舌肸習於春秋，悼公使傅其太子。"《左傳》："昭二年，晉韓獻子來聘，見魯春秋，曰，周禮盡在魯矣。"斯則春秋之目，事匪一家，至於隱沒無聞者，不可勝載。又案竹書紀年，其所紀事，皆與魯春秋同。孟子曰："晉謂之乘，楚謂之檮杌，而魯謂之春秋，其實一也。"然則乘與紀年檮杌，其皆春秋之別名者乎！故墨子曰："吾見百國春秋。"蓋皆指此也。逮仲尼之修《春秋》也，乃觀《周禮》之舊法，遵《魯史》之遺文，據行事，仍人道，就敗以明罰，因興以立功，假日月而定歷數，籍朝聘而正禮樂，微婉其說，志晦其文，為不刊之言，著將來之法，故能彌歷千載，而其書獨行。又案儒者之說《春秋》也，以事繫日，以日繫月，言春以包夏，舉秋以

兼冬，年有四時，故錯舉以為所記之名也。苟如是，則晏子、虞卿、呂氏、陸賈其書篇第，本無年月，而亦謂之《春秋》，蓋有異於此者也。至太史公著《史記》，始以天子為本紀，考其宗旨，如法春秋，自是為國史者，皆用斯法。然時移世異，體式不同，其所書之事也，皆言罕褒諱，事無黜陟，故馬遷所謂整齊故事耳，安得比於《春秋》哉？

春秋家者，^至盡在魯矣。^{此段證據，與杜氏《左傳》序首孔疏參錯相同}

《汲冢璅語》（《隋書·經籍志》）《古文璅語》四卷，汲冢書

羊舌肸（《外傳·晉語》）悼公問德義，司馬侯曰：「諸侯之為日在君側，以其善行，以其惡戒，可謂德義矣。」公曰：「孰能？」曰：羊舌肸習於《春秋》，乃召叔嚮使傅太子彪

《竹書紀年》（杜氏《左傳》後序）余成《春秋》釋例，及經傳集解始訖，會汲郡汲縣有發其界内舊冢者，大得古書，皆簡編科斗文字，多雜碎怪妄，不可訓知，紀年最為分了，起自夏殷周皆三代王事，無諸國別也。唯特記晉事，起自殤叔次文侯、昭侯，以至曲沃莊伯。莊伯之十一年十一月，魯隱公之元年正月也，皆用夏正建寅之月為歲首，編年相次，晉國滅，獨記魏事，下至魏哀王之二十年，蓋國之史記也。推校哀王二十年太歲在壬戌，是周赧王之十六年、秦昭王之八年、韓襄王之十三年、趙武靈王之二十七年，楚懷王之三十年，燕昭王之十三年，齊湣王之二十五年也。哀王二十三年乃卒，故特不稱諡，謂之今王。其著書文意，大似《春秋》經，推此足見古者國史策書之當也。（按）汲冢書有目詳後申左篇

《百國春秋》（北平黃氏補注）《公羊傳》疏云：「昔孔子受端門之命，制春秋之義，使子夏等求周史記，得百二十寶書，則墨子言百國春秋，當即是書也。」

《周禮舊法》（杜序）周德既衰，官失其守，上之人不能使春秋昭明，仲尼因魯史策書成文，考其真偽，而志其典禮，上以遵周公之制，下以明將來之法

微婉志晦（杜序）為例之情有五：一曰微而顯，二曰志而晦，三曰婉而成章，四曰盡而不汙，五曰懲惡而勸善

繫日繫月^{語見杜氏序}

包夏兼冬（杜序）史之所記必表年以始事，年有四時，故錯舉以為所記之名也。（疏）言春足以兼夏，言秋足以見冬。《魯頌》箋云：「春秋猶言四時是也。」

晏虞呂陸亦謂《春秋》（《史記·管晏列傳贊》）吾讀《晏子春秋》，欲觀其行事，故次其傳。（孔叢執節篇）《春秋》，經名，晏子書亦曰《春秋》，貴賤不嫌同名也。《史記》，虞卿說趙孝成王爲趙上卿，卒去趙，不得意乃著書曰《節義》《稱號》《揣摩》《政謀》凡八篇，曰《虞氏春秋》。（漢《蓺文志》）《虞氏春秋》十五爲。（高誘呂覽序）呂不韋者，陽翟富賈，爲秦相國，集儒書著其所聞，為十二紀、八覽、六論，名《呂氏春秋》。暴之成陽門門，懸千金其上，能增損一字者，予千金。（後漢《班彪傳》）漢興定天下，太中大夫陸賈紀錄時功，作《楚漢春秋》九篇。《史記》本傳索隱）賈撰記項氏與漢高初起及惠文間事

左傳家者，其先出於左丘明。孔子既著《春秋》，而丘明受經作傳。蓋傳者，轉也，轉受經旨，以授後人：或曰傳者傳^{原音平}也，所以傳示來世。案孔安國注尚書，亦謂之傳，斯則傳者，亦訓釋之義乎？觀《左傳》之釋經也，言見經文，而事詳傳內，或傳無而經有，或經闕

六家（《史通》）

而傳存，其言簡而要，其事詳而博，信聖人之羽翮，而述者之冠冕也。逮孔子云沒，經傳不作，於時文籍，唯有《戰國策》及《太史公書》而已。至晉著作郎魯國樂資，乃追采二史撰為《春秋》後傳。其書始以周貞王續前傳魯哀公，後至王赧(同赧)入秦，又以秦文王之繼周，終於二世之滅，合成三十卷。當漢代史書以遷、固為主，而紀傳可(古互字)出，表志相重，於文為煩，頗難周覽。至孝獻帝，始命荀悅撮其書為編年體，依《左傳》著《漢紀》三十篇。自是每代國史，皆有斯作，起自後漢，至於高齊，如張璠、孫盛、干寶、徐賈(當是廣字)裴子野、吳均、何之元、王劭等，其所著書，或謂之春秋，或謂之紀，或謂之略，或謂之典，或謂之志，雖名各異：大抵皆依《左傳》以為的準焉。

受經作傳 （杜氏集解序）左丘明受經於仲尼，以為經者，不刊之書也。故傳或先經以始事，或後經以終義，或依經以辯理，或錯經以合異，隨義而發其例之所重

樂資 《晉書》無傳（隋《經籍志》）《春秋後傳》三十一卷，晉著作郎樂資撰。（按）資晉時人，在荀悅後，而章內先舉樂資者，資書接左迄秦事在漢紀前，不以人次也。（又）按左之年之周貞王，《史記》作定王，左疏雜引存疑

荀悅 （後漢《荀淑傳》）淑孫悅，字仲豫，獻帝時官祕書監。帝以班固《漢書》文繁難省，乃令悅依《左氏傳》體，為《漢紀》三十卷，辭約事詳。其序曰：中興以前，明主賢臣得失之軌，亦足以觀矣。正史篇又有注

張璠 國史無傳（隋《經籍志》）《後漢紀》三十卷，張璠撰。（袁宏《後漢紀》自序）暇日撮會《漢紀》謝承書，司馬彪書，華嶠書，謝沈書，漢山陽公記，漢靈、獻起居注漢名臣奏旁及諸郡舊書先賢傳，凡數百卷，多不次敘，始見張璠所撰書，其言漢末之事差詳，故復採而益之

孫盛 （隋《經籍志》）《魏氏春秋》三十卷，《晉陽秋》三十卷，並孫盛撰。盛字安國，又見《論贊直書》二篇

干寶 （《晉書》）寶字令升，祖統，吳奮武將軍。寶以才器召為著作郎，領國史，著《晉紀》，自宣迄愍凡二十卷。直而能婉。（郭評）楊誠齋嘗與同舍，談于寶，一吏曰："干字非于。"驗書果然。（按）語見《鶴林玉露》，謂韻書干字下注云：晉有千寶也。誠齋喜曰："此吾一字之師。"

徐賈 其人其書俱無考。（按）隋唐二志，於干寶《晉紀》之後，裴子野《宋略》之前，有徐廣《晉紀》四十五卷，與此處列名之次正同。而所列編年門類亦合。然則賈字即廣字之譌也；《宋書》本傳）徐廣，字野民，員外散騎領著作

裴子野 （《梁書》）子野，字幾原，曾祖松之，續修何承天《宋史》未成，子野更撰為《宋略》二十卷。敘事評論，多善

吳均 （《梁書》）吳均字叔祥，文體清拔，好事者或效之，謂為吳均體，除奉朝請著《齊春秋》三十卷。外篇，正史篇，謂其書稱梁帝為齊明佐命，帝惡其實，詔燔之，然其私本竟行

何之元 （《陳書》）之元銳精著述，以為梁氏肇自武皇終於敬帝，其興亡盛衰之跡，足以垂鑒戒，定褒貶，究七十五年行事，草創為三十卷，號曰《梁典》

王劭　見尚書家，但彼所引為《隋書》，是記言體，此所引則《北齊志》，乃編年體。章末所云，或謂之志，正指此也。舊注悉取其所著書淆列一處，便使家數不清。唐藝文編年類，王劭《北齊志》十七卷，外篇，正史篇，王劭憑起居注廣以異聞，造編年書，號曰《齊志》云云。今體甚明

《國語》家者，其先亦出於左丘明。既為春秋內傳，又稽其逸文，纂其別說，分周、魯、齊、晉、鄭、楚、吳、越八國，事起自周穆王，終於魯悼公，別為《春秋外傳》，《國語》合為二十一篇。其文以方內傳，或重出而小異，然自古名儒賈逵、王肅、虞翻、韋曜之徒，並申以注釋，治其章句，此亦六經之流，三傳之亞也。暨縱橫互起，力戰爭雄，秦兼天下，而著《戰國策》。其篇有東西二周、秦、齊、燕、楚、三晉、宋、衛、中山合十二國，分為三十三卷。夫謂之策者，蓋錄而不序，故即簡以為名。或云，漢代劉向以戰國游士為之_{一脫之字}策謀，因謂之《戰國策》。至孔衍又以《戰國策》所書未為盡善，乃引太史公所記，參其異同，刪彼二家，聚為一錄，號為《春秋後語》。除二周及宋、衛、中山，其所留者七國而已。始自秦孝公，終於楚漢之際。比於春秋，亦盡二百三十餘年行事。始衍撰《春秋時國語》，復撰《春秋後語》，勒成二書，各為十卷，今行於世者，唯《後語》存焉。案其書序云："雖左氏莫能加。"世人皆尤其不量力，不度德。尋衍之此義，自比於丘明者，當謂《國語》，非《春秋傳》也。必方以類聚，豈多嗤乎？當漢氏失馭，英雄角力，司馬彪又錄其行事，因為《九州春秋》，州為一篇，合為九卷。尋其禮統，亦近代之《國語》也。自魏都許洛，三方鼎峙，晉宅江淮，四海幅裂，其君雖號同王者，而地實諸侯，所在史官，記其國事為紀傳者，則規模班馬，創編年者，則議擬荀袁。於是史漢之體大行，而國語之風替矣。

《內傳外傳》　(韋昭《國語》序)昔孔子修舊史以垂法，左丘明因聖言以攄意，可謂博物善作者也。其雅思未盡，復采錄前世，穆王以來，下迄魯悼智伯之誅，以為《國語》，其文不止於經，故號曰"外傳"。又云，切不自料復為之解，參之以五經，檢之以"內傳"

賈逵注　(《後漢書》)賈逵，字景伯，九世祖誼。逵身長八尺二寸，諸儒為之語曰，問事不休賈長頭，尤明《左氏傳》《國語》，為之解詁五十一篇。(注)《左氏傳》三十篇，《國語》二

古書源流卷四　史部源流
六家（《史通》）

十一篇也

王肅注 三國時人，見《尚書》家。（按）《魏志》本傳於諸經解後，又有三傳《國語》《爾雅》諸注。（隋《經籍志》）《春秋外傳章句》一卷，王肅撰

虞翻注 （《三國·吳志》）虞翻，字仲翔，孫權以為騎都尉，徙文州，雖處罪放，而講學不倦。為《老子》《論語》《國語》訓注，皆傳於世

韋曜注 （《吳志》）韋曜，字弘嗣，為尚書郎，遷太子中庶子，孫皓即位，封高陵亭侯。（注）曜本名昭，史為晉諱改之。（宋《崇文總目》）昭參引鄭衆、賈逵、虞翻、唐固合五家為注，自發正者三百七事。（按）唐因注《國語》，見《吳志·闞澤傳》，或作唐因非

《戰國策》 （劉向《原敍》）所校中《戰國策》書，臣向因國別者，略以時次之，得三十三篇，中書本號，或曰國策，或曰國事，或曰短長，或曰事語，或曰修書，或曰長書。臣向以為戰國時游士策謀，宜為《戰國策》，繼《春秋》以後，訖楚漢之起二百四十五年間之事，皆定以殺青書。（隋《經籍志》）劉向錄者，三十二卷，高誘撰注者二十二卷

孔衍後語 （唐《藝文志》）孔衍《春秋時國語》十卷，又《春秋後國語》十卷。（按）《史通》云，今行世者，唯後語存，是知《新唐志》特因舊史原文，非皆有其書也

《九州春秋》 （隋《經籍志》）《九州春秋》十卷，司馬彪撰。（《陳氏書錄解題》）彪記漢末州部之亂，司冀徐、兗、青、荊、揚、涼、益、幽，凡盜賊僭叛，皆紀之。（《晉書》）彪字紹統，高陽王睦之子，官祕書郎

魏都許洛 （《三國·魏志》）建安元年，洛陽殘破，董昭等勸太祖都許，三十五年至洛陽，文帝黃初元年，營洛陽宮。（按）時言曹魏者，通謂之許洛。如《吳志》朱桓言進取壽春，以規許洛是也

晉宅江淮 （晉《元帝紀》）帝瑯琊恭王覲之子，嗣位瑯琊，永嘉初鎮建鄴，愍帝即位，西都不守，建武元年，依魏晉故事，為晉王立宗廟社稷於建康。（按）是為東晉之始。建康即建鄴，吳大帝始都此。江淮其界也，亦吳之通稱。如《吳志》，周魴本陽羡人，而言生長江淮是也

《史記》家者，其先出於司馬遷，自五經間行，百家競列，事跡錯糅，前後乖舛，至遷乃鳩集國史，採訪家人，上起黃帝，下窮漢武，紀傳以統君臣，書表以譜年爵，合百三十卷。因《魯史》舊名，目之曰《史記》。自是漢世史官所續，皆以《史記》為名，迄乎東京，著書猶稱《漢記》。至梁武帝，又勅其羣臣，上自太初，下終齊室，撰成《通史》六百二十卷。其書自秦以上，皆以《史記》為本，而別採他說，以廣異聞。至兩漢已還，則全錄當時紀傳，而上下通達，臭味相依。又吳、蜀二主，皆入世家，五胡及拓拔氏列於夷秋傳，大抵其體皆如《史記》，其所為異者，唯無表而已。其後元魏濟陰王暉業，又著《科錄》一[1]百七十卷，其斷限亦起自上古，而終於宋年，其編次多依放《通史》，而

---

[1] "一"當爲"二"。——編者註

取其行事尤相似者，共為一科，故以科錄為號。皇家顯慶中符璽郎西隴李延壽，抄撮近代諸史，南起自宋終於陳，北始自魏卒於隋，合一百八十篇，號曰《南北史》。其君臣流例，^{恐當作別}紀傳羣分，皆以類相從，各附於本國。凡此諸作，皆《史記》之流也。尋《史記》疆宇遼潤，年月遐長，而分以紀傳，散以書表，每論家國一政，而胡越相懸，敍君臣一時，而參商是隔，此其為體之失者也。兼其所載，多聚舊記，時採雜言，故使覽之者，事罕異聞，而語饒重出，此撰錄之煩者也。況《通史》以降，蕪累尤深，遂使學者，寧習本書，而怠窺新錄；且撰次無幾，而殘缺遽^{或作遂}多，可謂勞而無功，述者所宜深誡也。

採訪家人　^{此句又見採撰及正史篇，言巴西譙周以太史遷書，周秦以上，或采家人諸子，不專據正經，於是作古史考，云云。是知改人為乘者非}

《魯史》舊名《史記》　^{語見春秋家}

《通史》　^{（梁《吳均傳》）均免職，尋召撰《通史》，起三皇，迄齊代，均草本紀、世家功畢，列傳未就卒。（又《武帝紀》）太清二年，《通史》成，躬製贊序，凡六百卷，天情睿敏，下筆成章}

科錄　^{（《北史‧魏宗室傳》）常山王遵，曾孫暉業，雅好文學，招集儒士崔鴻等，撰錄百家要事，以類相從，名爲科錄，凡二百七十卷。上起伏羲，下迄於晉，凡十四代表上之。（按）本文誤以撰人為濟陰王元暉業，郭延年辯之，謂暉業所撰，乃《辯宗錄》，非科錄也。《史通》既誤，王伯厚《玉海》再誤云}

斷限　^{亦曰限斷，二字所始，見斷限篇注}

《南北史》　^{（《舊唐書‧李延壽傳》）延壽貞觀中補崇賢館學士，嘗刪補宋齊梁陳及魏齊周隋八代史，謂之《南北史》，凡一百八十卷。（《讀書志》）延壽父大師，嘗譔宋齊建周隋分隔南北，南謂北為索虜，北謂南為島夷，欲改正爲編年未就而卒。延壽究悉舊事，更依馬遷體總序八代。北二百四十年，南百七十年，為二史。（《通志‧藝文略》）別立通史一門，以延壽書與梁通史同列良是}

胡越　^{（《漢書》）鄒陽獄中上梁孝王書云：「意合則胡越為兄弟，不合則骨肉為讎敵。」}

參商　^{（《左傳》昭元年）子產曰：「昔高辛氏有二子，伯曰閼伯，季曰實沈，居於曠林，不相能也。后帝遷閼伯於商丘，主辰，商人是因，故辰為商星。遷實沈於大夏，主參，唐人是因，以服事虞夏，故參為晉星。」}

漢書家者，其先出於班固。馬遷撰《史記》終於今上。^{謂孝武帝依太史公語也}自太初已下，闕而不錄，班彪因之，演成後記，以續前篇。至子固乃斷自高祖，盡於王莽。為十二紀、十志、八表、七十列傳勒成一史，目為《漢書》。昔虞夏之典、商周之誥，孔氏所撰，皆謂之書。夫以書為名，亦稽古之偉稱，尋其創造，皆準子長，但不為世家，改書曰志而已。自東漢以後，作者相仍，皆襲其名號，無所變革。唯東觀曰記，三國曰志，然稱謂雖別，而體制皆同。歷觀自古史之所載也，尚書記周事，終秦穆，《春秋》述魯文，止哀公，紀年不逮於魏亡，史記唯論於漢始。如《漢書》者，究西都之首末，窮劉氏之廢興，包舉一代，撰成一書，言皆精練，事甚該密，故學者尋討易為其功。自爾迄今，無改斯道。

彪、固 (《漢書·敘傳》)班彪，字叔皮，年二十，遭王莽敗，世祖即位於冀州，天下雲擾，著《王命論》。有子曰固。固以為漢紹堯運以建帝業，至於六世史官，乃追述功德，私討本紀，編於百王之末，厠於秦項之列。太初已後，闕而不錄，故探纂前記綴輯所聞，以述《漢書》。起元高祖，終於孝平王莽之誅，十有二世，二百三十年，綜其行事，旁貫五經，上下洽通，為紀表志傳，凡百篇。(按)《敘傳》竟不及父彪續史事，欺所生，欺萬世。糾班史者，當以是為首款。(《後漢書》本傳)彪斷採前史遺事，傍貫異聞，作後傳數十篇

東觀曰記 (《書錄解題》)《東觀漢記》漢謁者，僕射劉珍、校書郎劉騊駼等撰。初班固在顯宗朝，嘗撰世祖本紀、功臣列傳、載紀，二十八篇，至永初中，珍騊駼等著作東觀，撰集《漢記》；其後盧植、蔡邕、馬日磾等，皆嘗補續。(按)外篇正史篇詳述其書宜參看

三國曰志 (《晉書·陳壽傳》)壽字承祚，仕蜀為館閣令史，及蜀平，司空張華愛其才，舉為孝廉，除著作，撰魏吳蜀《三國志》凡六十五篇

紀年不逮魏亡 謂《竹書紀年》年未盡，魏哀而止，正與《漢書》全代對照，或謂不為下失之

於是考茲六家，商搉千載，蓋史之流品，亦窮之於此矣。而朴散淳銷，時移世異，《尚書》等四家，《尚書》《春秋》《國語》《史記》其體久廢，所可祖述者，唯左氏及《漢書》二家而已。

通志總序（《通志》）

鄭樵

百川異趨，必會於海，然後九川無浸淫之患；萬國殊途，必通諸夏，然後八荒無壅滯之憂：會通之義大矣哉！

自書契以來，立言者雖多，惟仲尼以天縱之聖，故總詩書禮樂，而會於一手，然後能同天下之文；貫二帝三王，而通為一家，然後能極古今之變：是以其道光明，百世之上，百世之下不能及。

仲尼既沒，百家諸子興焉，各效《論語》，以空言著書，_{《論語》，門徒集仲尼語}至於歷代實蹟，無所紀繫。迨漢建元、元封之後，司馬氏父子出焉。司馬氏世司典籍，工於制作，故能上稽仲尼之意，會《詩》《書》《左傳》《國語》《世本》《戰國》《策》《楚漢》《春秋》之言，通黃帝、堯舜至於秦漢之世，勒成一書，分為五體：本紀紀年，世家傳代，表以正歷，書以類事，傳以著人；使百代而下，史官不能易其法，學者不能舍其書；六經之後，惟有此作。故謂："周公五百歲而有孔子，孔子五百歲而在斯乎？"是其所以自待者已不淺。

然大著述者，必深於博雅，而盡見天下之書，然後無遺恨。當遷之時，挾書之律初除，得書之路未廣，亙三千年之史籍，而跼蹐於七八種書，所可為遷恨者，博不足也。凡著書者，雖采前人之書，必自成一家言：左氏楚人也，所見多矣，而其書盡楚人之辭；公羊齊人也，所聞多矣，而其書皆齊人之語。今遷書全用舊文，間以俚語，良由采摭未備，筆削不遑，故曰："予不敢墮先人之言，乃述故事，整齊其傳，非所謂作也。"劉知幾亦譏其多聚舊記，時插雜言，所可為遷恨者，雅不足也。

大抵開基之人，不免草創，全屬繼志之士，為之彌縫。晉之《乘》、楚之《檮杌》、魯之《春秋》，其實一也。《乘》《檮杌》無善後之人，故其書不行，《春秋》得仲尼挽之於前，左氏推之於後，故其書與日月並傳；不然，則一卷事目，安能行於世？

自《春秋》之後，惟《史記》擅制作之規模。不幸班固非其人，遂失會通之旨；司馬氏之門戶，自此衰矣！

班固者，浮華之士也，全無學術，專事剽竊。肅宗問以制禮作樂之事，固對以在京諸儒必能知之；儻臣鄰皆如此，則顧問何取焉？及諸儒各有所陳，固惟竊叔孫通十二篇之儀，以塞白而已；儻臣鄰皆如此，則奏議何取焉？肅宗知其淺陋，故語竇憲曰："公愛班固，而忽崔駰，此葉公之好龍也。"固於當時，已有定價，如此人材，將何著述？

《史記》一書，功在十表，猶衣裳之有冠冕，木水之有本源。班固不通旁行邪上，以古今人物，彊立差等；且謂漢紹堯運，自當繼堯，非遷作《史記》廁於秦項，此則無稽之談也。由其斷漢為書，是致周秦不相因，古今成間隔。自高祖至武帝，凡六世之前，盡竊遷書，不以為慚；自昭帝至平帝，凡六世，資於賈逵、劉歆，復不以為恥；況又有曹大家終篇，則固之自為書也幾希。往往出固之胸中者，古今人表耳，他人無此謬也。後世眾手修書，道傍築室，掠人之文，竊鐘掩耳，皆固之作俑也。固之事業如此，後來史家，奔走班固之不暇，何能測其淺深？遷之於固，如龍之於豬，奈何諸史棄遷而用固？劉知幾之徒，尊班而抑馬，且善學司馬遷者，莫如班彪。彪續遷書，自孝武至於後漢，欲令後人之續己，如己之續遷；既無衍文，又無絕緒，世世相承，如出一手。善乎其繼志也！其書不可得而見，所可見者，元、成二帝贊耳。皆於本紀之外，別記所聞，可謂深入太史公之閫奧矣。凡左氏之有君子曰者，皆經之新意，《史記》之有太史公曰者，皆史之外事。不為褒貶也，間有及褒貶者，褚先生之徒雜之耳。且紀傳之中，既載善惡，足為鑒戒，何必於紀傳之後，更加褒貶？此乃諸生決科之文，安可施於著述？殆非遷彪之意。況謂為贊，豈有貶辭？後之史家，或謂之論，或謂之序，或謂之銓，或謂之評，皆效班固；臣不得不劇論固也。司馬談有其書，而司馬遷能成其父志，班彪有其業，而班固不能讀父之書。固為彪之子，既不能保其身，又不能傳其業，又不能教其子；為人如此，安在乎言為天下法？范曄陳壽之徒繼踵，率皆輕薄無行，以速罪辜，安在乎筆削而為信史也！

孔子曰：“殷因於夏禮，所損益可知也；周因於殷禮，所損益可知也。”此言相因也。自班固以斷代為史，無復相因之義，雖有仲尼之聖，亦莫知其損益：會通之道，自此失矣！語其同也，則紀而復紀，一帝而有數紀；傳而復傳，一人而有數傳。天文者，千古不易之象，而世世作天文志；洪範五行者，一家之書，而世世序五行傳。如此之類，豈勝繁文？語其異也，則前王不列於後王；後事不接於前事；郡縣各為區域，而昧遷革之源；禮樂自為更張，遂成殊俗之政。如此之類，豈勝斷綆？曹魏指吳蜀為寇；北朝指東晉為僭；南謂北為索虜；北謂南為島夷；《齊史》稱梁軍為義軍；謀人之國，可以為義乎？《隋書》稱唐兵為義兵；伐人之君，可以為義乎？房元齡董史冊，故房彥兼擅美名；虞世南預修書，故虞荔、虞寄有嘉傳。甚者桀犬吠堯，吠非其主：《晉史》黨晉而不有魏，凡忠於魏者，目為叛臣；王淩諸葛誕母丘儉之徒，抱屈黃壤：《齊史》黨齊，而不有宋，凡忠於宋者，目為逆黨；袁粲、劉秉、沈攸之之徒，含冤九原。噫！天日在上，安可如斯！似此之類，歷

通志總序（《通志》）

世有之，傷風敗義，莫大乎此。

遷法既失，固弊日深。自東都至江左，無一人能覺其非，惟梁武帝為此慨然，乃命吳均作通史，上自太初，下終齊室，書未成而均卒；隋楊素又奏令陸從典續《史記》訖於隋，書未成而免官。豈天之靳斯文而不傳與？抑非其人而不祐之與？

自唐之後，又莫覺其非。凡秉史筆者，皆準《春秋》專事褒貶。夫《春秋》以約文見義，若無專釋，則善惡難明；史冊以詳文該事，善惡已彰無待美刺。讀蕭曹之行事，豈不知其忠良？見莽卓之所為，豈不知其凶逆？夫史者，國之大典也，而當職之人，不知留意於憲章，徒相尚於言語，正猶當家之婦，不事饔飧，專鼓脣舌，縱然得勝，豈能肥家？此臣之所深恥也。

江淹有言，修史之難，無出於志。誠以志者，憲章之所繫，非老於典故者，不能為也。不比紀傳，紀則以年包事，傳則以事繫人，儒學之士，皆能為之。惟有志難，其次莫如表。所以范曄、陳壽之徒，能為紀傳，而不敢作表志。

志之大原，起於《爾雅》：司馬遷曰書，班固曰志，蔡邕曰意，華嶠曰典，張勃曰錄，何法盛曰說。餘史並承班固，謂之志，皆詳於浮言，略於事實，不足以盡《爾雅》之義。臣今總天下之大學術，而條其綱目，名之曰略。凡二十略，百代之憲章，學者之能事，盡於此矣。其五略，漢唐諸儒所得而聞；其十五略，漢唐諸儒所不得而聞也。

生民之本，在於姓氏：帝王之制，各有區分，男子稱氏，所以別貴賤，女子稱姓，所以別婚姻；不相紊濫。秦并六國，姓、氏混而為一，自漢至唐，歷世有其書，而皆不能明姓氏。原此一家之學，倡於左氏因生賜姓，胙土命氏，又以字、以諡、以官、以邑命氏；邑亦土也。左氏所言，惟茲五者，臣今所推，有三十二類；左氏不得而聞：故作《氏族略》。

　　書契之本，見於文字：獨體為文，合體為字。文有子母，主類為母，從類為子。凡為字書者，皆不識子母文字之本出於六書。象形、指事，文也；會意、諧聲、轉注，字也；假借者，文與字也。原此一家之學，亦倡於左氏。然"止戈為武"，不識諧聲，"反正為乏"，又昧象形。左氏既不別其源，後人何能別其流？是致小學一家，皆成鹵莽，經旨不明，穿鑿蠭起，盡由於此。臣於是驅天下文字，盡歸六書；軍律既明，士乃用命：故作《六書略》。

　　天籟之本，自成經緯：縱有四聲以成經，橫有七音以成緯。皇頡制字，深達此機，江左四聲，反沒其旨。凡為韻書者，皆有經無緯，字書眼學，韻書耳學，眼學以母為主，耳學以子為主，母主形，子主聲，二家俱失所主。今欲明七音之本，擴六合之情，然後能宣仲尼之教，以及人間之俗，使裔夷之俘，皆知禮義：故作《七音略》。

　　天文之家，在於圖象。民事必本於時，時序必本於天。為天文志者，有義無象，莫能知天；臣今取隋丹元子《步天歌》，句中有圖，言下成象，靈臺所用，可以仰觀。不取甘石本經惑人，以妖妄速人於罪累：故作《天文略》。

　　地理之家，在於封圻，而封圻之要，在於山川。《禹貢》九州，皆以山川定其經界；九州有時而移，山川千古不易：是故《禹貢》之圖，至今可別。班固地理，主於郡國，無所底止，雖有其書，不如無也。後之史氏，正以方隅，郡國並遷，方隅顛錯。皆因司馬遷無地理書，班固為之創始，致此一家，俱成謬舉。臣今準《禹貢》之書而理川源，本《開元十道圖》以續今古：故作《地理略》。

　　都邑之本，金湯之業，史氏不書，黃圖難考。臣上稽三皇五帝之形勢，遠探四夷八蠻之巢穴，仍以梁汴者，四朝舊都，為痛定之戒，南陽者，疑若可為中原之新宅：故作《都邑略》。

諡法一家，國之大典，史氏無其書，奉常失其旨。周人以諱事神，諡法之所由起也。古之帝王，存亡皆用名；自堯、舜、禹、湯至於桀、紂，皆名也。周公制禮，不忍名其先君，武王受命之後，乃追諡太王、王季、文王，此諡法所由立也。本無其書，後世偽作周公諡法，欲以生前之善惡，為死後之勸懲。且周公之意，既不忍稱其名，豈忍稱其惡？如是，則春秋為尊者諱，為親者諱，不可行乎周公矣；此不道之言也。幽、厲、桓、靈之字，本無凶義，諡法欲名其惡，則引辭以遷就，其意何為？皇頡制字，使字與義合，而周公作法，使字與義離。臣今所纂，並以一字見義，削去引辭，而除其曲說：故作《諡略》。

祭器者，古人飲食之器也。今之祭器，出於禮圖，徒務說義，不思適用。形制既乖，豈便歆享？夫祭器尚象者，古之道也。器之大者莫如罍，故取諸雲山；其次莫如尊，故取諸牛象；其次莫如彝，故取諸雞鳳；最小者莫如爵，故取諸雀。其制皆象其形，鑿項及背，以出內酒。惟劉杳能知此義，故引魯郡地中所得齊子尾送女器，有犧尊及齊景公冢中所得牛尊、象尊以為證。其義甚明，世莫能用：故作《器服略》。

樂以詩為本，詩以聲為用。風土之音曰風，朝廷之音曰雅，宗廟之音曰頌。仲尼編詩，為王樂也。以風、雅、頌之歌為燕享祭祀之樂：工歌《鹿鳴》之三，笙吹《南陔》之三，歌閒《魚麗》之三，笙閒《崇邱》之三；此大合樂之道也。古者、絲竹有譜無辭，所以《六笙》但存其名。序詩之人，不知此理，謂之有其義而亡其辭。良由漢立齊、魯、韓、毛四家博士，各以義言詩，遂使聲歌之道日微。至後漢之末，詩三百，僅能傳《鹿鳴》《騶虞》《伐檀》《文王》四篇之聲而已。太和末，又失其三。至於晉室，《鹿鳴》一篇，又無傳。自《鹿鳴》不傳，後世不復聞詩。然詩者，人心之樂也，不以世之興衰而存亡。繼風雅之作者，樂府也。史家不明仲尼之意，棄樂府不收，乃取工伎之作以為志。臣舊作《系聲樂府》以集漢魏之辭，正為此也。今取篇目以為次，曰《樂府正聲》者，所以明風雅，曰《祀享正聲》者，所以明頌。又以琴操明絲竹，以遺聲準逸詩。語曰："韶、盡美矣，又盡善也；武，盡美矣，未盡善也。"此仲尼所以正舞也。韶卽文舞，武卽武舞。古樂甚希，而文武二舞猶傳於後世。良由有節而無辭，不爲義說家所惑，故得全仲尼之意。五聲、八音、十二律者，樂之制也：故作《樂略》。

學術之苟且，由源流之不分；書籍之散亡，由編次之無紀。《易》雖一書而有十六種。學有傳學，有注學，有章句學，有圖學，有數學，有讖緯學；安得總言《易》類乎？《詩》雖一書，而有十二種。學有詁訓學，有傳學，有注學，有圖學，有譜學，有名物學；安得總言《詩》類乎？道家則有道書，有道經，有科儀，有符籙，有吐納內丹，有爐火外丹，凡二十五種皆道家；而渾為一家可乎？醫方則有脈經，有灸經，有本草，有方書，有炮灸，有病源，有婦人、小兒，凡二十六種皆醫家；而渾為一家可乎？故作《藝文略》。

冊府之藏，不患無書，校讎之司，未聞其法，欲三館無素餐之人，四庫無蠹魚之簡，千章萬卷，日見流通：故作《校讎略》。

河出圖，天地有自然之象、圖譜之學，由此而興；洛出書，天地有自然之文、書籍之學，由此而出。圖成經，書成緯，一經一緯，錯綜而成文。古之學者，左圖右書，不可偏廢。劉氏作《七略》，收書不收圖，班固卽其書為《藝文志》；自此以還，圖譜日亡，書籍日冗，所以困後學而隳良材者，皆由於此。何哉？卽圖而求易，卽書而求難；舍易從難，成功者少。臣乃立為二記：一曰記有，記今之所有者不可不聚；二曰記無，記今之所無者不可不求：故作《圖譜略》。

方冊者，古人之言語；款識者，古人之面貌。方冊所載，經數千萬傳，款識所勒，猶存其舊。蓋金石之功，寒暑不變，以茲稽古，庶不失真。今藝文有志，而金石無紀。臣於是采三皇五帝之泉幣、三王之鼎彝、秦人石鼓、漢魏豐碑，上自蒼頡石室之文，下逮唐人之書，各列其人，而名其地：故作《金石略》。

《洪範·五行傳》者，巫瞽之學也。歷代史官，皆本之以作五行志。天地之間，災祥萬種，人間禍福，冥不可知。若之何一蟲之妖、一物之戾，皆繩之以五行？又若之何晉厲公一視之遠，周單子一言之徐，而能關於五行之沴乎？晉申生一衣之偏，鄭子臧一冠之異，而能關於五行之沴乎？董仲舒以陰陽之學，倡為此說，本於《春秋》，牽合附會；歷世史官，自愚其心目，俛首以受籠罩而欺天下：臣故削去五行，而作《災祥略》。

語言之理易推，名物之狀難識：農圃之人，識田野之物，而不達詩書之旨；儒生達詩書之旨，而不識田野之物。五方之名本殊，萬物之形不一，必廣覽動植，洞見幽潛，通鳥獸之情狀，察草木之精神，然後參之載籍，明其品彙：故作《昆蟲草木略》。

凡十五略，出臣胸臆，不涉漢唐諸儒議論。《禮略》所以敘五禮，《職官略》所以秩百官，《選舉略》言掄材之方，《刑法略》言用刑之術，《食貨略》言財貨之源流；凡茲五略，雖本前人之典，亦非諸史之文也。

古者，記事之史謂之志：《書大傳》曰："天子有問無以對，責之疑；有志而不志責之丞。"是以宋鄭之史，皆謂之志。太史公更志為記，今謂之志，本其舊也。桓君山曰："太史公三代世表，旁行邪上，並效周譜。"古者，紀年別繫之書謂之譜，太史公改而為表，今復表為譜，率從舊也。

然西周經幽王之亂，紀載無傳，故《春秋》編年，以東周為始。自皇甫謐作帝王世紀及年歷，上極三皇，譙周、陶弘景之徒，皆有其書。學者疑之，而以太史公編年為正，故其年始於共和；然共和之名，已不可據，況其年乎？仲尼著書，斷自唐虞，而紀年始於魯隱，以西周之年無所考也。今之所譜，自春秋之前，稱世謂之世譜；春秋之後，稱年謂之年譜。太史公紀年以六甲，後之紀年者以六十甲，或不用六十甲而用歲陽、歲陰之名。今之所譜，即太史公法，既簡且明，循環無滯。

禮言"臨文不諱"，謂私諱不可施之於公也，若廟諱則無所不避。自漢至唐，史官皆避諱，惟《新唐書》無所避。臣今所修，準舊史例，間有不得而避者，如謚法之類，改易本字則其義不行，故亦準唐舊。<small>漢景帝名啟，啟為開。安帝名慶，改慶為賀。唐太祖名虎，改虎昺武。高祖名淵，改淵昺水。若章懷太子注《後漢書》，則澀龍淵不得而諱，杜佑作《通典》，則虎賁不得而諱</small>

夫學術超詣，本乎心識；如人入海，一入一深。臣之二十略，皆臣自有所得，不用舊史之文。紀傳者，編年記事之實蹟，自有成規，不為智而增，不為愚而減；故於紀傳，即其舊文，從而損益。若紀有制詔之辭，傳有書疏之章，入之正書，則據實事，寘之別錄，則見類例。《唐書》《五代史》皆本朝大臣所修，微臣所不敢議，故紀傳訖隋。若禮、樂、政、刑，務存因革，故引而至唐云。

嗚呼！酒醴之末，自然澆漓；學術之末，自然淺近；九流設教，至末皆弊。然他教之弊，微有典刑，惟儒家一家去本太遠。此理何由？班固有言："自武帝立五經博士，開弟子員，設科射策，勸以官祿，訖於元始，百有餘年，傳業者寖盛，枝葉繁滋，一經說至百餘萬言，大師衆至千餘人；蓋祿利之路然也。"且百年之間，其患至此，千載之後，弊將若何？況祿利之路，必由科目，科目之設，必由乎文辭：三百篇之詩，盡在聲歌，自置詩博士以來，學者不聞一篇之詩，六十四卦之易，該於象數，自置易博士以來，學者不見一卦之易；皇頡制字，盡由六書，漢立小學，凡文字之家，不明一字之宗；伶倫制律，盡本七音,江左置聲韻,凡音律之家,不達一音之旨:經旣苟且,史又荒唐,如此流離,何時返本!道之汙隆存乎時,時之通塞存乎數,儒學之弊,至此而極。寒極則暑至,否極則泰來,此自然之道也。臣蒲柳之質,無復餘齡,葵藿之心,惟期盛世:謹序。

文獻通考總序 (《文獻通考》)

馬端臨

昔荀卿子曰："欲觀聖王之跡，則於其粲然者矣；後王是也。君子審後王之道，而論於百王之前，若端拜而議。"然則考制度、審憲章，博聞而強識之，固通儒事也。

《詩》《書》《春秋》之後，惟太史公號稱良史：作為紀、傳、書、表，紀傳以述理亂興衰，八書以述典章經制；後之執筆操簡牘者，卒不易其體。然自班孟堅而後，斷代為史，無會通因仍之道，讀者病之。

至司馬溫公作《通鑑》，取千三百餘年之事跡，十七史之紀述，萃為一書，然後學者開卷之餘，古今咸在。然公之書，詳於理亂興衰，而略於典章經制，非公之智有所不逮也。編簡浩如煙埃，著述自有體要，其勢不能以兩得也。

竊嘗以為理亂興衰不相因者也：晉之得國異乎漢，隋之喪邦殊乎唐，代各有史，自足以該一代之始終，無以參稽互察為也。典章經制實相因者也：殷因夏，周因殷，繼周者之損益，百世可知，聖人蓋已預言之矣。爰自秦漢以至唐宋，禮樂兵刑之制，賦斂選舉之規，以至官名之更張，地理之沿革，雖其終不能以盡同，而其初亦不能以遽異。如漢之朝儀官制，本秦規也；唐之府衛租庸，本周制也。其變通張弛之故，非融會錯綜，原始要終而推尋之，固未易言也。其不相因者，猶有溫公之成書，而其本相因者，顧無其書，獨非後學之所宜究心乎？

唐杜岐公始作《通典》，肇自上古，以至唐之天寶，凡歷代因革之故，粲然可考。其後宋白嘗續其書至周顯德，近代魏了翁又作《國朝通典》。然宋之書成而傳習者少，魏嘗屬稿而未成書。今行於世者獨杜公之書耳，天寶以後蓋闕焉。

有如杜書，綱領宏大，考訂該洽，固無以議為也；然時有古今，述有詳略，則夫節目之間，未為明備，而去取之際，頗欠精審，不無遺憾焉。蓋古者因田制賦，賦乃米粟之屬，非可析之於田制之外也；古者任土作貢，貢乃包篚之屬，非可雜之於稅法之中也；乃若敍選舉則秀孝與銓選不分；敍典禮則經文與傳注相汨；敍兵則盡遺賦調之規，而姑及成敗之跡：諸如此類，寧免小疵？至於天文、五行、藝文，歷代史各有志，而通典無述焉，馬班二史，各有諸侯王列侯表，范曄《東漢書》以後無之，然歷代封建王侯，未嘗廢也。王溥作唐及五代會要，首立帝系一門，以敍各帝歷年之久近，傳授之始末，次及后、妃、皇子、公主之名氏封爵，後之編會要者仿之，而唐以前則無其書。凡是二者，蓋歷代之統紀典章繫焉，而杜書亦復不及，則亦未為集著述之大成也。

愚自蚤歲，蓋嘗有志於綴緝，顧百憂薰心，三餘少暇，吹竽已澀，汲綆不修，豈復敢以斯文自詭？昔夫子言夏殷之禮，而深慨文獻之不足徵。釋之者曰："文，典籍也，獻賢者也。"生乎千百載之後，而欲尚論千百載之前，非史傳之實錄具存，何以稽考？儒先之緒言未遠，足資討論；雖聖人亦不能臆為之說也。

竊伏自念，業紹箕裘，家藏憤索，插架之收儲，趨庭之問答，其於文獻，蓋庶幾焉。嘗恐一旦散軼失墜，無以屬來哲，是以忘其固陋，輒加考評，旁搜遠紹，門分彙別：曰田賦、曰錢幣、曰戶口、曰職役、曰征榷、曰市糴、曰土貢、曰國用、曰選舉、曰學校、曰職官、曰郊社、曰宗廟、曰王禮、曰樂、曰兵、曰刑、曰輿地、曰四裔，俱倣通典之成規。自天寶以前，則增益其事迹之所未備，離析其門類之所未詳；自天寶以後至宋嘉定之末，則續而成之。曰經籍、曰帝系、曰封建、曰象緯、曰物異，則《通典》元未有論述，而採摭諸書以成之者也。凡敍事則本之經史，而參之以歷代會要以反百家傳記之書；信而有證者從之，乖異傳疑者不錄，所謂文也。凡論事則先取當時臣僚奏疏，次及近代諸儒之評論以至名流之燕談，稗官之紀錄；凡一話一言，可以訂典故之得失，證史傳之是非者，則採而錄之，所謂獻也。其載諸史傳之紀錄而可疑，稽諸先儒之論辨而未當者，研精覃思，悠然有得，則竊著己意，附其後焉。命其書曰《文獻通考》，為門二十有四，卷三百四十有八。而其每門著述之成規，考訂之新意，各以小序詳之。

昔江淹有言："修史之難，無出於志。"誠以志者憲章之所繫，非老於典故者不能為也。陳壽號善敍述，李延壽亦稱究悉舊事，然所著二史，俱有紀傳，而獨不克作志，重其事也。況上下數千年，貫串二十五代，而欲以末學陋識，操觚竄定其間，雖復窮老盡氣，劌目鉥心，亦何所發明？聊輯見聞，以備遺忘耳！後之君子，儻能芟削繁蕪，增廣闕略，矜其仰屋之勤，而俾免於覆車之愧，庶有志於經邦稽古者，或可考焉。

古之帝王，未嘗以天下自私也，故天子之地千里，公侯皆方百里，伯七十里，子、男五十里。而王畿之內，復有公卿大夫采地祿邑，各私其土，子其人，而子孫世守之。其土壤之肥磽、生齒之登耗，視之如其家，不煩考覈，而姦偽無所容；故其時天下之田，悉屬於官。民仰給於官者也，故受田於官，食其力而輸其賦，仰事俯育，一視同仁，而無甚貧甚富之民；此三代之制也。秦始以宇內自私，一人獨運於其上，而守宰之任，驟更數易，視其地如傳舍，而閭里之情偽，雖賢且智者，不能周知也。守宰之遷除，其歲月有限，而田土之還受，其姦敝無窮，故秦漢以來，官不復可授田，遂為庶人之私有，亦其勢然也。雖其間加元魏之泰和、李唐之貞觀，稍欲復三代之規，然不久而其制遂隳者，蓋以不封建而井田不可復行故也。三代而上，天下非天子所得私也，秦廢封建，而始以天下奉一人矣；三代以上，田產非庶人所得私也，秦廢井田，而始捐田產以與百姓矣。秦於其當與者取之，所當取者與之。然所襲既久，反古實難，欲復封建，是自割裂其土宇以啟紛爭，欲復井田，是強奪民之田畝以召怨讟；書生之論，所以不可行也。隨田之在民者稅之，而不復問其多寡，始於商鞅；隨民之有田者稅之，而不復視其上中，始於楊炎：三代井田之良法壞於鞅；唐租、庸、調之良法壞於炎。二人之事，君子所羞稱，而後之為國者，莫不一遵其法。一或變之，則反至於煩擾無稽，而國與民俱受其病，則以古今異宜故也。作《田賦考》第一，敍歷代因田制賦之規，而以水利、屯田、官田附焉；凡七卷。

生民所資，曰衣與食。物之無關於衣食而實適於用者曰珠、玉、五金。先王以為衣食之具，未足以周民用也，於是以適用之物，作為貨幣以權之。故上古之世，以珠玉為上幣、黃金為中幣、刀布為下幣。_{刀布即古錢之名}

然珠、玉、黃金，為世難得之貨，至若權輕重，通貧富，而可以通行者，惟銅而已；故九府圜法，自周以來，未之有改也。然古者，俗樸而用簡，故錢有餘；後世俗侈而用糜，故錢不足。於是錢之直日輕，錢之數日多；數多而直輕，則其致遠也難。自唐以來，始制為飛券鈔引之屬，以通商賈之厚齎貿易者；其法蓋執券引以取錢，而非以券引為錢也。宋慶歷以來，蜀始有交子；建炎以來，東南始有會子。自交會既行，而始直以楮為錢矣。夫珠、玉、黃金，可貴之物也。銅雖無足貴，而適用之物也。以其可貴且適用者制幣而通行，古人之意也；至於以楮為幣，則始以無用為用矣。舉方尺腐敗之券，而足以奔走一世，饑藉以食，寒藉以衣，貧藉以富，蓋未之有。然銅重而楮輕；鼓鑄繁難，而印造簡易：今捨其重且難者，而用其輕且易者，而又下免犯銅之禁，上無搜銅之苛，亦一便也。作《錢幣考》第二，凡二卷。

古者戶口少，而皆才智之人，後世生齒繁，而多窳惰之輩。鈞是人也，古之人，方其為士，則道問學；及其為農，則力稼穡；及其為兵，則善戰陣：投之所向，無不如意。是以千里之邦，萬家之聚，皆足以世守其國而扞衞其民。民衆則其國強，民寡則其國弱；蓋當時國之興立者，民也。光嶽既分，風氣日漓，民生其間，才益乏而智益劣。士拘於文墨，而授之介冑則慚；農安於犁鋤，而問之刀筆則廢。以至九流百工釋老之徒，食土之毛者日以繁夥，其肩摩袂接，三舍不足以滿隅者，總總也。於是民之多寡，不足為國之盛衰。官既無藉於民之材，而徒欲多為之法，以征其身：戶調口賦，日增月益，上之人厭棄賤薄，不倚民為重，而民益窮苦憔悴，祇以身為累矣！作《戶口考》第三，敍歷代戶口之數與其賦役，而以奴婢占役附焉；凡二卷。

役民者，官也；役於官者，民也。郡有守，縣有令，鄉有長，里有正，其位不同，而皆役民者也。在軍旅則執干戈，興土木則親畚鍾，調征行則負羈絏；以至追胥力作之任，其事不同，而皆役於官者也。役民者逸，役於官者勞，其理則然。然則鄉長、里正，非役也，後世乃虐用其民。為鄉長、里正者，不勝誅求之苛，各萌避免之意，而始命之曰戶役矣。唐宋而後，下之任戶役者，其費日重，上之議戶役者，其制日詳。於是曰差、曰僱、曰義，紛紜雜襲，而法出姦生，莫能禁止。噫！

成周之里宰、黨長，皆有祿秩之命官；兩漢之三老、嗇夫，皆有譽望之名士：蓋後世之任戶役者也，曷嘗凌暴之至此極乎？作《職役考》第四，敍歷代役法之詳，而以復除附焉；凡二卷。

征榷之途有二：一曰山澤，茶、鹽、坑、冶是也；二曰關市，酒酤征商是也。羞言利者，則曰縣官當食租衣稅而已，而欲與民庶爭貨殖之利，非王者之事也。善言利者，則曰山海天地之藏，而豪強擅之，關市貨物之聚，而商賈擅之：取之於豪強商賈，以助國家之經費，而毋專仰給於百姓之賦稅，是崇本抑末之意，乃經國之遠圖也。自是說立，而後之加詳於征榷者，莫不以藉口。征之不已，則併其利源奪之；官自煮鹽、酤酒、採茶、鑄鐵，以至市易之屬。利源日廣，利額日重，官既不能自辦，而豪強商賈之徒又不可復擅，然既以立為課額，則有司者不任其虧減，於是又為均派之法，或計口而課鹽錢或望戶而榷酒酤，或於民之有田者，計其頃畝，令於賦稅之時帶納以求及額，而征榷遍於天下矣。蓋昔之榷利，日取之豪強商賈之徒以優農民，及其久也，則農民不獲豪強商賈之利，而代受豪強商賈之榷。有識者知其苛橫，而國計所需，不可止也。作《征榷考》第五，首敍歷代征商之法，鹽鐵始於齊則次之，榷酤始於漢，榷茶始於唐，則又次之，雜征斂者，若津渡間架之屬，以至漢之告緡、唐之率貸、宋之經總制錢，皆衰世一切之法也，又次之；凡六卷。

市者，商賈之事也。古之帝王，其物貨取之任土所貢而有餘，未有國家而市物者也，而市之說，則昉❶於《周官》之泉府，後世因之，曰均輸、曰市易、曰和買，皆以泉府藉口者也；糴者，民庶之事。古之帝王，以米粟取之什一所賦而有餘，未有國家而糴粟者也，而糴之說，則昉於齊桓公魏文侯之平糴，後世因之，曰常平、曰義倉、曰和

---

❶ "昉"當作"彷"。——編者註

糴，皆以平糴藉口者也。然泉府與平糴之立法也，皆所以便民：方其滯於民用也，則官買之糴之，及其適於民用也，則官賣之糶之；蓋懋遷有無，曲為貧民之地，初未嘗有一毫征利富國之意。然沿襲既久，古意寖失：其市物也，亦諉曰摧蓄賈居貨待價之謀，及其久也，則官自效商賈之為，而指爲富國之術矣；其糴粟也，亦諉曰救貧民穀賤錢荒之弊，及其久也，則官未嘗有及民之惠，而徒利積粟之入矣。至其極弊，則名曰和買和糴，而強配數目，不給價直，鞭笞取足，視同常賦；蓋古人恤民之事，後世反藉以厲民，不可不究其顛末也。作《市糴考》第六，凡二卷。

《禹貢》八州皆有貢物，而冀州獨無之；甸服有米粟之輸，而餘四服俱無之。說者以為王畿之外，八州俱以田賦所當供者，市易所貢之物，故不輸粟。然則土貢即租說也。漢唐以來，任土所貢，無代無之，著之令甲，猶曰當其租入。然叔季之世，務為苛橫，往往租自租而貢自貢矣。至於珍禽奇獸，袤服異味，或荒淫之君，降旨取索，或姦諂之臣，希意創貢，往往有出於經常之外者。甚至捐留官賦，陰增民輸，而命之曰羨餘，以供貢奉，上下相蒙，苟悅其名，而於百姓則重困矣。作《土貢考》第七，凡一卷。

賈山《至言》曰："昔者，周蓋千八百國。以九州之民，養千八百國之君，君有餘財，民有餘力，而頌聲作；秦皇帝以千八百國之民自養，力罷不能勝其役，財盡而不能勝其求，一君之身耳，所自養者，馳騁弋獵之娛，天下弗能供也。"然則國之廢興，非財也。財少而國延，財多而國促，其效可覩矣。然自《周官》六典，有太府又有玉府、內府，且有惟王不會之說，後之為國者因之：兩漢財賦，曰大農者，國家之帑藏也；曰少府、曰水衡者，人主之私蓄也；唐既有轉運度支，而復有瓊林大盈；宋既有戶部三司，而復有封椿內藏。於是天下之財，其歸於上者，復有公私。恭儉賢王，常捐內帑以濟軍國之用，故民裕而其祚昌；淫侈僻王，至糜外府以供耳目之娛，故財匱而其民怨。此又歷代制國用者龜鑑也。作《國用考》第八，敘歷代財計首末，而以漕運賑恤蠲貸附焉；凡五卷。

古之用人，德行為首，才能次之。虞朝載采，亦有九德，周家賓興，考其德行，於才不屑屑也。兩漢以來，刺史守相，得以專辟召之權，魏晉而後，九品中正，得以司人物之柄，皆考之以里閈之毀譽，而試之以曹據之職業，然後俾之入備王宮，以階清顯；蓋其為法，雖有愧古人德行之舉，而猶可以得才能之士也。至於隋而州郡僚屬，皆命於銓曹，搢紳發軔，悉由於科目：自以銓曹署官，而所按者資格而已，於是勘籍小吏，得以司升沉之權；自以科目取士，而所試者詞章而已，於是操觚末技，得以階榮進之路。夫其始進也，試之以操觚末技，而專主於詞章；其既仕也，付之於勘籍小吏，而專校其資格：於是選賢與能之意，無復存者矣。然此二法者，歷數百年而不可以復更；一或更之，則蕩無法度，而僥濫者愈不可澄汰。亦獨何哉？又古人之取士，蓋將以官之；三代之時，法制雖簡，而考核本明，毀譽既公，而賢愚自判，往往當時士之被舉者，未有不入官，初非有二途也。降及後世，巧偽日甚，而法令亦滋多。遂以科目為取士之途，銓選為舉官之途，二者各自為防閑檢柅之法。至唐則以試士屬之禮部，試吏屬之吏部，於是科目之法，銓選之法，日新月異，不相為謀。蓋有舉於禮部而不得官者，不舉於禮部而得官者，而士之所以進身之塗轍亦復不一，不可比而同之也。於是立舉士、舉官兩門以該之。作《選舉考》第九，凡十二卷。

古之教者，家有塾，黨有庠，術有序，國有學；所謂學校，至不一也。然惟國學有司樂司成，專主教事，而州、閭、鄉、黨之學，則未聞有司職教之任者。及考《周禮》地官："黨正各掌其黨之政令教治，孟月屬民而讀法，祭祀則以禮屬民；州長掌其州之教治政令，考其德行道藝，糾其過惡而勸戒之。"然後知黨正卽一黨之師也，州長卽一州之師也，以至下之為比長閭胥，上之為鄉遂大夫，莫不皆然。蓋古之為吏者，其德行道藝，俱足以為人之師表，故發政施令，無非教也。以至使民興賢，出使長之，使民興能，入使治之；蓋役之則為民，教之則為士，官之則為吏，鈞是人也。秦漢以來，儒與吏始異趨，政與教治始殊途。於是曰郡守，曰縣令，則吏所以治其民；曰博士官，曰文學掾，則師所以教其弟子。二者漠然不相為謀，所用非所教，所教非所用。士方其從學也，曰習讀，及進而登仕版，則棄其詩、書、禮、樂之舊習，而從事乎簿書期會之新規。古人有言曰："吾聞學而後入政，未聞以政學者。"後之為吏者，皆以政學者也。自其以政學，則儒者之學術皆筌蹄也，國家之學宮皆芻狗也，民何由而見先王之治哉？又況榮途捷徑，旁午雜出，蓋未嘗由學而升者滔滔也。於是所謂學者始視為粉飾太平之一事，而庸人俗吏，直以為無益於興衰理亂之故矣。作《學校考》第十，敍歷代學校之制及祠祭褒贈先聖先師之首末，幸學養老之儀，而郡國鄉黨之學附見焉；凡七卷。

古者，因事設官，量能授職，無清濁之殊，無內外之別，無文武之異。何也？唐虞之時，禹宅揆，契掌教，皋陶明刑，伯夷典禮，羲和掌歷，夔典樂，益作虞，垂共工，蓋精而論道經邦，粗而飭財辨器，其位皆公卿也，其人皆聖賢也。後之居位臨民者，則自詭以清高，而下視曲藝多能之流；其執技事上者，則自安於鄙俗，而難語以輔世長民之事。於是審音、治歷、醫、祝之流，特設其官以處之，謂之雜流，擯不得與搢紳伍，而官之清濁始分矣。昔在成周，設官分職，綴衣趣馬，俱籲俊之流，宮伯內宰，盡興賢之侶。逮夫漢代，此意猶存，故以儒者

古書源流卷四　史部源流
文獻通考總序(《文獻通考》)

為侍中,以賢士備郎署,如周昌、袁盎、汲黯、孔安國之徒,得以出入宮禁,陪侍宴私,陳誼格非,拾遺補過,其才能卓異者,至為公卿將相,為國家任大事,霍光、張安世是也。中漢以來,此意不存,於是非閹豎嬖倖,不得以日侍宮庭,而賢能搢紳,特以之備員表著。漢有宮中府中之分,唐有南司北司之黨,職掌不相為謀,品流亦復殊異,而官之內外始分矣。古者,文以經邦,武以撥亂,其在大臣,則出可以將,入可以相,其在小臣,簪筆可以待問,荷戈可以前驅。後世人才日衰,不供器使,司文墨者,不能知戰陣,被介冑者,不復識簡編,於是官人者,制為左右兩選,而官之文武始分矣。至於有侍中、給事中之官,而未嘗司宮禁之事,是名內而實外也;<small>唐以來,以侍中為三公官,以處勳臣。又以給事中為封駁之官,皆以外庭之臣為之,並不預中之事。</small>有太尉、司馬之官,而未嘗司兵戎之事,是名武而實文也;<small>太尉,漢承秦以為三公,然猶掌武事也,唐以後亦為三公,宋時呂夷簡、王旦、韓琦官至太尉,非武臣也。大司馬初官掌兵,至漢元成為三公,亞於司徒,乃後來執政之任,亦非武臣也</small>太常有卿佐,而未嘗審音樂,將作有監貳,而未嘗諳營繕,不過為儒臣養望之官,是名濁而實清也;尚書令在漢為司牘小吏,而後世則為大臣所不敢當之窮官,校尉在漢為兵師要職,而後世則為武弁所不齒之冗秩,<small>尚書令漢初其秩至卑,銅章青綬,主宮禁文書而已。至唐則為三省長官。高祖入長安時,太宗以秦王為之。後郭子儀以勳位當拜,以太宗曾為之,辭不敢受。自後至宋,無敢拜此官者。漢入校尉領禁衛諸軍,皆尊顯之官,宰相之罷政者,至為城門校尉。又司隸校尉,督察三輔,彈劾公卿,其權至雄尊。護羌校尉,護烏桓校尉,皆領重兵,鎮方面,乃大師之職。至宋時校尉副尉,為武職初階,不入品從,至為冗賤</small>蓋官之名同,而古今之崇卑懸絕如此,參稽互考,曲暢旁通,而因革之故,可以類推。作《職官考》第十一,首敘官制,次序官數,內官則自公師宰相而下,外官則自州牧郡守而下,以至散官祿秩,品從之詳,凡二十一卷。

《郊特牲》曰:"禮之所尊,尊其義也。失其義,陳其數,祝史之事也。故其數可陳也,其義難知也。"荀卿子曰:"不知其義,謹守其數,慎不敢損益,父子相傳以持王公。是故三代雖亡,治法猶存,是官人百吏之所以取祿秩也。"然則義者,祭之理也;數者,祭之儀也。古者，人習於禮，故家國之祭祀，其品節儀文，祝史有司，皆能知之；然其義則非儒宗講師不能明也。周衰禮廢，而其儀亡矣。秦漢以來，諸儒口耳所授，簡冊所載，特能言其義理而已，《戴記》是也。《儀禮》所言，止於卿士大夫之禮《六典》所載，特以其有關於職掌者則言之，而國之大祀，蓋未有能知其品節儀文者。漢鄭康成深於禮學，作為傳註，頗能補經之所未備。然以讖緯之言而釋經，以秦漢之事而擬三代，此其所以舛也。蓋古者，郊與明堂之祀，祭天而已，秦漢始有五帝泰一之祠，而以古者郊祀明堂之禮禮之，蓋出於方士不經之說。而鄭注：禮經二祭，曰天曰帝，或以為靈威仰，或以為耀魄寶，襲方士緯書之荒誕，而不知其非。夫禮莫先於祭，祭莫重於天，而天之名義且乖異如此，則其他節目注釋，雖復博贍，不知其果得禮經之意否乎。王肅諸儒，雖引正論以力排之，然魏晉以來，祀天之禮，嘗參酌王鄭二說而迭用之，竟不能偏廢也。至於禘祫之節，宗祧之數，禮經之明文無所稽據，而注家之聚訟莫適折衷，其叢雜牴牾，與郊祀之說無以異也。近世三山信齋楊氏得考亭、勉齋之遺文奧義，著為祭禮一書，詞義正大，考訂精核，足為千載不刊之典。然其所述一本經文，不復以注疏之說攙補，故經之所不及者，則闕略不接。續杜氏通典之書有祭禮則參用經註之文兩存王鄭之說雖通暢易曉而不如楊氏之純正。今並錄其說，次及歷代祭祀禮儀本末，而唐開元宋政和二禮書中所載諸祀儀注，併詳著焉。作《郊祀考》第十二，以敍古今天神地祇之祀：首郊，次明堂，次后土，次雩，次五帝，次日、月、星辰、寒暑，次六宗四方，次社稷、山川，次封禪，次高禖，次八蜡，次五祀，次籍田祭先農，次親蠶祭先蠶，次祈禳，次告祭，而後以雜祠淫祠終焉；凡二十三卷。作《宗廟考》第十三，以敍古今人鬼之祀：首國家宗廟，次時享，次祫禘，次功臣配享，次祠先代君臣，次諸侯宗廟，而以大夫

文獻通考總序（《文獻通考》）

士庶宗廟時享終焉；凡十五卷。

　　古者，經禮禮儀，皆曰三百，蓋無有能知其節目之詳者矣。然總其凡有五，曰吉、凶、軍、賓、嘉；舉其大有六，曰冠、昏、喪、祭、鄉、相見：此先王制禮之略也。秦漢而後，因革不同，有古有而今無者，如大射、聘禮、士相見，鄉飲酒，投壺之類是也；有古無而今有者，如聖節、上壽、上尊號、拜表之類是也；有其事通乎古今，而後世未嘗制為一定之禮者，若臣庶以下冠、昏、喪、祭是也：凡若是者，皆本無沿革不煩紀錄，而通乎古今。而代有因革者，惟國家祭祀、學校、選舉、以至朝儀、巡狩、田獵、冠冕、服章、圭璧、符璽、車旗、鹵簿及凶禮之國卹耳。今除國記、學校、選舉已有專門外，朝儀已下，則總謂之王禮，而備著歷代之事迹焉。蓋本晦庵《儀禮經傳通解》，所謂王朝之禮也。其本無沿革者，若古禮則經傳所載，先儒所述，自有專書，可以尋求，毋庸贅敘；若今禮則雖不能無失，而議禮制度，又非書生所得預聞也，是以亦不復措辭焉。作《王禮考》第十四，凡二十二卷。

　　記曰："聲音之道，與政通矣，故審樂以知政。"蓋言樂之正哇，有關於時之理亂也。然自三代以後，號為歷年多，施澤久，而民安樂之者，漢唐與宋。漢莫盛於文景之時，然至孝武時，河間獻王始獻雅樂，天子下太樂官，常存肄之，歲時以備數；然不常御，常御及郊廟，皆非雅聲。至哀帝時，始罷鄭聲，用雅樂，而漢之運祚，且移於王莽矣。唐莫盛於貞觀、開元之時，然所用者多教坊俗樂，太常閱工人常肄習之，其不可教者乃習雅樂，然則其所謂樂者可知矣。宋莫盛於天聖景祐之時，然當時胡瑗、李照、阮逸、范鎮之徒，拳拳以律呂未諧，聲音未正為憂，而卒不克更置。至政和時，始製大晟樂，自謂古雅，而宋之土宇且陷入女真矣。蓋古者因樂以觀政，而後世則方其發政施仁之時，未暇制樂，及其承平之後，綱紀法度，皆已具舉，敵國外患，皆已銷亡，君相他無所施為，學士大夫他無所論說，然後始及制樂；樂既成，而政已秕，國已衰矣。昔隋開皇中，制樂用何妥之說而擯萬寶常之議。及樂成，寶常聽之，泫然曰："樂聲淫厲而哀，不久天下將盡。"噫！使當時一用寶常之議，能救隋之亡乎？然寶常雖不能制樂，以保隋之長存，而猶能聽樂而知隋之必亡，其宿悟神解，亦有過人者。竊嘗以為世之興衰理亂固未必由樂，然若欲議樂，必如師曠州鳩萬寶常王令言之徒。其自得之妙，豈有法之可傳者？而後之君子，乃欲強為議論，究律呂於黍之縱橫，求正哇於聲之清濁，或證之以殘缺斷爛之簡編，埋沒銷蝕之尺量，而自謂得之，何異刻舟覆蕉，叩槃捫燭之為，愚固不知其說也。作《樂考》第十五，首敘歷代樂制，次律呂制度，次八音之屬，各分雅部、胡部、俗部，以盡古今樂器之本末，次樂縣，次樂歌，次樂舞，次散樂鼓吹，而以徹樂終焉；凡十五卷。

按《周官》小司徒："五人為伍，五伍為兩，四兩為卒，五卒為旅，五旅為師，五師為軍。上地，家七人，可任也者家三人；中地，家六人，可任也者家五人；下地，家五人，可任也者家二人。"此教練之數也。《司馬法》地方："一里為井，四井為邑，四邑為邱，四邱為甸；甸六十四井，有戎馬四匹，兵車一乘，牛十二頭，甲士三人，卒七十二人。"此調發之數也，教練則不厭其多：故凡食土之毛者，除老弱不任事之外，家家使之為兵，人人使之知兵；故雖至小之國，勝兵萬數可指顧而集也。調發則不厭其簡：甸六十四井為五百十二家，而所調者止七十五人，是六家調發共出一人也；每甸姑通以中地二家五人計之，五百一十二家，可任者一千二百八十人，而所調者止七十三人，是十六次調發，方及一人也。教練必多，則人皆習於兵革，調發必簡，則人不疲於征戰；此古者用兵制勝之道也。後世士自為士，農自為農，工商末技自為工商末技，凡此四民者，平時不識甲兵為何物，而所謂兵者，乃出於四民之外，故為兵者甚寡，知兵者甚少；一有征戰，則盡數驅之以當鋒刃，無有休息之期，甚則以未嘗訓練之民，而使之戰，是棄民也。唐宋以來，始專用募兵，於是兵與民判然為二途，諉曰教養於平時，而驅用於一旦；然其季世，則兵數愈多，而驕悍，而劣弱，為害不淺，不惟足以疲國力，而反足以促國祚矣。作《兵考》第十六，首敘歷代兵制，次禁衛及郡國之兵，次教閱之制，次車戰舟師馬政軍器，凡十三卷。

昔漢陳咸言："為人議法，當依於輕，雖有百金之利，慎無與人重比。"蓋漢承秦法，過於嚴酷，重以武宣之君，張趙之臣，淫刑喜殺，習以為常；咸之言蓋有激也。竊嘗以為劓、刵、椓黥，蚩尤之刑也，而唐虞遵之；收孥、赤族，亡秦之法也，而漢魏以來遵之：以賢聖之君，而不免襲亂虐之制，由是觀之，咸言尤為可味也。漢文除肉刑善矣，而以髡笞代之：髡法過輕，而畧無懲創，笞法過重，而至於死亡。其後乃去笞而獨用髡；減死罪一等，即止於髡鉗；進髡鉗一等，即入於死；而深文酷吏，務從重比，故死刑不勝其衆。魏晉以來病之，然不知減笞數而使之不死，乃徒欲復肉刑以全其生。肉刑卒不可復，遂獨以髡鉗為生刑所欲活者，傅生議，於是傷人者，或折腰體而纔剪其毛髮，所欲陷者於死比，於是犯罪者，既已刑殺，而復誅其宗親，輕重失宜，莫此為甚。及隋唐以來，始制五刑，曰笞、杖、徒、流、死。此五者，即有虞所謂鞭扑流宅，雖聖人復起，不可偏廢也。若夫苟慕輕刑之名，而不恤惠姦之患，殺人者不死，傷人者不刑，俾無辜罹毒虐者，抱沉冤而莫伸，而舞文利賕賄者，無後患之可憚，則亦非聖人明刑弼教之本意也。作《刑考》第十七，首刑制，次徒流，次詳讞，次贖刑赦宥，凡十二卷。

昔秦燔經籍，而獨存醫藥卜筮種樹之書，學者抱恨終古。然以今考之，《易》與《春秋》二經，首末俱存；《詩》亡其六篇，或以為《笙詩》元無其辭，是詩亦未嘗亡也；《禮》本無成書，《戴記》雜出漢儒所編，《儀禮》十七篇及《六典》最晚出，《六典》僅亡《冬官》，然其書純駁相半，其存亡未足為經之庇也；獨虞、夏、商、周之書，亡其四十六篇耳。然則秦所燔，除《書》之外，俱未嘗亡也。若醫藥、卜筮、種樹之書，當時雖未嘗廢錮，而並無一卷流傳至今者，以此見聖經賢傳，終古不朽，而小道異端，雖存必亡，初不以世主之好惡為之興廢也。漢、隋、唐、宋之史，俱有藝文志，然《漢志》所載之書，以《隋志》考之，十已亡其六七，以《宋志》考之，隋唐亦復如是，豈亦秦為之厄哉？昌黎公所謂為之也易，則其傳之也不遠，豈不信然！夫書之傳者已鮮，傳而能蓄者加鮮，蓄而能閱者尤加鮮焉。宋皇祐時，命名儒王堯臣等作《崇文總目》，記館閣所儲之書，而論列於其下方，然止及經史，而亦多缺略，子集則但有其名目而已。近世昭德晁氏公武有《讀書記》、直齋陳氏振孫有《書錄解題》，皆聚其家藏之書而評之。今所錄，先以四代史志列其目，其存於近世而可考者，則採諸家書目所評，并旁搜史傳、文集、雜說、詩話，凡議論所及，可以紀其著作之本末，考其傳流之真偽，訂其文理之純駁者，則具載焉。俾覽之者，如入郡[1]玉之府，而閱木天之藏；不特有其書者，稍加研窮，即可以洞究旨趣，雖無其書者，味茲題品，亦可粗窺端倪，蓋殫見洽聞之一也。作《經籍考》第十八，經之類十有三，史之類十有四，子之類二十有二，集之類六；凡七十六卷。

昔太史公言：「儒者斷其義，馳說者騁其辭，不務綜其始終」。蓋譏世之學者，以空言著書，而歷代統系無所考訂也。於是作為三代世

---

[1] "郡"當為"群"。——編者註

文獻通考總序（《文獻通考》）

表，自黃帝以下譜之。然五帝之事遠矣，而遷必欲詳其世次，按圖而索，往往牴牾，故歐陽公復譏其不能缺所不知，而務多聞以為勝。然自三代以後，至於近世，史牒所載，昭然可考，始學者童而習之，屈伸指而得其大概，至其傳世歷年之延促，枝分派別之遠近，猝然而問，雖華顛鉅儒，不能以遽對，則以無統系之書故也。今倣王溥唐及五代會要之體，首敘帝王之姓氏出處及其享國之期，改元之數，以及各代之始終，次及后、妃、皇子、公主、皇族，其可考者，悉著於篇，而歷代所以尊崇之禮，冊命之儀，并附見焉；作《帝系考》第十九，凡十卷。

封建莫知其所從始他，禹塗山之會，號稱萬國，湯受命時，凡三千國，周定五等之封，凡千七百七十三國，至春秋之時，見於經傳者，僅一百六十五國，而蠻夷戎狄亦在其中；蓋古之國至多，後之國日寡，國多則土宜促，國少則地宜曠，而夷考其故則不然。試以殷周上世言之，殷契至成湯八遷，史以為自商而砥石，自砥石而復居商，又自商而亳；周棄至文王亦屢遷，史以為自邰而豳，自豳而岐，自岐而豐。夫湯七十里之國也，文王百里之國也，然以所遷之地考之，蓋有出於七十里百里之外者矣。又如泰伯之為吳，鬻繹之為楚，箕子之為朝鮮，其初不過自屏於荒裔之地，而其後因以有國傳世。竊意古之諸侯者，雖曰受封於天子，然亦由其行義德化，足以孚信於一方，人心翕然歸之，故其子孫因之遂君其地。或有災否，則轉徙他之，而人心歸之，不能釋去，故隨其所居，皆成都邑。蓋古之帝王，未嘗以天下為己私，而古之諸侯，亦未嘗視封內為己物，上下之際均一至公非如後世分疆畫土爭城爭地必若是其截然也。秦既滅六國，舉宇內而郡縣之，尺土一民，始皆視為己有，再傳而後，劉、項與羣雄共裂其地而分王之。高祖既誅項氏之後，凡當時諸侯王之自立者，與為項氏所立者，旨擊滅之，然後裂土以封韓彭英盧張吳之屬；蓋自是非漢之功臣不得王矣。逮數年之後，反者九起，異姓諸侯王，多已夷滅，於是悉取其地，以王子弟親屬，如荊、吳、齊、楚、淮南之類；蓋自是非漢之同姓不得王矣。然一再傳而後，賈誼、鼂錯之徒，拳拳有諸侯強大之慮，以為親者無分地，而疏者偪天子，必為子孫之憂。於是或分其國，或削其地，其負強而動如七國者，則六師移之。蓋西漢之封建，其初則勦滅異代所封，而以畀其功臣；繼而勦滅異姓諸侯，而以畀其同宗；又繼而勦滅疏屬劉氏王，而以畀其子孫：蓋檢制益密，而猜防益深矣。昔湯武雖以征伐取天下，然商惟十一征，周惟滅國者五十，其餘諸侯，皆襲前代所封，未聞盡以宇內易置而封其私人。周雖大封同姓，然文昭武穆之邦，與國咸休，亦未聞成康而後，復畏文武之族偪，而必欲夷滅之以建置己之子孫也。愚嘗謂，必有公天下之心而後可以行封建，自其出於公心，則選賢與能，而小大相維之勢，足以綿千載；自其出於私心，則忌疏畏偪，而上下相猜之形，不能以一朝居矣。景武之後，令諸侯王不得治民補吏，於是諸侯雖有君國子民之名，不過食其邑入而已，土地甲兵，不可得而擅矣。然則漢雖懲秦之弊，復行封建，然為人上者，苟慕美名，而實無唐虞三代之公心，為諸侯者，既獲裂土，則邊欲效春秋戰國之餘習，故不久而遂廢。逮漢之亡，議者以為乏藩屏之助，而成孤立之勢。然愚又嘗夷考歷代之故，魏文帝忌其諸弟，帝子受封，有同幽繫，再傳之後，主勢稍弱，司馬氏父子即攘臂取之，曾無顧憚；晉武封國至多，宗藩強壯，俱自得以領民卒，置官屬，可謂懲魏之弊矣，然八王首難，阻兵安忍，反以召五胡之釁；宋齊皇子俱童孺當方面，名為藩鎮，而實受制於典籤、長史之手，每一易主，則前帝之子孫殲焉，而運祚卒以不永；梁武享國最久，諸子孫皆以盛年雄材，出為邦伯，專制一方，可謂懲宋、齊之弊矣，然諸王擁兵，捐

文獻通考總序（《文獻通考》）

置君父，卒不能止侯景之難：然則魏、宋、齊疎忌骨肉，固以取亡，而晉梁崇獎宗藩，亦不能救亂，於是封建之得失不可復議，而王綰、李斯、陸士衡、柳宗元輩所論之是非，亦不可得而徧廢矣。今所論著，三皇而後，至春秋之前，國名之見於經傳而事迹可考者異著之；如共工、防風氏以至邘、鄘、樊、檜之類是也；春秋十二列國，既有太史《世家》，詳其事跡，不復贅敍，姑紀其世代歷年而已；若諸小國之事跡，見於《春秋三傳》雜記者，則倣《世家》之例，敍其梗概，邾莒許滕以下是也；漢初諸侯王、王子、侯、功臣、外戚、恩澤侯，則悉本馬、班二史、年表；東漢以後，無年表可據，則採摭諸傳，各訂其受封傳授之本末，而備著焉。列侯不世襲，始於唐，親王不世襲，始於宋，則姑志其始受封者之名氏而已。作《封建考》第二十，凡十八卷。

昔三代之時，俱有太史。其所職掌者，察天文，記時政，蓋合占候紀載之事，以一人司之。漢時，太史公掌天官，不治民，而紬史記金匱石室之書，猶是任也。至宣帝時，以其官為令行太史公之書，其修撰之職，以他官領之，於是太史之官，唯知占候而已；蓋必二任合而為一，則象緯有變，紀錄無遺，斯可以考一代天文運行之常變，而推其休祥。然二任之驟廢離隔，不相為謀，蓋已久矣。昔《春秋》日食不書，日而史氏以為官失之，可見當時掌占候與司紀載者，各為一人，故疎畧如此。又嘗考之，春秋二百四十二年，而日食三十六，自魯定公十五年至漢高帝之三年，其間二百九十三年，而搜考史傳，書日食凡七而已；然則遺缺不書者多矣。自漢而後，史錄具在，天下一家之時，紀載者遞相沿襲，無以知其得失也。及南北分裂之後，國各有史：今考之南自宋武帝永初元年至陳後主禎明二年，北自魏明帝泰常五年至隋文帝開皇八年，此一百六十九年之間，《南史》所書日食僅三十六，而《北史》所書乃七十九；其間年歲之相合，纔二十七。又有年合而月不合者，夫同此一蒼旻也，食於北者其數過倍於南，理之所必無者。而又日月不相脗合，豈天有二日乎？蓋史氏之差謬牴牾，其失大矣。懸象著明，莫大乎日月，雖庸奴舉目可知，而所書薄蝕之謬且如此，則星辰之遲留、伏逆、陵犯、往來，其所紀述豈足憑乎？按漢哀帝以日無精光，邪氣連昏之事問待詔李尋，而尋所對，具言其故。光武以建武五年，召嚴光入禁中共臥，而太史奏客星犯帝座：二事見於李尋、嚴光傳中，而以《漢志》考之，終哀帝時不言日無精光之事，光武建武五年亦不言客星事，可證其疏略也。姑述故事，廣異聞耳。《天文志》莫詳於晉隋，至丹元子之《步天歌》，尤為簡明。宋兩朝史志，言諸星去極之遠近，中興史志，採近世諸儒之論，亦多前史所未發，故擇其尤明暢有味者，具列於篇，作《象緯考》第二十一。首三垣二十八宿之星名度數，次天漢起沒，次日月五星行度，次七曜之變，次雲氣，凡十七卷。

《記》曰："國家將興，必有禎祥；國家將亡，必有妖孽。"蓋天地之間，有妖必有祥，因其氣之所感而證應隨之。自伏勝作五行傳，班孟堅而下踵其說，附以各代證應，為五行志，始言妖而不言祥。然則陰陽五行之氣，獨能為妖孽，而不能為禎祥乎？其亦不達理矣！雖然，妖祥之說，固未易言也：治世則鳳凰見，故有虞之時，有來儀之祥，然漢桓帝元嘉之初，靈帝光和之際，鳳凰亦屢見矣，而桓靈非治安之時也；誅殺過當，其應為恆寒，故秦始皇時，有四月雨雪之異，然漢文帝之四年，亦以六月雨雪矣，而漢文帝非淫刑之主也。斬蛇夜哭，在秦則為妖，在漢則為祥，而概謂之龍蛇之孽可乎？僵樹蟲文，在漢昭帝則為妖，在宣帝則為祥，而概謂之木不曲直可乎？前史於此，不得其說，於是穿鑿附會，強求證應，而采有所不通。竊嘗以為物之反常者異也，其祥則為鳳凰、麒麟、甘露、醴泉、慶雲、芝草，其妖則山崩、川竭、水湧、地震、豕禍、魚孽；妖祥不同，然皆反常而罕見者，均謂之異可也。故今取歷代史《五行志》所書，并旁搜諸史本紀及傳記中所載祥瑞，隨其朋類，附入各門，不曰妖，不曰祥，而總名之曰物異。如恆雨、恆暘、恆燠、恆寒、恆風、水潦、火災之屬，俱妖也，不可言祥，故仍前史之舊名；至如魏晉時，魚集武庫屋上，前史所謂魚孽也，若周武王之白魚入舟，則祥而非孽，然妖祥雖殊，而其為異一爾，故均謂之魚異；秦孝公時，馬生人，前史所謂馬禍也，若伏羲之龍馬負圖，則祥而非禍，然妖祥雖殊，而其為異亦一爾，故均謂之為異；其餘鳥、獸、昆蟲、草、木、金、石，以至童謠、詩讖之屬，前史謂之羽蟲、毛蟲、龍蛇之孽，或曰詩妖華孽，今所述皆並載妖祥，故不曰妖，不曰孽，而均以異名之；其豕禍鼠妖，則無祥可述，故亦仍前史之舊名。至於木不曲直者，木失其常性而為妖，如桑穀共生之類是也。若雨木冰，乃寒氣脅木而成冰，其咎不在木也，而劉向以雨木冰為木不曲直；華孽者，花失其常性而為妖，如冬桃李華之類是也。若冰花乃冰有異而結花，其咎不在花也，而《唐志》以冰花為華孽：二者俱失其倫類，今革而正之，俱以入恆寒門，附雨雹之後。又前志以鼠妖為青眚青祥，物自動為木沴金，物自壞為金沴木，其說俱後學所未論，今以鼠妖青眚，各自為一門，而自動自壞，直以其事名之，庶覽者易曉云。作《物異考》第二十二，凡二十卷。

昔堯時，禹別九州，至舜分為十二州。周職方復分為九州而又與禹異。漢承秦，分天下為郡國，而復以十三州統之。晉時分州為十九。自晉以後，為州采多，所統采狹，且建治之地亦不一所。姑以揚州言之：自漢以來，或治歷陽，或治壽春，或治曲阿，或治合肥，或治建業，而唐始治廣陵；至南北分裂之後，務為夸大，僑置諸州以會稽為東揚，京口為南徐，廣陵為南兗，歷陽為南豫，歷城為南冀，襄陽為南雍：魯郡在禹跡為徐州，而漢則屬豫州所領；陳留在禹跡為豫州，而晉則屬兗州所領：離析磔裂，循名失實，而禹跡之九州，采不復可考矣。夾漈《鄭氏》曰："州縣之設，有時而更，山川之秀，千古不易。故《禹貢》分州，必以山川定疆界，使兗州可移，而濟河之兗州不可移，梁州可遷，而華陽黑水之梁州不可遷，故《禹貢》為萬世不易之書。後之作史者，主於郡縣，故州縣移易，其書遂廢矣。"善哉言也！杜氏《通典》亦以歷代郡縣析於禹九州之中。今所論著，九州則以禹跡所統為準沿而下之，府州軍監，則以宋朝所置為準泝而上之，而備歷代之沿革焉。至冀之幽朔，雍之銀夏，南粵之交趾，元未嘗入宋之職方者，則以唐郡為準，追考前代，以補其缺。而於每州總論之下，復各為一圖，先以春秋時諸國之可考者，分為九州，次則及秦漢晉隋唐宋所分郡縣，考其地理，悉以附禹九州之下。而漢以來各州刺史州牧所領之郡，其不合禹九州者，悉改而正之。作《輿地考》第二十三，凡九卷。

昔先王疆理天下，制立五服，所謂蠻夷戎狄，其在要荒之內，九州之中者，則被之聲教，彊以戎索。唐虞三代之際，其詳不可得而知矣，春秋所錄，如蠻夷，荊舒之屬也，夷則萊夷之屬也，戎則山戎、北戎、陸渾、赤駒之屬也，狄則赤狄、白狄、皋落、鮮虞之屬也。載之經傳，如齊桓之所攘，魏絳之所和，其種類雖曰戎狄，而皆錯處於華地，故不容不有以制服而羈縻之。至於沙磧之濱，瘴海之外，固未嘗窮兵黷武，絕大漠，踰懸度，必欲郡縣其部落，衣冠其旃氊，以震耀當時，而誇示後世也。秦始皇既并六國，始北卻匈奴，南取百粵；至漢武帝時，東并朝鮮，西收甘涼，南闢交趾珠厓，北斥朔方河南，以至車師大宛夜郎昆明之屬，俱遣信使，齎重賄，招來而羈置之，俾得通於上國，窺其廣大；割齊民以附夷狄，弊所恃以事無用。自是之後，世謹梯航，歷代戴記所敘，其風氣之差殊，習俗之詭異，可考而索；至其世代傳授之詳，則固不能以備知也。作《四裔考》第二十四，凡二十五卷。

論過去之中國史學界（《中國歷史研究法》）

梁啟超

人類曷為而有史耶？曷為惟人類為能有史耶？人類又曷為而貴有史耶？人類所以優勝於其他生物者，以其富於記憶力與模倣性：常能貯藏其先世所遺傳之智識與情感，成為一種"業力"，以作自己生活基礎。而各人在世生活數十年中，一方面，既承襲所遺傳之智識情感；一方面，又受同時之人之智識、情感所薰染；一方面，又自濬發其智識、情感；於是復成為一種新業力，以貽諸後來。如是展轉遞增，展轉遞蛻，而世運乃日進而無極。此中關鍵，則在先輩常以其所經驗之事實及所推想之事理指導後輩，後輩則將其所受之指導，應用於實際生活，而經驗與推想，皆次第擴充而增長。此種方法，在高等動物中已解用之。如犬如猴，等等，常能以己之動作，指導或暗示其幼兒，其幼兒亦不怠於記憶與模倣，此固與人類非大有異也。而人類所以優勝者，乃在記憶模倣之能繼續。他種動物之指導暗示，恆及身而止；第一代所指導暗示者，無術以傳至第二、第三代，故第二、第三代之指導暗示，亦無以加乎其舊。人類不然，先代所指導所暗示，常能以記誦或記錄的形式，傳諸後代，歷數百年數千年而不失墜。其所以能遞增遞蛻者，皆恃此。此即史之所由起，與史之所以為有用也。

最初之史烏乎起？當人類之漸進而形成一族屬或一部落也，其族部之長老，每當游獵鬬戰之隙暇，或值佳辰令節，輒聚其子姓，三三五五，圍爐藉草，縱談己身或其先代所經之恐怖，所演之武勇等等，聽者則娓娓忘倦，興會飆舉。其間有格外奇特之情節可歌可泣者，則蟠鏤於聽衆之腦中，湔拔不去，展轉作談料，歷數代而未已。其事蹟遂取得史的性質，所謂"十口相傳為古"也。史蹟之起原，罔不由是。今世北歐諸優秀民族，如日耳曼人、荷蘭人、英人等，每當基督誕節，猶有家族團聚徹夜談故事之俗，其近代名著如熙禮爾之詩，華克拿之劇，多取材於此等傳說，此即初民演史之遺影也。

最初之史，用何種體裁以記述耶？據吾儕所臆推，蓋以詩歌。古代文字，傳寫甚不便，或且並文字亦未完具，故其對於過去影事之保存，不恃記錄而恃記誦。而最便於記誦者，則韻語也。試觀老聃之談道，孔子之贊《易》，乃至秦漢間人所造之小學書，皆最喜用韻。彼其時文化程度已極高，猶且如此，古代抑可推矣。《四吠陀》中之一部分，印度最古之社會史、宗教史也，皆用梵歌。希臘之荷羅多德荷馬爾，歐人推為史家鼻祖，其所流傳之名著，則詩數篇而已。此蓋由人類文化漸進之後，其所受之傳說，日豐日頤，勢難悉記，思用簡便易誦之法，以永其傳；一方面則愛美的觀念，日益發達，自然有長於文學之人，將傳說之深入人心者，播諸詩歌，以應社會之需；於是乎有史詩。是故邃古傳說，可謂為"不文的"之史；其"成文的"史，則自史詩始。我國史之發展，始亦不能外此公例。古詩或刪或佚，不盡傳於今日；但以今存之《詩經》三百篇論，其屬於純粹的史詩體裁者尚有多篇。例如：

《玄鳥篇》：天命玄鳥，降而生商。宅殷土芒芒，古帝命武湯，正域彼四方。

《長發篇》：洪水芒芒，禹敷下土方。外大國是疆。……有娀方將，帝立子生商。……玄王桓撥，……率履不越。……相土烈烈，海外有截。……武王載斾，有虔秉鉞。……韋顧既伐，昆吾夏桀。

《殷武篇》：撻彼殷武，奮伐荊楚，罙入其阻。……昔有成湯，自彼氐羌，莫敢不來享，莫敢不來王。

《生民篇》：厥初生民，時維姜嫄……履帝武敏歆。……載震載夙，載生載育，時維后稷。

《公劉篇》：篤公劉，匪居匪康。……廼裹餱糧，于橐于囊，……干戈戚揚，爰方啓行。……篤公劉，于豳斯館，涉渭為亂。取厲取鍛，止基乃理。

《六月篇》：六月棲棲，戎車既飭。……玁狁孔熾，我是用急。……玁狁匪茹，整居焦穫。侵鎬及方，至于涇陽。……薄伐玁狁，至于太原。文武吉甫，萬邦為憲。

此等詩篇，殆可指為中國最初之史。《玄鳥》《生民》等，述商周開國之跡，半雜神話；《殷武》《六月》等，鋪敍武功，人地粲然；觀其詩之內容，而時代之先後，亦略可推也。此等史詩所述之事，既饒興趣，文章復極優美。一般人民咸愛而誦之，則相與謳思其先烈，而篤念其邦家，而所謂"民族心"者，遂於茲播殖焉。史之最大作用，蓋已見端矣。

中國於各種學問中，惟史學為最發達。_{二百年前，可云如此}其原因何在，吾未能斷言；然史官建置之早與職責之崇，或亦其一因也。泰西史官之建置沿革，吾未深考；中國則起原確甚古。其在邃古如黃帝之史倉頡沮誦等，雖不必深信，然最遲至殷時，必已有史官，則吾儕從現存金文甲文諸遺蹟中可以證明。吾儕又據《尚書》《國語》《左傳》諸書所稱述，確知周代史職，已有分科，有大史、小史、內史、外史、左史、右史等名目。又知不惟王朝有史官，乃至諸侯之國，及卿大夫之家，莫不皆有。（註一）又知古代史官，實為一社會之最高學府，其職不徒在作史而已，乃兼為王、侯、公、卿之高等顧問，每遇疑難，諮以決焉。（註二）所以者何？蓋人類本有戀舊之通性，而中國人尤甚；故設專司以記錄舊聞，認為國家重要政務之一。既職在記述，則凡有關於人事之簿籍，皆歸其保存，故史官漸成為智識之中樞。（註三）又古代官人以世，其累代襲此業者，漸形成國中之學問階級。例如周任史佚之徒，幾於吐辭為經；先秦第一哲學家老子，其職卽周之守藏史也。漢魏以降，世官之制雖革，而史官之華貴不替。所謂"文學侍從之臣"，歷代皆妙選人才以充其職。每當易姓之後，修前代之史，則更網羅一時學者，不遺餘力，故得人往往稱盛焉。三千年來史乘，常以此等史官之著述為中心。雖不無流弊，^{詳說下}然以專才任專職，習慣上，法律上，皆認為一種重要事業，故我國史形式上之完備，他國殆莫與京也。

（註一）殷周史官人名見於古書者，如夏太史終古，殷內史向摯見《呂覽·先識》。周史佚，見《周書·世俘》《左僖十五》《周語上》。史肩見《文選注》引《六韜》。太史辛甲，見《左襄四》《晉語》《韓非說林》。太史周任，見《論語左隱六》。左史《戎夫》，見《周書史記》。史角，見《呂覽·當染》。史伯，見《鄭語》。內史過，見《左莊三十二》《周語上》。內史叔興，見《左傳》十六、二十八，《周語上》。內史叔服，見《左文元》。太史儋，見《史記·老子傳》。史大弢，見《莊子則陽》。上吾雜舉所記憶者如此，尚未備也。

各國史官可考者，魯有太史，見《左昭二》。鄭有太史，見《左昭元》。齊有太史南史，見《左襄二十五》。楚有左史，見《左昭十二》《楚語上》。秦趙皆有御史，見《史記·廉藺傳》。薛有傳史，見《史記·孟嘗傳》。其人民可考者，如虢有史囂，見《晉語·二》晉有史趙、董狐，見《左襄三十》。楚有倚相，見《左昭十二》。有史皇，見《左定四》。趙有史墨，見《左昭二十九》。上亦雜舉所記，恐尚有遺漏。

（註二）上所舉史官諸名，大半皆應當時公卿之顧問，而古書述其語者。

（註三）衛宏《漢儀注》云："漢法，天下計書，先上太史，副上丞相。"其言信否，雖未敢斷；然古制恐是如此，蓋史官為保管文籍一重要機關也。

古書源流卷四　史部源流
論過去之中國史學界（《中國歷史研究法》）

古代史官所作史，蓋為文句極簡之編年體。晉代從汲冢所得之《竹書紀年》，經學者考定為戰國時魏史官所記者，即其化表。惜原書今復散佚，不能覩其真面目；惟孔子所修《春秋》體裁，似悉依魯史官之舊。吾儕得藉此以窺見古代所謂正史者，其內容為何如。《春秋》第一年云：

"元年，春王正月。三月，公及邾儀父盟於蔑。夏，五月，鄭伯克段於鄢。秋，七月，天王使宰咺來歸惠公仲子之賵。九月，及宋人盟於宿。冬十有二月祭伯來。公子益師卒。"

吾儕以今代的史眼讀之，不能不大詫異：第一，其文句簡短，達於極點，每條最長者，不過四十餘字，_{如《定四年》云："三月公會劉子晉侯宋公蔡侯衛侯陳子鄭伯許男曹伯莒子邾子頓子胡子滕子薛伯杞伯小邾子齊國夏于召陵侵楚。"}最短者乃僅一字。_{如《隱八年》云："螟"}第二，條紀一事，不相聯屬絕類村店所用之流水帳簿，每年多則十數條，少則三四條；_{《竹書紀年》記夏殷事，有數十年乃得一條者}又絕無組織，任意斷自某年，皆成起訖。第三，所記僅各國宮廷事或宮廷間相互之關係，而於社會情形，一無所及。第四，天災地變等現象，本非歷史事項者，反一一注意詳記。吾儕因此，可推知當時之史的觀念，及史的範圍，非惟與今日不同，即與秦漢後，亦大有異。又可見當時之史，只能謂之簿錄，不能謂之著述。雖然，世界上正式的年代史，恐不能不推我國史官所記為最古。（註四）《竹書紀年》起自夏禹，距今既四千年，即《春秋》為孔子斷代之書，亦既當西紀前七二二至四八一年；其時歐洲史蹟，有年可稽者，尚絕稀也。此類之史，當春秋戰國間，各國皆有。故孟子稱"晉之《乘》，楚之《檮杌》，魯之《春秋》"；墨子稱"周之《春秋》，燕之《春秋》，宋之《春秋》"，又稱"百國《春秋》"則其時史書之多，略可概見。乃自秦火之後，蕩然無存。司馬遷著書時，已無由資其參驗。（註五）汲冢幸得碩果，旋又壞於宋後之竄亂。（註六）而孔子所修，又藉以寄其微言大義，只能作經讀不能作史讀。(註七)於是二千年前爛若繁星之古史，竟無一完璧以傳諸今日。吁，可傷也！

（註四）埃及及米梭必達迷亞諸國古史蹟，多由後人從各種遺物及雜記錄中推尋而得，並非有正式一史書也。

（註五）《史記·秦始皇本紀》云："臣請史官非《秦紀》皆燒之。"《六國表》云："秦焚書，諸侯史記尤甚。"可知當時各國之史，受禍最烈，故漢興後詩書百家語多存，而諸史則無一也。

（註六）《竹書紀年》來歷，別見第三章注十八。但今所傳者非原書，蓋出宋以後人雜糅竄補。清朱右曾別輯《汲冢紀年存眞》二卷，今人王國維因之，更成《古本竹書紀年輯校》一卷，稍復本來面目。然所輯僅得四百二十八條，以較《晉書·束晳傳》所云十三篇，《隋書·經籍志》所云十二卷，知其散佚者多矣。

（註七）看今人康有為《孔子改制考》《春秋筆削大義微言考》。

同時復有一種近於史類之書，其名曰"書"，或曰"志"，或曰"記"。今六經中之尚書，卽屬此類。《漢書·藝文志》謂："左史記言，右史記事，事為《春秋》，言為《尚書》。"此種嚴格的分類，是否古代所有，雖屬疑問，要之此類記載，必發源甚古，觀春秋、戰國時人語，常引《夏志》《商志》《周志》，或《周書》《周記》等文可知也。此等書蓋錄存古代策命告誓之原文，性質頗似檔案，又似文選。但使非出杜撰，自應認為最可寶之史料。蓋不惟篇中所記事實，直接有關於史蹟，卽單詞片語之格言，亦有時代思想之背景在其後也。此類書現存者，有《尚書》二十八篇，(註八)其年代上起堯舜，下訖春秋之秦穆；然應否全部認為正當史料，尚屬疑問。此外尚有《逸周書》若干篇，真贗參半，(註九)然其真之部分，吾儕應認為與《尚書》有同等之價值也。

（註八）據漢人所傳說，謂古代書有三千二百四十篇，孔子刪纂之為百篇，遭秦而亡焉。漢興，由伏生傳出二十八篇，共三十三卷，卽所謂《古文尚書》也。《古文尚書》，出

古書源流卷四　史部源流
論過去之中國史學界（《中國歷史研究法》）

而復佚焉。此事為二千年學界一大公案。是否百篇外尚有書？孔子所刪定是否確為百篇？孔安國之《古文尚書》為真為偽？皆屬未決之問題；惟有一事則已決定者今四庫所收之《尚書》五十八卷，為東晉人所偽造，並非孔安國原本，此則經清儒閻若璩惠棟輩所考證，久成定識者也。今將真本二十八篇篇目列舉如下，其在此目以外諸篇，萬不容誤認為史料而徵引之也。

堯典第一（今本《舜典》乃割原本《堯典》下半而成）　皋陶謨第二（今本《益稷》乃割原本《皋陶謨》下半而成）　禹貢第三　甘誓第四　湯誓第五　盤庚第六　高宗肜日第七　西伯戡黎第八　微子第九　牧誓第十　洪範第十一　金縢第十二　大誥第十三　康誥第十四　酒誥第十五　梓材第十六　召誥第十七　洛誥第十八　多士第十九　毋逸第二十　君奭第二十一　多方第二十二　立政第二十三　顧命第二十四　（今本《康王之誥》乃割原本《顧命》下半而成）　費誓第二十五　呂刑第二十六　文侯之命第二十七　秦誓第二十八

（註九）《漢書·藝文志》載《周書》七十一篇，原注云："周史記"，顏師古注云："今之存者四十五篇矣。"今四庫所收有《逸周書》七十一篇之目具在，文則佚其十篇，現存者為六十一篇，反多於唐時顏氏所見本矣。以吾度之，今最少應有十一篇為偽造者，其餘諸篇，亦多竄亂，但某篇為真，某篇為偽，未能確指，俟他日當為考證。然此書中一大部分，為古代極有價值之史料，則可斷言也。

《春秋》《尚書》二體，皆可稱為古代正史；然此外尚非無史籍焉。蓋文字之用既日廣，疇昔十口相傳者，漸皆著諸竹帛，其種非一。例如《左傳》所稱《三墳》《五典》《八索》《九丘》，《莊子》所稱《金版六弢》，《孟子》所云："於《傳》有之"，其書今雖皆不傳，然可懸想其中所記，皆前言往行之屬也。《汲冢》所得古書，有《瑣語》，有《雜書》，有《穆天子傳》；其《雜書》中有《周食田法》，有《美人盛姬死事》。《穆天子傳》，及美人盛姬死事，今存。瑣語亦有輯佚本　凡此皆正史以外之記錄，即後世別史雜史之濫觴。計先秦以前，此類書當不少，大抵皆經秦火而亡。《漢藝文

125

志》中各書目，或有一部分屬此類，惜今並此不得見矣。

上三類者，或為形式的官書，或為備忘的隨筆，皆未足以言著述。史學界最初有組織之名著，則春秋戰國間得二書焉：一曰左丘之《國語》，二曰不知撰人之《世本》。左丘或稱左丘明；今本《左傳》，共稱為彼所撰。然據《史記》所稱述，則彼固名丘，不名丘明，僅撰《國語》，而未撰《左傳》；或謂今本《左傳》，乃漢人割裂《國語》以偽撰，其說當否，且勿深論，但《國語》若既經割裂，則亦必須與《左傳》合讀，然後左氏之面目得具見也。左氏書之特色，第一，不以一國為中心點，而將當時幾個主要的文化國，平均敍述。蓋自春秋以降，我族以漸為地方的發展，非從各方面綜合研究，不能得其全相。當時史官之作，大抵皆偏重王室，或偏重於其本國。例如《春秋》以魯為中心；《竹書紀年》自周東遷後，以晉為中心，三家分晉後以魏為中心。左氏反是，能平均注意於全部。其《國語》將周、魯、齊、晉、鄭、楚、吳、越諸國，分篇敍述，無所偏畸。《左傳》是否原文，雖未敢斷；即以今本論之，其溥徧的精神，固可見也。第二，其敍述不局於政治，常涉及全社會之各方面。左氏對於一時之典章與大事，固多詳敍，而所謂"瑣語"之一類，亦采擇不遺，故能寫出當時社會之活態，予吾儕以頗明瞭之印象。第三，其敍事有系統，有別裁，確成為一種"組織體的"著述。彼"帳簿式"之《春秋》，"文選式"之《尚書》，雖極莊嚴典重，而讀者寡味矣。左氏之書，其斷片的敍事，雖亦不少，然對於重大問題，時復遡原竟委，前後照應，能使讀者相悅以解。此三特色者，皆以前史家所無。劉知幾云："左氏為書，不遵古法。……然而言事相兼，煩省各理。"《史通·載言》篇誠哉然也。故左丘可謂商周以來史界之革命者，又秦漢以降史界不祧之大宗也。左丘舊云孔子弟子，但細讀其書，頗有似三家分晉田氏篡齊以後所追述者。苟非經後人竄亂，則此公著書，應在戰國初年，恐不逮事孔子矣。希臘之荷馬爾，生於紀前四八四年，卽孔子卒前六年，恰與左氏並世。不朽大業，東西同揆，亦人類史中一佳話也。

《世本》一書，宋時已佚；然其書爲《史記》之藍本，則司馬遷嘗自言之。今據諸書所徵引，知其內容篇目，有《帝系》，有《世家》，有《傳》，有《譜》，有《氏姓篇》，有《居篇》，有《作篇》。《帝系世家》及《氏姓篇》，敍王侯及各貴族之系牒也；《傳》者，記名人事狀也；《譜》者，年表之屬，《史注》所謂旁行斜上之《周譜》也；《居篇》則彙紀王侯國邑之宅都焉；《作篇》則紀各事物之起原焉。（註十）吾儕但觀其篇目，卽可知其書與前大異者兩點：其一，開後此分析的綜合的研究之端緒。彼能將史料縱切橫斷，分別部居，俾讀者得所比較以資推論也。其二，特注重於社會的事項。前史純以政治爲中心，彼乃詳及氏姓，居，作等事，已頗具文化史的性質也。惜著述者不得其名，原書且久隨灰燼。而不然者，當與左氏同受吾儕尸祝也。

（註十）《漢書·藝文志》著錄《世本》十五篇。原注云："古史官記黃帝以來，迄春秋時諸侯大夫。"《漢書·司馬遷傳》《後漢書·班彪傳》，皆言"司馬遷刪據《世本》等書作《史記》"。今《據世》本篇目以校遷書，可以知其淵源所自矣。原書宋鄭樵、王應麟尚及見，其佚當在宋元之交。清錢大昭❶、孫馮翼、洪飴孫、秦嘉謨、茆泮林、張澍各有輯本，茆、張二家較精審。

史界太祖，端推司馬遷。遷之年代，後左丘約四百年。此四百年間之中國社會，譬之於水，其猶經百川競流波瀾壯闊以後，乃匯爲湖泊，恬波不揚。民族則由分展而趨統一；政治則革閥族而歸獨裁；學術則倦貢新而思竺舊。而遷之《史記》，則作於其間。遷之先，旣世爲周史官；遷襲父談業；爲漢太史，其學蓋有所受。遷之自言曰："余所謂述故事，整齊其世傳，非所謂作也。"《太史公自序》然而又曰："考之行

---

❶ "錢大昭"當爲"錢大昕"。——編者註

事，稽其成敗興壞之理。……欲以究天人之際，通古今之變，成一家之言。"《報任安書》蓋遷實欲建設一歷史哲學，而借事實以為發明。故又引孔子之言以自況謂："載之空言，不如見之行事之深切著明。"《自序》舊史官紀事實而無目的，孔子作《春秋》，時或為目的而犧牲事實。其懷抱深遠之目的，而又忠勤於事實者，惟遷為兼之。遷書取材於《國語》《世本》《戰國策》《楚漢》《春秋》等，以十二本紀、十表、八書、三十世家、七十列傳組織而成。其本紀以事繫年，取則於《春秋》；其八書詳紀政制，蛻形於《尚書》；其十表稽牒作譜，印范於《世本》；其世家列傳，既宗《雅記》，亦采《瑣語》，則《國語》之遺規也。諸體雖非皆遷所自創，而遷實集其大成，兼綜諸體而調和之，使互相補而各盡其用。此足徵遷組織力之強，而文章技術之妙也。班固述劉向揚雄之言，謂"遷有良史之材，善序事理"。《漢書》本傳贊 鄭樵謂"自《春秋》後，惟《史記》擅制作之規模"。《通志·總序》諒矣。其最異於前史者一事，曰以人物為本位。故其書廁諸世界著作之林，其買植乃頗類布爾達克之《英雄傳》；其年代略相先後，布爾達克後司馬遷約二百年 其文章之佳妙同，其影響所被之廣且遠亦略同也。後人或能譏彈遷書；然遷書固已皋牢百代，二千年來所謂正史者，莫能越範圍。豈後人創作力不逮古耶？抑遷自有其不朽者存也。司馬遷以前，無所謂史學也。《漢書·藝文志》以史書附於六藝略之春秋家，著錄者僅四百二十五篇；其在遷前者僅百九十一篇 及《隋書·經籍志》史部著錄，乃驟至一萬六千五百八十五卷；數百年間，加增四十倍。此遷以後史學開放之明效也。古者，惟史官為能作史。私人作史，自孔子始，然孔子非史家，吾既言之矣。司馬遷雖身為史官，而其書實為私撰。觀其傳授淵源，出自其外孫楊惲，斯可證也。看《漢書》惲傳 遷書出後，續者蠭起。見於本書者有褚少孫；見於七略者有馮商；見於《後漢書·班彪傳注》及《史通》者，有劉向等十六人；見於《通志》者，有

論過去之中國史學界（《中國歷史研究法》）

賈逵。其人大率皆非史官也。班固雖嘗爲蘭臺令史，然其著《漢書》，實非以史官資格；故當時猶以私改《史記》構罪繫獄焉。_{看《後漢書》本傳}至如魚豢、孫盛、王銓、王隱、習鑿齒、華嶠、陳壽、袁宏、范曄、何法盛、臧榮緒輩，則皆非史官。_{看《史通·正史》篇}曷爲古代必史官乃能作史，而漢以後則否耶？世官之制，至漢已革，前此史官專有之智識，今已漸爲社會所公有，此其一也。文化工具日新，著寫傳鈔收藏之法皆加便，史料容易蒐集，此其二也。遷書旣美善，引起學者研究興味，社會靡然向風，此其三也。自茲以還，蔚爲大國。兩晉六朝，百學蕪穢，而治史者獨盛，在晉尤著，讀《隋書·經籍志》及清丁國鈞之《補晉書·藝文志》可見也。故吾常謂晉代玄學之外，惟有史學；而我國史學界，亦以晉爲全盛時代。

斷代爲史，始於班固。劉知幾極推尊此體，謂其"包舉一代，撰成一書，學者尋討，易爲其功"。_{《史通·六家篇》}鄭樵則極詆之，謂"善學司馬遷者，如班彪。彪續遷書，自孝武至於後漢。欲令後人之續己，如己之續遷；旣無衍文，又無絕緒。……固爲彪之子，不能傳其業。……斷代爲史，無復相因之義。……會通之道，自此失矣"。_{《通志·總序》}此兩種反對之批評，吾儕蓋袒鄭樵。樵從編纂義例上論斷代之失，其言旣已博深切明。_{看原文}然遷固兩體之區別，在歷史觀念上尤有絕大之意義焉。《史記》以社會全體爲史的中樞。故不失爲國民的歷史；《漢書》以下，則以帝室爲史的中樞，自是而史乃變爲帝王家譜矣。夫史之爲狀，如流水然，抽刀斷之，不可得斷。今之治史者，強分爲古代中世近世，猶苦不能得正當標準，而況可以一朝代之興亡爲之劃分耶？史名而冠以朝代，是明告人以我之此書爲某朝代之主人而作也。是故南朝不得不謂北爲索虜，北朝不得不謂南爲島夷，王淩、諸葛誕、毋丘儉之徒，著晉史者勢不能不稱爲賊；而雖以私淑孔子，自命維持名教之歐陽修，其《新五代史》開宗名義第一句，亦不能不對於積年劇盜朱溫其人者，大書特書稱爲"太祖神武元聖孝皇帝"也。斷代史之根本謬誤在此。而今者官書二十四部，咸率循而莫敢立異，則班固作俑之力，其亦偉矣。

章學誠曰："遷書一變而爲班氏之斷代，遷書通變化，而班氏守繩墨，以示包括也。後世失班史之意，而以紀表志傳同於科舉之程式，官府之簿書，則於記注撰述，兩無所取。"又曰："紀傳行之千有餘年，學者相承，殆如夏葛冬裘，渴飲饑食，無更異矣。然無別識心裁可以傳世行遠之具。……"《文史通義·書教篇》此言班書以下，作者皆陳陳相因，無復創作精神，其論至痛切矣。然今所謂二十四史者，其品之良穢，亦至不齊。同在一體裁中，而價值自固有高下。前人比較評騭之論既甚多，所評當否，當由讀者自懸一標準以衡審之，故今不具論。惟有一明顯之分野最當注意者：則唐以前，書皆私撰而成於一人之手，唐以後，書皆官撰而成於多人之手也。最有名之馬班陳范四史，皆出私撰，前已具陳。卽沈約蕭子顯魏收之流，雖身爲史官，奉勅編述，然其書什九，獨力所成。自唐太宗以後，而此風一變。太宗既以雄才大略，削平天下，又以"右文"自命，思與學者爭席。因欲自作陸機王羲之兩傳贊，乃命史臣別修《晉書》。書成而舊著十八家俱廢。看《史通·正史》篇同時又勅撰梁、陳、齊、周、隋五書，皆大開史局，置員猥多，而以貴官領其事。自兹以往，習爲成例。於是著作之業，等於奉公；編述之人，名實乖迕。例如房喬、魏徵、劉昫、托克托、宋濂、張廷玉等，尸名爲某史撰人，而實則於其書無與也。蓋自唐以後，除李延壽《南史》《北史》、歐陽修《新五代史》之外，其餘諸史，皆在此種條件之下而成立者也。此種官撰合撰之史，其最大流弊，則在著者無責任心。劉知幾傷之曰："每欲記一事載一言，皆閣筆相視，含毫不斷。故頭白可期，汗青無日。"又曰："史官記注，取稟監修。一國三公，適從何在？"《史通·忤時篇》既無從負責，則羣相率於不負責，此自然之數矣。坐此之故，則著者之個性湮滅，而其書無復精神。司馬遷忍辱發憤，其目的乃在"成一家之言"。班范諸賢，亦同斯志，故讀其書，而著者之思想品格皆見焉。歐陽修《新五代史》，其價值如何，雖評者異辭，要之固修之面目也。若隋唐宋元明諸史，則如聚羣匠共畫一壁，非復藝術，不過一絕無生命之粉本而已。坐此之故，並史家之技術，亦無所得施。史料之別裁，史筆之運用，雖有名手，亦往往被牽掣而不能行其志。故愈晚出之史，卷帙愈增，而蕪累亦愈甚也。《明史》不在此例萬斯同有言："治史者，譬如入人之室，始而周其堂寢匽溷焉，繼而知其蓄產禮俗焉，久之，其男女少長性質剛柔輕重無不習察，然後可制其家之事也。官修之史，倉卒而成於衆人，不暇擇其材之宜與事之習，是猶招市人而與謀室中之事耳。"方苞撰《萬季野墓表》此言可謂博深切明。蓋我國古代史學，因置史官而極發達，其近代史學，亦因置史官而漸衰敝，則史官之性質，今有以異於古所云也。

與紀傳體並峙者爲編年體。帳簿式之舊編年體，起原最古，既如前述。其內容豐富而有組識之新編年體，舊說以爲起於《左傳》。雖然，以近世學者所考訂，則左氏書原有之組織，始非如是。故論此體鼻祖，與其謂祖左氏，毋寧謂祖陸賈之《楚漢春秋》。惜賈書今佚，其真面目如何，不得確知也。漢獻帝以《漢書》繁博難讀，詔荀悅要刪之；悅乃撰爲《漢紀》三十卷，此現在新編年體之第一部書也。悅自述謂："列其年月，比其時事。撮要舉凡，存其大體，以副本書。"又謂："省約易習，無妨本書。"語其著作動機，不過節鈔舊書耳。然結構既新，遂成創作。蓋紀傳體之長處，在內容繁富，社會各部分情狀，皆可以納入；其短處在事蹟分隸凌亂，其年代又重複勢不可避。劉知幾所謂："同爲一事，分爲數篇，斷續相離，前後屢出。……又編次同類，不求年月；……故賈誼與屈原同列，曹沫與荊軻並編。"^{《史通·二體篇》}此皆其弊也。《漢紀》之作，以年繫事易人物本位，爲時際本位，學者便焉。悅之後，則有張璠、袁宏之《後漢紀》，孫盛之《魏春秋》，習鑿齒之《漢晉春秋》，干寶、徐廣之《晉紀》，裴子野之《宋略》，吳均之《齊春秋》，何之元之《梁典》等。^{現存者僅荀、袁二家}蓋自班固以後，紀傳體既斷代爲書，故自荀悅以後，編年體亦循其則。每易一姓，紀傳家既爲作一《書》，編年家復爲作一《紀》，而皆繫以朝代之名。斷代施諸紀傳，識者猶譏之編；年效顰，其益可以已矣。宋司馬光毅然矯之，作《資治通鑑》，以續《左傳》。上紀戰國，下終五代，^{西紀前四〇三至後九五九}千三百六十二年間大事，按年紀載，一氣銜接。光本邃於掌故，^{觀所著《涑水紀聞》可見}其別裁之力又甚強，^{觀《通鑑考異》可見}其書斷制，有法度。胡三省注而序之曰："溫公徧閱舊史，旁採小說，抉摘幽隱，薈萃爲書。而修書分屬，漢則劉攽，三國汔於南北朝則劉恕，唐則范祖禹，皆天下選也。歷十九年而成。"其所經緯規制，確爲中古以降一大創作，故至今傳習之盛，與《史漢》埒。後此朱熹因其書稍加點竄，作《通鑑綱目》，竊比孔氏之《春秋》，然終莫能奪也。光書既訖五代，後人紛紛踵而續之，卒未有能及光者，故吾國史界，稱前後兩司馬焉。

善鈔書者可以成創作。荀悅《漢紀》而後，又見之於宋袁樞之《通鑑紀事本末》。編年體以年爲經，以事爲緯，使讀者能瞭然於史蹟之時際的關係，此其所長也。然史蹟固有連續性，一事或亙數年或亙百數十年。編年體之紀述，無論若何巧妙，其本質總不能離帳簿式。讀本年所紀之事，其原因在若干年前者，或已忘其來歷；其結果在若干年後者，苦不能得其究竟。非直翻檢爲勞，抑亦寡味矣。樞鈔《通鑑》，以事爲起訖；千六百餘年之書，約之爲二百三十有九事，其始亦不過感翻檢之苦痛，爲自己研究此書謀一方便耳，及其既成，則於斯界別闢一蹊徑焉。楊萬里敍之曰："搴事之成，以後於其萌；提事之微，以先於其明。其情匿而泄；其故悉而約。"蓋紀傳體以人爲主，編年體以年爲主，而紀事本末體以事爲主。夫欲求史蹟之原因結果，以爲鑑往知來之用，非以事爲主不可。故紀事本末體，於吾儕之理想的新史最爲相近，抑亦舊史界進化之極軌也。章學誠曰："本末之爲體，因事命篇，不爲常格，非深知古今大體，天下經綸，不能網羅隱括，無遺無濫。文省於紀傳，事豁於編年，決斷去取，體圓用神。……在袁氏初無其意，且其學亦未足語此。……但卽其成法，沈思冥索，加以神明變化，則古史之原，隱然可見。"《文史通義·書教篇》其論當矣。樞所述僅局於政治，其於社會他部分之事項多付闕如。其分目又仍涉瑣碎，未極貫通之能事。然彼本以鈔《通鑑》爲職志，所述不容出《通鑑》外，則著書體例宜然。卽提要鉤元之功，亦愈後起而愈易致力，未可以吾儕今日之眼光苛責古人也。樞書出後，明清兩代踵作頗多。然謹嚴精粹，亦未有能及樞者。

紀傳體中有書志一門，蓋導源於《尚書》，而旨趣在專紀文物制度。此又與吾儕所要求之新史，較爲接近者也。然茲事所貴在會通古今，觀其沿革，各史既斷代爲書乃發生兩種困難：苟不追敍前代，則源委不明；追敍太多，則繁複取厭。況各史非皆有志，有志之史，其篇目亦互相出入。遇所闕遺，見斯滯矣，於是乎有統括史志之必要。其卓然成一創作以應此要求者，則唐杜佑之《通典》也。其書"採五經羣史，上自黃帝，至於有唐天寶之末。每事以類相從，舉其始終歷代沿革廢置；及當時羣士論議得失，靡不條載，附之於事。如人支脈，散綴於體"。李翰序文此實史志著作之一進化也。其後元馬端臨倣之，作《文獻通考》，雖篇目較繁備，徵引較雜博，然無別識無通裁，章學誠《文史通義·

僅便繙檢而已。^{評彼書語}

有《通鑑》而政事通，有《通典》而政治通，正史斷代之不便，矯正過半，矣然猶未盡也。梁武帝勅吳鈞等作《通史》，上自漢之太初，下終齊室。意欲破除朝代界限，直接遷書，厥意甚盛。但其書久佚，無從批評。劉知幾譏其蕪累，謂："使學者寧習本書，怠窺新錄"。《史通·六家篇》想或然也。宋鄭樵生左馬千歲之後，奮高掌邁遠蹠以作《通志》，可謂豪傑之士也。其《自序》抨擊班固以下斷代之弊，語語皆中窾要。清章學誠益助樵張目。嘗曰："通史之修，其便有六：一曰免重複，二曰均類例，三曰便銓配，四曰平是非，五曰去牴牾，六曰詳鄰事。其長有二：一曰具翦裁，二曰立家法。"又曰："鄭氏《通志》，卓識名理，獨見別裁。古今不能任其先聲，後代不能出其規範。雖事實無殊舊錄，而諸子之意，寓於史裁。"《文史通義·釋通篇》其所以推獎者至矣。吾儕固深贊鄭章之論，認通史之修爲不可以已；其於樵之別裁精鑑，亦所心折。雖然吾儕讀《通志》一書，除二十略外，竟不能發見其有何等價值。意者仍所謂："寧習本書，怠窺新錄"者耶？樵雖抱宏願，然終是向司馬遷圈中討生活，松柏之下，其草不植，樵之失敗，宜也。然僅二十略，固自足以不朽。史界之有樵，若光芒竟天之一彗星焉。

上所述爲舊目錄家所指紀傳、編年、紀事本末、政書之四體，皆於創作之人加以評騰，而踵效者略焉。二千年來，斯學進化軌跡，略可見矣。自餘史部之書，《隋書·經籍志》分爲雜史、霸史、起居注、故事、職官、雜傳、儀注、刑法、目錄、譜牒、地理，凡十一門。《史通·雜述篇》臚舉偏記、小錄、逸事、瑣言、郡書、家史、別傳、雜記、地理書、都邑簿，凡十種。此後累代著錄，門類皆小異而大同，以吾觀之，可中分爲二大類：一曰供後人著史之原料者，二曰製成局部的史籍者。第一類，並未嘗經錘鍊組織，不過爲照例的或一時的之記錄，備後世作者之蒐採。其在官書：則如起居注、實錄、諭旨、方略之類；如儀注、通禮、律例、會典之類。其在私著：則或專紀一地方，如趙岐《三輔決錄》、潘岳《關中記》等；或在一地方中復專紀一事類，如陸機《建康宮殿記》、楊衒之《洛陽伽藍記》、楊孚《交州異物志》等；或專紀一時代，如陸賈《楚漢春秋》、王度《二石僞治時事》等；或在一時代中專紀一事，如《晉修復山陵故事》《晉八王故事》等；有專紀一類人物者，如劉向《列女傳》、皇甫謐《高士傳》等；有紀人物復限於一地方或一年代者，如陳壽《益部耆舊傳》、謝承《會稽先賢傳》、袁敬仲《正始名士傳》等；有專爲一家或一人作傳者，如江統之《江氏家傳》、范汪之《范氏家傳》、慧立之《慈恩法師傳》等；或記載游歷見聞，如郭象《述征記》、法顯《佛國記》等；或採錄異聞，作半小說體，如《山海經》《穆天子傳》《飛燕外傳》等；或拾遺識小，聊供談噱，如劉義慶《世說》、裴榮期《語林》等。凡此皆未嘗以述作自居，惟取供述作者之資料而已。上所舉例，皆取諸隋唐兩志，其書今存者希

其第二類，則蒐集許多資料，經一番組織之後，確成一著述之體裁。但所敍者，專屬於某種事狀，其性質爲局部的，而與正史編年等含有普通性質者殊科焉此類之書，發達最早者，爲地方史，常璩之《華陽國志》，其標本也；其流衍爲各省府州縣之方志。次則法制史，如《歷代職官表》《歷代鹽法志》等類。次則宗教或學術史，如《佛祖歷代通載》《明儒學案》等類。其餘專明一義如律曆、金石、目錄，等等，所在多有；然蔚然可觀者實稀。蓋我國此類著述，發達尚幼稚也。

史籍旣多，則注釋考證，自然踵起，注釋有二：一曰注訓詁，如裴駰、徐野民等之於《史記》，應劭、如淳等之於《漢書》；二曰注事實，如裴松之之於《三國志》。前者於史蹟無甚關係，後者則與本書相輔矣。考證者，所以審定史料之是否正確，實爲史家求徵信之要

具。《隋書·經籍志》有劉寶之《漢書駁議》、姚察之《定漢書疑》，蓋此類書之最古者。司馬光既寫定《通鑑》即自爲《考異》三十卷，亦著述家之好模範也。大抵考證之業，宋儒始引其緒，劉攽洪邁輩之書，稍有可觀。至清而大盛，其最著者，如錢大昕之《廿二史考異》、王鳴盛之《十七史商榷》、趙翼之《廿二史劄記》。其他關於一書一篇一事之考證，往往析入毫芒，其作者不可僂指焉。

近代著錄家，多別立史評一門。史評有二：一批評史蹟者，二批評史書者。批評史蹟者，對於歷史上所發生之事項，而加以評論。蓋《左傳》《史記》已發其端，後此各正史及通鑑皆因之。亦有泐爲專篇者，如賈誼《過秦論》、陸機《辨亡論》之類是也。宋明以後，益尚浮議，於是有史論專書，如呂祖謙之《東萊博議》、張溥之《歷代史論》等。其末流只以供帖括勦說之資，於史學無與焉。其較有價值者，爲王夫之之《讀通鑑論》《宋論》。雖然，此類書無論若何警拔，總易導讀者入於奮臆空談一路，故善學者弗尚焉。批評史書者，質言之，則所評即爲歷史研究法之一部分，而史學所賴以建設也。自有史學以來，二千年間，得三人焉：在唐則劉知幾，其學說在《史通》；在宋則鄭樵，其學說在《通志·總序》及《藝文略》《校讎略》《圖譜略》；在清則章學誠，其學說在《文史通義》。知幾之自述曰："《史通》之爲書也，蓋傷當時載筆之士，其義不純；思欲辨其指歸，殫其體統。其書雖以史爲主，而餘波所及，上窮王道，下掞人倫。……蓋談經者惡聞服杜之嗤，論史者憎言班馬之失；而此書多譏往哲，喜述前非，獲罪於時，固其宜矣。"《史通·自序》樵之自述曰："凡著書者雖采前人之書，必自成一家之言。……臣今總天下之大學術，而條其綱目，名之曰略。凡二十略，百代之憲章，學者之能事，盡於此矣。其五略，漢唐諸儒所得而聞；其十五略，漢唐之儒，所不得而聞也。"又曰："夫學術超詣，本乎心識，如人入海，一入一深。臣之二十略，皆臣自有所得，不用舊史之文。"《通志·總序》學誠自述曰："鄭樵有史識而未有史學，曾鞏具史學而不具史法，劉知幾得史法而不得史意，此予《文史通義》所爲作也。"《志隅自序》又曰："拙撰《文史通義》，中間議論開闢，實有不得已而發揮，爲千古史學闢其榛蕪。然恐驚世駭俗，爲不知己者詬厲。"《與汪輝祖書》又曰："吾於史學，自信發凡起例，多爲後世開山。而人乃擬吾於劉知幾；不知劉言史法，吾言史意；劉議館局纂修，吾議一家著述。"《家書二》讀此諸文，可以知三子者之所以自信爲何如；又可知彼輩卓識，不見容於並時之流俗也。竊常論之，劉氏事理縝密，識力說敏；其勇於懷疑，勤於綜核，王充以來，一人而已。其書中《疑古惑經》諸篇，雖於孔子亦不曲徇，可謂最嚴正的批評態度也。章氏謂其所議僅及館局纂修，斯固然也。然鑑別史料之法，劉氏言之最精，非鄭章所能逮也。鄭氏之學，前段已略致評。章氏評之，謂"其精要在乎義例，蓋一家之言，諸子之學識而寓於諸史之規矩"。《文史通義·釋通篇》又謂："通志例有餘而質不足以副。"《與邵二雲書》皆可謂知言。然劉章惟有論史學之書，而未嘗自著成一史，鄭氏則既出所學以與吾人共見，而確信彼自有其不朽者存矣。章氏生劉鄭之後，較其短長以自出機杼，自更易爲功。而彼於學術大原，實自有一種融會貫通之特別見地。故所論與近代西方之史家言，多有冥契。惜其所躬自撰述者，僅限於方志數種，未能爲史界闢一新天地耳。要之，自有左丘、司馬遷、班固、荀悅、杜佑、司馬光、袁樞諸人，然後中國始有史；自有劉知幾、鄭樵、章學誠，然後中國始有史學矣。至其持論多有爲吾儕所不敢苟同者，則時代使然，環境使然；未可以居今日而輕謗前輩也。

吾草此章將竟，對於與吾儕最接近之清代史學界，更當置數言：前清爲一切學術復興之時代，獨於史界之著作，最爲寂寥。唐宋去今如彼其遠，其文集雜著中所遺史蹟，尚纍纍盈望，清則舍官書及諛墓文，外殆無餘物可以相餉，史料之涸乏，未有如清者也。此其故不難察焉。試一檢康雍乾三朝諸文字之獄，則知其所以箝吾先民之口而奪之氣者，其凶悍爲何如。其敢於有所論列而幸免於文網者，吾見全祖望一人而已。<small>看《鮚埼亭集》</small>竊位者壹意摧殘文獻以謀自固；今位則成閏矣，而已湮已亂之文獻終不可復，哀哉耗矣！雖然，士大夫之聰明才力，終不能無所用，故壓於此者伸於彼；史學之在清代，亦非無成績之可言。章學誠之卓犖千古，前既論之矣，此外關於史界尚有數種部分的創作：其一，如顧祖禹之《讀史方輿紀要》：其書有組織，有斷制，全書百三十卷，一氣呵成爲一篇文字；以地理形勢爲經，而緯之以史蹟，其善於駕馭史料，蓋前人所莫能逮。故魏禧稱爲"數千百年絕無僅有之書"也。其二，如顧棟高之《春秋大事表》：將全部《左傳》拆碎，而自立門類以排比之，善用其法，則於一時代之史蹟能深入而顯出矣。其三，如黃宗羲之《明儒學案》：實爲中國有史學之始；其書有宗旨，有條貫，異乎鈔撮駁雜者。其四，如趙翼之《廿二史劄記》：此書雖與錢大昕王鳴盛之作齊名，<small>見前</small>然性質有絕異處。錢王皆爲狹義的考證，趙則教吾儕以蒐求抽象的史料之法。昔人言"屬辭比事，《春秋》之教"，趙書蓋最善於比事也。此法自宋洪邁《容齋隨筆》，漸解應用，至趙而其技益進焉。此四家者，皆卓然有所建樹，足以自附於述作之林者也。其他又尚有數類書，在清代極爲發達：（一）表志之補續，自萬斯同著《歷代史表》後繼者接踵，各史表志之缺，殆已補綴無遺，且所補常有突過前作者。（二）史文之考證，考證本爲清代樸學家專門之業，初則僅用以治經，繼乃並用以治史。此類之書，有價值者，毋慮百數十種。對於古籍訂譌糾謬，經此一番整理，爲吾儕省無限精力。（三）方志之重修，各省府州縣志，什九皆有新修本，董其事者皆一時名士，乃至如章學誠輩之所懷抱，皆借此小試焉。故地方史蔚然可觀，爲前代所無。（四）年譜之流行，清儒爲古代名人作年譜者甚多，大率皆精詣之作。章學誠所謂"一人之史，而可以與家史國史一代之史相取證"者也。（五）外史之研究，自魏源徐松等，喜談邊徼形事，漸引起研究蒙古史蹟之興味。洪鈞之《元史釋文證補》，知取材於域外，自此史家範圍益擴大，漸含有世界性矣。凡此皆清代史學之成績也。雖然，清儒所得自效於史學界者而僅如是，固已爲史學界之不幸矣。

我國史學根柢之深厚既如彼，故史部書之多亦實可驚。今刺取累代所著錄之部數卷數如下：

《漢書·藝文志》，一一部、四二五篇；

《隋書·經籍志》，八一七部、一三二六四卷；

《舊唐書·經籍志》，八八四部、一七九四六卷；

《宋史·藝文志》，二一四七部、四三一〇九卷；

《通志·藝文略》，二三〇一部、三七六一三卷；圖譜在外

《文獻通考·經籍考》，一〇三六部、二四〇九六卷；

《明史·藝文志》，一三一六部、三〇〇五一卷；限於明代人著作

《清四庫書目》，二一七四部、三七〇四九卷。存目合計

上所著錄者，代代散佚。例如《隋志》之萬三千餘卷，今存者不過十之一二；《明志》之三萬餘卷，採入四庫者，亦不過十之一二；而現存之四庫未收書及四庫編定後續出之書，尚無慮數萬卷。要而言之，自左丘司馬遷以後，史部書會著竹帛者，最少亦應在十萬卷以外。其質之良否如何，暫且勿問；至於其量之豐富，實足令吾儕撟舌矣。此二千年來史學經過之大凡也。

古書源流附錄

代序

著者作茲二篇竟，適讀胡樸安先生《樸學齋讀書記》"阮芸臺《論孟論仁論》"一文，竊喜著者所作，不期乃與諸先儒之說冥合，又爲現代碩學所主張，因錄於此；此亦治學法門之宣傳也。胡先生或不見責，胡先生原文云："舊儒治學之弊，在於泥守章句，不敢稍有變更。於經尤甚，經爲中國三千年前之古籍，治之者代有名人，卒未成立有統系之學術者，以此故也。《孟子》一書，朱子曾分類編輯之，曾滌生亟稱是書；然流傳不廣，學者未能遍曉也。余嘗謂孔子之論語，舉凡論政，論學，論仁，論孝，論爲人，論君子等，分類歸之，亦爲整理國學之初步。曾成孔子之《君子說成人說》各一篇：譽之者謂條理井然，毀之者謂淺陋不足道；二者之說，皆可謂有當。余堅抱此整理國學之志趣，不以譽而勸，不以毀而沮也。頃讀《揅經室集》，有《論語論仁論》《孟子論仁論》各一篇；刺取《論》《孟》中言仁者，依次排列，以求其旨之所在。其言曰：'孔子爲百世師，孔子之言，著於《論語》爲多。《論語》言五常之事詳矣，惟論仁者凡五十有八章，仁字之見於《論語》者，凡百有五爲尤詳。若於聖門最詳切之事，論之尚不得其傳而失其旨，別取《論語》所無之字標而論之耶？'阮氏此言，爲治古書最善之方法。治古書者，以經證經，不如以本經證本經。阮氏分析綜合論語論仁諸章，而得仁字確解；即所謂'仁者人也'。本此係例，凡《論》《孟》中論政、論學、論孝、論性等，皆分析綜合爲之，不僅孔孟之眞見，亦爲治學者開一簡便之門。蓋國學之難治，苦於無系統之可尋。國人讀《論》《孟》書者，比比皆是，試叩以孔孟之眞，皆無具體之答覆；因其治《論》《孟》書，不知分析綜合故也。余爲此論頗久，新者不屑爲此，舊者又以爲變亂聖賢之書，不足爲法。余整理國學之初志，固不稍折，惟是一人之力有限，不能不有望於同業，因讀孿經集，特表而出之。俾知此種事業，朱子創於前，芸臺繼於後，吾輩不過踵前賢之成規而已。"（按此文見十四年二月五日《國學週刊》第七十七期）

（一）新"解老"

《老子》一書，是我國最古的一部純理派的哲學書。因爲我國的文明，起源於北方，北方爲寒苦之地，其人以求生爲急務；凡是哲學思想，無一不要與生計有關係，而平易通達以期可以實踐。但此書所含的思想，卻純然是理想的，虛無、靈幻、深奧、幽玄、捕之無形，捉之無象，一言以蔽之，則思想之神，張其天馬行空之翼，上不四虛，以飛以翔而已：故所言不能殼徵實，而亦不要能殼實行。

這書共五千言。我們不要嫌其爲短簡，就止這類簡之中，其所含的妙味玄旨，直如嚙甘蔗，如嚼諫果，如剝蕉，如抽繭，竟是一個無盡藏的蘊蓄，我們每讀一回便加一層的領悟，每多一層的領悟便深賞一回的奇趣。

其思想的根主，則爲言道德，明自然，去爭軋，什麼叫做道？

"道之爲物，惟恍惟惚：惚兮恍兮，其中有象；恍兮惚兮，其中有物。"（二十一章）

這是道的靜相；

"有物混成，先天地生。寂兮寥兮，獨立而不改，周行而不殆；可以爲天下母。吾不知其名，字之曰'道'。人法地；地法天；天法道；道法自然。"（二十五章）

這是道的動相。把這種樣子的"非常道"一章，來作爲出發點，那麼，道是先天而生，而理又是先生而具的，故這道是無漏性的，無改性的，永遠性的；"無"者其精，其本體，其利益；而"有"者其粗，其作用，其無所謂利益。某甲問趙州和尚，"狗子有佛性也無？"趙州說："無！"這"無"不是有無之"無"。這"無"字所含的，乃爲一種"可能的性力"。猶之凡生物若非其先天具有教育之可能，教育便莫能呈其功用。欲明此"無"字，則這書裏說：

"三十輻，共一轂；當其無，有車之用；埏埴以爲器；當其無，有器之用；鑿戶牖以爲，室當其無，有室之用：故有之以爲利，無之以爲用。"（十一章）

由是觀之，可知就只有"無"是最爲渾全，最爲包含，也就最爲可貴。迨一經"天下萬物生於有，有生於無。"（四十章）

之後，便全者爲殘，而含者爲肢，滿眼悠悠，只不過盡是些"殘"和"肢"罷了，有什麼可貴的呢？然而"吾言甚易知，甚易行；天下莫能知，莫能行。"（七十章）

於是就"天下熙熙，皆爲利來；天下攘攘，皆爲利往"，以致個人與個人爭，國家與國家爭，而爭的現象，自不外互相殘殺，而人間世遂變爲修羅"場"了。

凡爭端之開，必是起於彼此的分別心太盛，其實則"唯之與阿，相去幾何？善之與惡，相去何若？"（二十章）

故善惡是非，極難訂定標準，而我們要知道，

"天下皆知美之爲美，斯惡已，皆知善之爲善，斯不善已。"（二章）

既是"惡"，既是"不善"，那麼，何爲還要去爭呢？而況"天之道，其猶張弓與！高者抑之，下者舉之，有餘者損之，不足者補之"（七十七章）。

足知"天道無親"（七十九章）、"天地不仁，以萬物爲芻狗"（五章），是一個永遠隨處，都是保持其平衡狀態的結局，"故有無相生，難

易相成，長短相較，高下相傾，音聲相和，前後相隨。"（二章）則人生最好是只有互助，只有合作，胡爲乎要羣趨於你爭我奪的一條路上去？互助，合作，乃人生自然而然應當要走的一條路。這條路上，絕對的平等，絕對的自由，毫沒有混著一絲半粒的勉强分子在內；人生只要從從容容地，如此走下去好了，你不要向我誇口，我不要向你逞能，曷觀於水，"上善若水；水善利萬物而不爭"（八章），故人人能明白這"善利"二字，則萬象一如，爭心自泯。因而就成爲博愛。於是書中又解釋這二字說：

"善行無轍迹；善言無瑕讁；善數不用籌策；善閉無關楗而不可開；善結無繩約而不可解：是以聖人常善救人，故無棄人；常善救物，故無棄物……故善人者，不善人之師；不善人者，善人之資。"（二十七章）

是這樣子，那就人與人之間，就是知道有互助，合作，互助，合作之外，彼此的一種驕奢心，就當然無形消滅。蓋我人須知：

"企者不立；跨者不行；自見者不明；自是者不彰；自伐者無功；自矜者不長。其在道也，曰：'餘食贅行，物或惡之'；故有道者不處。"（二十四章）

於是這書又進而積極的教導我們說：

"天之道，利而不害；聖人之道，爲而不爭。"（八十一章）

你們不看見麼？

"曲則全；枉則直；窪則盈；敝則新；少則得；多則惑：是以聖人抱一以爲天下式。不自見，故明；不自是，故彰；不自伐，故有功；不自矜，故長：夫唯不爭，故天下莫能與之爭。古之所謂曲則全者，豈虛言哉？誠全而歸之。"（二十二章）

這對於人羣間的止爭之義，可謂說得如秋水寒鱗，鬚鬣畢現，沒有再清楚明白的了。無奈"下士聞道，大笑之。"（四十一章）

末世衆生的心，爲癡遇所蒙蔽，明明"大道甚夷，而民好徑"，（五十三章）以致強勝之思，究不能免，憤戾之氣，終不能除，永已夫爭軋之事，遂不絕於域中矣！那麼，我們個人處此，一面對著那屹如鐵鑄，任你費盡九牛二虎之力，都莫想動其分毫的天道，一面又眼看看這滿天下的紛紛攘攘爭奪殘殺，當此時會，自非神經麻木之流，沒有不倉皇煩焦而心問口口問心"我將何往"的。對於這一問，這書裏便如此回答：那，我們就止有作個人退而自保之計；試想"名與身孰親？身與貨孰多？得與亡孰病？是故甚愛必大費，多藏必厚亡；知足不辱，知止不殆：可以長久"。（四十四章）

況乎"人間萬事塞翁馬"，"寵、辱若及也驚，貴大、患若身。何謂寵辱若驚？寵爲下，得之若驚，失之若驚。"（十三章）

則所謂榮達富貴者不過爾爾了。然而其計如何？曰，第一，則修道蓄德以精和密養其身，要令"含德之厚，比於赤子：蜂蠆虺蛇不螫，猛獸不據，攫鳥不搏，骨弱筋柔而握固，未知牝牡之合而全作，精之至也；終日號而不嗄，和之至也"。（五十五章）

第二，則負陰抱陽，面着眼前，憧憧擾擾，倏隱倏見，走馬燈也似的萬事萬物，只稜冰一般的清冷，土偶一般的凝靜，取純客觀態度，"故當無欲以觀其妙；當有欲以觀其徼。"（一章）"致虛極，守靜篤，萬物並作，吾以觀其復。"（十五章）

第三，既受了客觀界無量無邊的感，主觀界不能不有所應，如是，就"荒兮其未央哉！衆人熙熙，如享太牢，如登春臺；我獨泊兮其未兆，如嬰兒之未孩：儽儽兮若無所歸。衆人皆有餘，而我獨若遺。……沌沌兮！俗人昭昭，我獨昏昏；俗人察察，我獨悶悶；澹兮其若海，飂兮若無止；衆人皆有以，而我獨頑似鄙，我獨異於人而貴食母。音妣道也。"（二十章）

故你若能此三事，則你這一個人生在世上，便獨來獨往，目無全牛，害不遠而自遠，身不全而自全，"蓋聞善攝生者，陸行不遇兕虎，入軍不被甲兵；兕無所投其角，虎無所措其爪，兵無所容其刃。夫何故？以其無死地。"（五十章）

蓋在那灝灝蕩蕩的大自然的面前，像我們這種渺小的個人，竟是微乎其微，微到幾乎不自知有其存在，若還想要逞強道很，以與這偉大的自然爭一日之長，這真是比"蚍蜉撼大樹"還要不如；你以爲"學問"當可萬能。否！"做到老，學到老，還有三宗學不了"，反不如"絕學無憂：……人之所畏，不可不畏"（二十章）"人之所教，我亦教之；強梁者不得其死，吾將以爲教父。"（四十二章）

是故人除了極端的任順天行，柔弱一己以外，直不能另有別法。原來，"人之生也柔弱其死也堅強；萬物草木之生也柔脆，其死也枯槁：故堅強者，死之徒，柔弱者，生之徒：是以兵強則不勝，木強則兵，強大處下，柔弱處上。"（七十六章）

柔弱是具有這麼些道理，持有這麼些好處的，無怪乎"天下之至柔，馳騁天下之至堅"，（四十三章）了。不信此話麼，則曷又觀於水，"天下莫柔弱於水，而攻堅強者莫之能勝，其無以易之"。（七十八章）

只取象於眼面前，爲我人所不可一日離的水。看起來，就可知柔弱的力量是怎樣的大；但是"弱之勝強，柔之勝剛，天下莫不知，莫能行"（七十八章）。

這可就只有令人長太息了：剛強一日不去，爭軋便與世長存。爭軋既是沒有止息的希望，然而我人必得要"生"的這一件事實，卻仍還是儼然站在我們面前的；這時，爲偸安起見，無已，我人只好相聚，且立一個國家，以維繫我們的生存罷。既立國家，就不得不需要一個首領，以作我們這散沙般國民的綱維之用，"故道大，天大，地大，王

亦大：域中有四大，而王居其一焉。"（二十五章）

王是這麼一個緊要的東西，則作這個"王"的，自然是要一個聖智的人：同時，他也不過是一個平平常常的"個人"，修道蓄德，自是不消說得：而他所處的地位，卻又與平常的個人不同；他的行爲，是要影響及於我們國民全般的，所以作這個王的人，比起我們個人來，尤當致力於負陰抱陽一方面：自己不要以爲比國民高貴，自己要覺得比國民還要卑下；總之，要"處衆人之所惡"（八章）。

所以作王者的人，一面要以修道蓄德蒞天下，一面要以負陰抱陽臨國民；是這樣，纔眞是王者的大本領，大作用。何謂以修道蓄德蒞天下？曰：

"以道蒞天下，其鬼不神。非其鬼不神。其神不傷人；非其神不傷人，聖人亦不傷人：夫兩不相傷故德交歸焉。"（六十章）

其利益如此。道旣修好，德旣蓄好，自處則惟輕惟靜。何以自處要惟輕惟靜？蓋"重爲輕根，靜爲躁君。是以聖人終日行不離輜重。雖有榮觀，燕處超然。"（二十六章）

然而所謂"燕處超然"的，難道就是癡坐呆守，像仗馬寒蟬一般麼？不！不！"道常無爲，而無不爲：侯王若能守之，萬物將自化。"（三十七章）

可見無爲之中，正自大有爲也。

何謂以負陰抱陽臨國民？曰："知其雄，守其雌，爲天下谿；爲天下谿，常德不離，復歸於嬰兒。知其白，守其黑，爲天下式；爲天下式，常德不忒，復歸於無極：知其榮，守其辱，爲天下谷；爲天下谷，常德乃足，復歸於樸。"（二十八章）

必如是自守以雌、以黑、以辱；自待以谿、以式、以谷，爲甚麼呢？曰：

"江海所以能爲百谷王者，以其善下之，故能爲百谷王：是以欲上民，必以言下之；欲先民，必以身後之；是以聖人處上而民不重；處前而民不害：是以天下樂推而不厭。——以其不爭，故天下莫能與之爭。"（六十六章）

至於國民戴著一個首領，能令他們覺得這個首領不"重"，不以爲"害"，並且還要"樂推而不厭"，這又是用的什麼奇術，而達到這種境地呢？曰：

"聖人無常心，以百姓心爲心：善者，吾善之，不善者，吾亦善之——德善；信者，吾信之，不信者，吾亦信之——德信。"（四十九章）

哈哈！是這樣的以"善、信"之德，對待國民，自無怪國民之心悅誠服，愛戴不置了。總而言之，這書裏面的國家——爲我人謀生存而暫時偸安建立的國家——觀，其所理想的元首，是："生之畜之：生而不有；爲而不恃；長而不宰；"（十章）

其眼中所見的國民，是：

"太上、下知有之，其次、親而譽之，其次、畏之，其次、侮之。"（十七章）

所以這兩者——元首與國民——間的感應，如影隨形，如聲傳響，"雖智大迷，是謂要妙"，（二十七章）其契機嫩之微，殆不可以言說。

我們不要誤解！以爲像這樣"豀、式、谷"的元首，我們何貴乎去作他？不知惟其是要這麼"豀、式、谷"，則對於元首，其利益有兩：（一）消極方面的利益；此利益爲"居高位者不危"，其教爲：

"何謂貴大、患若及也身？吾所以有大患者，爲吾有身；及吾無身，吾有何患？故貴、以身爲天下，若乃也可寄天下；愛、以身爲天下，若可託天下。此二句皆倒裝句法"（十三章）

這明是説：爲元首者，乃一個公人，不能自有其身，其身爲天下所有也。

（二）積極方面的利益；此利益爲"自卑遜則愈尊"，其教爲：

"道常無名。樸雖小，天下莫能臣也，侯王若能守之：萬物將自賓；天地相合以降甘露；民莫之令而自均。"（三十二章）

就這兩種利益看起來，可知爲元首者，只患其無"道"，固不患其不貴，"故貴以賤爲本，高以下爲基；是以侯王自謂孤寡不穀——此非以賤爲本耶，非乎？"（三十九章）

"人之所惡，唯孤寡不穀，而王公以爲稱。"（四十二章）

"是以聖人云：'受國之垢，是謂社稷主；受國不祥，是爲天下王'——正言若反。"（七十八章）

"夫爲元首者，既已修道蓄德，而又負陰抱陽，則其政治行爲，所當然達到的結論，自然是：'是以聖人處無爲之事，行不言之教：萬物作焉而不辭；生而不有，爲而不恃〔執也拘執也〕〔不令自由也〕。"（二章）

因爲"治大國若烹小鮮"，（六十章）你若是左一"爲"，右一"言"，則你這一條"小鮮"，便會給你弄得稀糟，休想完完全全地登諸鼎鼐，陳列七箸，以安享其調和之味。那麽，究竟有"爲"之害是怎樣？答曰：

"將欲取天下而爲之，吾見其不得已。天下神器，不可爲也！——爲者敗之，執者失之。"（二十九章）

而多"言"之無益又是怎樣？答曰：

"大辯若訥。"（四十五章）

"善者不辯，辯者不善；"（八十一章）

"知者不言，言者不知；"（五十六章）

"多言數窮，不如守中；"（五章）

這就"無爲"與"不言"的所以然的道理，可就全然明白了。既

"無爲"，旣"不言"，這是猶之乎"無有入無間"，（四十三章）

乃得一歸宿義曰：

"不言之教，無爲之益，天下希及之？"（四十三章）

大概凡是樂有爲，愛多言的，總不外於衒能鬭智。殊不知"智"這一個東西，是愈鬭愈出，愈出愈紛的，你以爲用智便可以左右禍福麼，那曉得"禍兮，福之所倚；福兮，禍之所伏：孰知其極？"（五十八章）

而民何以難治？

"民之難治，以其智多。"（六十五章）

方嫌其多，若再添上你來用智，那麼，欲求不亂，得嗎？

"是以聖人之治？虛其心，實其腹；弱其志，強其骨；常使民無知無欲——使夫智者不敢爲也：爲無爲，則無不治。"（三章）

"故以智治國，國之賊；不以智治國，國之福！"（六十五章）

所以只有藏掉你的能，去掉你的智，而後太平之象可期；故曰："其政悶悶，其民淳淳；其政察察，其民缺缺。"（五十八章）

何以智就這樣可怕，就這樣的不可用呢？蓋自"大道廢，有仁義；慧智出，有大僞；六親不和，有孝慈；國家昏亂，有忠臣。"（十八章）

這都是用智的好結果！那麼，旣探得了亂國的病源，便自有可發的對症藥了。這藥不是"能幹"，不是"智慧"，乃是"絕聖棄智，民利百倍；絕仁棄義，民復孝慈；絕巧棄利，盜賊無有。"（十九章）

只要用這輕輕的"絕、棄"兩味藥，便可以將一個棼如亂絲的國家，整得他平平正正；而其處方調劑的根本原理，則爲"古之善爲道者，非以明民，將以愚之"。（六十五章）

大率國家所以弄成紛亂現象的原因，一定是因爲"民不聊生"。旣不自聊其生,就一定要因爲飢驅而"挺而走險"。然而這是誰的過呢?推其主使,則"民之饑,以其上食稅之多,是以饑!"(七十五章)

既饑矣,你或者會說:"怕什麽?國民相互間,都各各自有禮義在限制著,終令他面有菜色,而心中固常存威儀",然而"上禮,爲之而莫之應,則攘臂而扔之。故失道而後德,失德而後仁,失仁而後義,失義而後禮——夫禮者,忠信之薄而亂之首。(註——禮字又作律字解)。"(三十八章)

到了飢腹轆轆作雷鳴的時候,便誰也顧不得"面子"了;你或者又會說:"怕什麽?我有'法'在!"然而"法令滋彰,盜賊多有。"(五十七章)

任你千條萬例,牛毛般的設著,其對於盜賊的有無,卻仍是"風馬牛"。要知道"法"的功能,不過是以"殺"字爲恫愒之聲,以"死"字作恐怖之具,但是

"民不畏死,奈何以死懼之!若使民常畏死而爲奇者,吾得執而殺之;孰敢?常有司殺者殺。夫代司殺者殺,是謂代大匠斲。夫代大匠斲者,希有不傷其手矣。"(七十四章)

如此,則"死"無所見其威,"殺"無所量其功,而"法"之效用窮。但必有人這樣說:貧生怕死,乃含齒戴髮之倫所同然,你這話恐不見得對吧。不曉得人固無有不厭惡死的,然至於終亦無可苟免之時,則與其消極的等死,無寧積極的圖一逞以僥倖於萬一,所以說"民之輕死,以其求生之厚,是以輕死。——"夫唯無以生爲者,是賢於貴生。"(七十五章)

故不論爲禮爲法,結局仍是逃不了要用上言的兩味藥;

"故聖人云:我無爲而民自化;我好靜而民自正;我無事而民自富;我無欲而民自樸。"(五十七章)

棼者復歸於理，亂者復歸於治，則當國家承平無事之日，其所宜施行之政策，便有消極積極二方面：消極方面者爲"不尚賢，使民不爭；不貴難得之貨，使民不爲盜；不見可欲，使民心不亂"；（三章）

其積極方面者爲"爲無爲，事無事，味無味；大動詞小多動詞少，報怨以德；圖難、於其易，爲大、於其細：——天下難事必作於易，天下大事必作於細。"（六十三章）

後的政策，比前面的，尤爲治國者所當注意，這書裏遂不憚丁寧地教導道：一、何所說"天下難事必作於易？"因爲當"我"和"事"兩相對面的當兒，我若是先下手於事之"易"處，則在"我"的這一邊，便"其安易持"。（六十四章）

而"事"當其"易"的時候，則在"事"的那一邊，便"其未兆易謀，其脆易泮，其微易散"（六十四章），所以我們作事，總當"爲之於未有，治之於未亂"（六十四章）。

二、何以說"天下大事必作於細"？蓋"合抱之木，生於毫末；九層之臺，起於累土；千里之行，始於足下"（六十四章），故天下事最不可忽畧他小的時候，——什麽山崩海湧，揭地掀天的大風潮，其起初都不過如天末一髮而已。

把這兩種政策施行起來的時候，則有兩個字的訣竅。那兩個字？一曰"嗇"，二曰"愼"。嗇之訣曰：

"治人事天莫若嗇：夫唯嗇，是謂早服；早服謂之重積德；重積德則無不克；無不克，則莫知其極；莫知其極，可以有國；有國之母，可以長久：是謂深根固柢長生久視之道。"（五十九章）

愼之訣曰：

"民之從事，常於幾成而敗之，愼終如始，則無敗事。"（六十四章）

這後一個字的訣竅，我們都容易明白。但前一個字的訣竅，卻每每容易發生誤會；以爲嗇便會弄成一種寒畯相。其實不然，名雖曰"嗇"，實際則"豐"，豐不過此字：

"我有三寶，持而保之：一曰慈，二曰儉，三曰不敢爲天下先。"（六十七章）

夫懷寶而至於三，天下還有勝過我富的麼？這三寶，一旦使用出去，則"慈，故能勇；儉，故能廣；不敢爲天下先，故能成器長。"（六十七章）

這還能說是寒畯相麼？

"今舍慈且勇，舍儉且廣，舍後且先，死矣！"（六十七章）

是這纔真可算得寒畯相了。

以上將作元首的人的經國大道，都已說得透亮了。這都是屬於文事一方面的，其反覆申詳，總歸一句話，則爲"任天而弱人"，弱人故"爲無爲"；任天故不患以"無爲"，臨民而民敢於"攖"。

於是乃諄諄以"天道"相詔曰：

"天之道，不爭而善勝，不言而善應，不召而自來，禪然而善謀。——天網恢恢，疏而不失。"（七十三章）

行這種政略的國家，則其結果一定可以弄到"功成事遂，百姓皆謂我自然。"（十七章）

何以見得？有擊壤一歌爲證。擊壤之歌曰："日出而作，日入而息；鑿井而飲，耕田而食：帝力於我何有哉？"既是"自然"，則誰也不能自以爲功；倘使有自以爲功的，那便不自然，便用智，便有爲，便紛爭……便你政治的運命不能長久。故若欲其政治的運命長久者，一定要"功成而弗居；夫唯弗居，是以不去"。（二章）

洎夫大功告成，所最忌的事，就是戀戀不捨。務必要懂得"天長地久：

"天地所以能長且久者，以其不自生，故能長生。是以聖人後其身而身先，外其身而身存；非以其無私耶？故能成其私。"（七章）

所爲要戀戀不捨的，總不過是爲的滿足自己的佔有慾，然而佔有慾是能彀永久滿足的麼？

"金玉滿堂，莫之能守，富貴而驕，自遺其咎。"（九章）

這便可以恍然於無私乃所以成私之理了。要知道天地之化，日新不已，時代的潮流，是刻刻在進展中的，我作完了一番事業，盡完了一番力量之後，當然便要讓給新人來負荷新的時代；"所過者化"，自不能以我過去的朽骨殘骸，擋在進化的道程上面，作礙足的瓦礫：所以有國家，作元首的人之最後使命，便是：

"功遂身退，天之道！"（九章）

這書於用文治把來治國的這一事，可算說得淋漓酣暢，圓滿充足了。卻是我們乍一讀去，往往要以爲發見其"自己打自己嘴巴"的說話；夫既明明說"爲無爲，爲而不恃，爲之於未有"。

已經有這許多的"爲"，偏偏又要在這些話的頭上，戴一頂"無爲"的帽子，是這樣兩極端的衝突，是這樣以右手至利之矛攻左手至堅之盾，是這樣的寒冰近烈火，這其說還能建立，還能存在？

於此，我乃敢大聲辯白道："你說的'爲無爲……'這些話，卻正是他下的'無爲'二字的而且確的註解。"無爲的無字，不是有無之無，乃是表明一種可能的性力，這話當初已經聲明過了。人生在世，萬法緣其周遭，時時刻刻，都得要修養這種可能的性，審之於機先以對待萬象，是曰修道，儲蓄這種可能的力，裁之於未形以應付萬事是曰蓄德。我這話並不是憑空捏造的。第八章裏說："事善能"，這不是審機先於萬象麼？又說："動善時"，這不是裁未形於萬事麼？萬象萬事，都各各有其當然之因，馴致其必然之果，只要你可能的性與力，在其間穿插得宜，則未有一象未有一事不能自循其序的，如此則人力不過執其綱維，事象實各自走道路，平平淡淡，絕無可驚，絕無可奇，沒有善，沒有好，是曰自然。不見書中屢屢引水來作象徵嗎？水浸潤一件物體，或是從一件物體滲沁出來，何嘗見其鐘鳴鼓響，劍佩莊嚴，有作有爲呢？只不過循看物體自具的肌理，無聲無臭以行其所無事就完了；所以水便恰恰象微這道德與自然的情狀。故此書立言的主旨，是坐在"道德"的大本營裏，而發爲"自然"的戰略，乃得到"無爭"的凱旋。故對於"無爲"二字，還有"無爲而無不爲"的一句註腳；試想能令萬象萬事，各能自循其序，這豈不是"無不爲"嗎？此外所謂"虛無"，則因大道莫能名貌，只能抽繹其性質；所謂"清靜"，則指示人以修蓄之方術，謂須時時澄瑩其心腦，以爲玩省之資而已。若有不明大道，不知"爲無爲"之益，而一味只是向於"有爲"者，則凡其所爲，都不過頭痛醫頭，腳痛醫腳，東彌西補，治絲益棼。崇禎帝在位十七年掉換了五十三個宰相，可謂有爲之至了，其結果則國破家亡。"天下本無事，庸人自擾之"，大道無奇，只不過如此平凡罷了。顧此意晦塞已久所爲釋誤解者一"。

必又有謂："既這樣極端的提倡任天而弱人，那我人還有何生存價值之可言？這豈不明明暗示我們以消極、悲觀、厭世？"

於此，我則又敢爲之表示反對的回答道："不然！不然！於今姑取譬一件最淺顯的事來作證：我人都知患病便服藥。這個道理，在往日的人去解釋，便說藥是把來治退病魔的：藥是征服者，病便是俘虜。但現在的人卻不如此解釋了。現在的醫理卻這樣告訴我們說：病本有自愈的可能，藥不過順著他像在的可能而增加他一層力量，並不是藥自身具有征服的本能；倘使不然，藥是毫無用處的。而所謂任天就是順著天行，不要與之相爭之意。照上舉的取譬看來，我人本沒與天相爭的可能，又安能與天爭！除了順天理而行之外，何處可用我們的能力？既名爲順，自然是要柔，故曰任天而弱人。夫天又何嘗得已？並不是天要我們人類柔弱，天也是無法，"天法道，道法自然，自然法人，人法地，地法天"，是一個水洩不通的圓周，這時候，"此兩者，同出而異名；同謂之玄。玄之又玄，衆妙之門"（一章），泥牛入海，香象渡河，便更覓半黍痕迹不著。一定有人誚讓我的說："自然法人，這是你杜撰加上去的一句，何能爲信呢？"不知所謂"地、天、道、自然"，這些都是有了人類以後的存在物，有人類相互的交涉而後生出自然來，假設世界上沒有人類，那纔眞是一個空空洞洞無從說起哩，所以說自然法人。你若再不信我這話麽，我還可以引這書的十四章告訴你，十四章說："視之不見名曰夷；聽之不聞名曰希；搏之不得名曰微：此三者不可致詰，故混而爲一。其上不皦，其下不昧，繩繩不可名，復歸於無物；是謂無狀之狀；無物之象，是謂惚恍：迎之不見其首；隨之不見其後：執古之道，以御今之有，能知古始，是謂道紀。"這就可明我的圓周說之非虛謊了。且彼又教我們以"慈的勇"。此勇乃天下莫強之勇，我們只要看慈母之平居撫育其子，危難之拯救其子，便能明這勇是何形狀；茲事則極天下之優美，彼又教我們以儉的廣。此廣乃天下莫壯之廣，我們試看庖丁解牛，神氣灑然，肌分理擘，筋骨委解，這是何等的恰到好處？茲事則極天下之壯美。具有了這優美壯美的兩種胸懷，而後乃能"大小多少"，是爲佛氏的大慈，乃能"報怨以德"，是爲佛氏的大悲。世間教宗，勇猛精進，佛氏稱最，曰慈曰悲，如何可說是消極、悲觀、厭世？積極無過於此，達觀無過於此，奉仕社會、人類，實無過於此！顧此意湮霾亦久，所爲釋誤解者二。

然而治國之事，倘能如我們理想所鄞冀，使爲元首者，永永皆屬有道之士，那麼，便僅有文事，由理論上推去，這個國自然是可以維持至萬年而不壞。無如人性萬殊,例外之事,恆出人意表,則武備也不能不注意。提到武偏,這書裏本其悲天閔人之思,就不勝其凜凜慄慄之狀;雖訓誨殷殷,實不啻痛哭陳辭,垂涕而道,故其開首的棒喝,便是"天下有道,卻走馬以糞;天下無道,戎馬生於郊!"(四十六章)

到了戎馬生郊的時候,少不得是一些武人出來在風頭上施展身手,這書便嚴厲地告誡這些武人道:

"夫佳兵者,不祥之器,物或惡之;故有道者不處。君子居則貴左,用兵則貴右。兵者,不祥之器,非君子之器。不得已而用之,恬淡為上,勝而不美。而美之者,是樂殺人!夫樂殺人者,則不可以得志於天下矣。吉事尚左,凶事尚右:偏將軍居左,上將軍居右;言以喪禮處之。殺人之衆,以哀悲泣之;戰勝,以喪禮處之。"(三十一章)

這真可謂一片婆心,嘮嘮叨叨,絮絮聒聒,至今如聞其聲之琅琅震耳。乃又細細說明這兵何以不祥的緣由:蓋軍事當在進行之時,則"師之所處,荊棘生焉。"(三十章)

逮軍事一告結束以後,則"大軍之後,必有凶年。"(三十章)

所以你們這些軍人呀!萬不得已而用兵時,你們只要求"善有果而已,不敢以取強:果而勿矜,果而勿伐,果而勿驕;果而不得已;果而勿強。"(三十章)

如何叫做"善有果"?你們只要以"慈"居心就好了,"夫慈,以戰則勝,以守則固。天將救之,以慈衛之。此二句倒裝句法"(六十七章)。

至於將兵的方法呢,我就告訴你們說,"善為士者不武;善戰者不怒;善勝敵者不與;善用人者為之下"(六十八章)。

行軍打仗的方法呢,我就告訴你們說,"用兵有言:'吾不敢為主而為客;不敢進寸而退尺:是謂行無行,攘無臂,扔無敵,執無兵。'禍

莫大於輕敵；輕敵幾喪吾寶。故抗兵相加，哀者勝矣！"（六十九章）

你們既身仗斧鉞，離不了的自然是一個"勇"字，但你們莫以爲勇是所向輒合的，我又來告訴你們罷，"勇、於敢，則殺；勇、於不敢，則活。此兩者或利或害：天之所惡，孰知其故？是以聖人猶難之。"（七十三章）

臨了，我還是老老實實地對你們說罷，"以道佐人主者，不以兵強天下；其事好還。"（三十章）

立國的兩大政，文事、武備，秉政的兩大略，政略、軍略，已如上面的研究，都談過了。然天下不止一國，則處國際間之法如何？曰："魚不可脫於淵，國之利器，不可以示人。"（三十六章）

你只要好好地把握看你的"道"，乃時時去對照人我，在己則"知足者富，強行者有志；不失其所者久；死而不亡者壽"（三十三章）。

把自己的國弄得富強堅固；與人家來比，則"知人者智，自知者明；勝人者有力，自勝者強。"（三十三章）

而國有大小之分，你們試自審其國之爲大爲小，"大國者下流，天下之交，天下之牝。牝常以靜勝牡，以靜爲下。故大國以下（動詞）小國，則取小國；小國以下（動詞）大國，則取大國：故或下以取，或下而取。大國不過欲兼畜人，小國不過欲入事人；夫兩者各得其所欲，大者宜爲下。"（六十一章）

是這樣子的或者以"下"來小自己的國，（大國）則爲大國者不傲然以自己的國爲大而驕抗，或者以"下"來大自己的國（小國）則爲小國者無事乎，脅肩諂笑；彼此樂"道"相安，那麼，國際間的平和，還有什麼不可保持的呢？

啓國際間的糾紛的，一定是因爲有些國，失掉了"道"的緣故。你們試看這種國的樣子"朝甚除；田甚蕪，倉甚虛；服文綵，帶利劍，厭

飲食……財貨有餘：是謂盜夸，非道也哉！"（五十三章）

是這種把亡國的條件，都具備得好好兒地，別的國非聾非瞽，你好敎他不起野心，不來侵略你？所以這種國，第一，則授人以可乘之隙，匹夫無罪，則"罪莫大於可欲；言令人可欲也。"（四十六章）

第二，則不知努力圖自強，當自己作爛白菜倒在地上，好讓人踩着跌倒，則"禍莫大於不知足；不自豐足其國也。"（四十六章）

第三，則這種國每不肯引鑑自照，反貪得無饜，則"咎莫大於欲得"（四十六章）。

天下免不了有這種國家，便天下總沒有全太平的一天。"牽一髮，動全身"，旁的國在紛擾，想我一國獨享安樂，這無異癡人說夢。則想來想去，總歸只有統一天下的一法。統一天下，仍不過是看你能否抱"道"爲準。能毂抱"道"呢，則"爲學修蓄之學也──道也日益，爲道方法也作爲也日損：損之又損，以至於無爲；無爲而無不爲。"（四十八章）

這時你就自會"不出戶，知天下；不闚牖，知天道。──其出彌遠，其知彌少。是以聖人不行而知，不見而名，不爲而成"（四十七章）。

所以統一之業，並不要你櫛甚風，沐甚雨，東西征討，南北撻伐，以力征經營。若說這個所以然，則"古之善爲士者，微妙玄通，深不可識。夫唯不可識，故強爲之容：──豫焉若冬涉川；猶兮若畏四鄰；儼兮其若容；渙兮若冰之將釋；敦兮其若樸；曠兮其若谷；混兮其若濁"。（十五章）

用這種人去當統一天下之任，他想澄清天下，便用一個"靜"字，想要收合叢殘的天下，便用一個"動"字："孰能濁以止？靜之徐淸；孰能安以久？動之徐生"（十五章）。

怎樣靜法呢？曰：

"大成若缺，其用不弊；大盈若沖，其用不窮；大直若屈；大巧若拙；大辯若訥：靜勝躁，寒勝熱，清靜爲天下正。"（四十五章）

怎樣動法呢？曰：

"將欲歙之，必固張之；將欲弱之，必固強之；將欲廢之，必固興之；將欲奪之，必固與之：是謂微明，柔弱勝剛強。"（三十六章）

是這樣以清靜柔弱爲手段，而又濟之以"徐"，則需以歲月，便如春雨不聲，百卉具澤，巖泉無響，水到渠成，江山遂打成一片，天下遂歸於一統了。但天下甫定於一之際，人心難必無反側不安，則"化而欲作，吾將鎮之以無名之樸"（三十七章）。

"樸散則爲器，聖人用之，則爲官長，故大制不割。"（二十八章）

"故致數輿無輿：不欲琭琭如玉，珞珞如石。"（三十九章）

"無名之樸，夫亦將無欲；不欲以靜，天下將自定。"（三十七章）

此任人者逸爲乘六龍以御天下者之道之一；

"民之難治，以其上之有爲，是以難治。"（七十五章）

是以聖人欲不欲，不貴難得之貨；學不學，復衆人之所過：以輔萬物之自然而不敢爲。

"爲者敗之，執者失之；是以聖人無爲，故無敗；無執，故無失。"（六十四章）

此誘民順軌爲乘六龍以御天下者之道之二：

"知此兩者，亦稽式；常知稽式，是謂玄德，玄德深矣！遠矣！與物反矣！然後乃至大順。"（六十五章）

至此，便天下大定了。於是總治國、用兵、統一三事，括而言之，則："以正治國，以奇用兵，以無事取天下"。（五十七章）

而統一一事，尤所注重，更高喊一遍道：

"取天下常以無事，及其有事，不足以取天下！"（四十八章）

天下統一了，並且大定了，夫"創業固難，而守成亦良不易"；敢問如何乃能守成御宇，垂統無窮？曰：此自仍離不了道德，"譬道之在天下，猶川谷之於江海"（三十二章）。

百谷之水，滴流入江，萬江之水，朝宗於海，運用你江海的勢力，則其事爲利濟羣生。夫"民爲邦本"，民之中自然是品類不齊，薰蕕互在，但你卻當一視同仁，"人之不善，何棄之有！"（六十二章）

要知縱有不善的人，也都是你的國民，你不能因其莠或愚，便丟他在一邊，故曰：

"愛民治國。"（十章）

然愛之亦自有其道，初非"煦煦"爲仁，故曰：

"聖人不仁，以百姓爲芻狗"（五章）。

以此之故，故對於國民，只要"無狎其所居，無厭其所生——夫唯不厭，_{元首}是以不厭。_{國民}"（七十二章）

這就君民之間，相親而不相狎，相懷而不相同，故曰：

"塞其兌，閉其門；挫其銳，解其紛；和其光，同其塵：是謂玄同。故不可得而親，不可得而疏；不可得而利，不可得而害；不可得而貴，不可得而賤；故爲天下貴。"（五十六章）

於是萬幾之暇，你就應當常常捫心自問：

"載營魄抱一，能無離乎？專氣致柔，能嬰兒乎？滌除玄覽，能無疵乎？愛民治國，能無知乎？天門開闔，能無雌乎？明白四達，能無爲乎？"（十章）

要之，"天下有始，以爲天下母。"（五十二章）

你若要根尋這"始"和"母"的來歷？則"無名天地之始，有名萬物之母。"（一章）

你若要問尋到他有何用處？則"旣得其母，以知其子；旣知其

子，復守其母：沒身不殆。"（五十二章）

"始"自然就是"道"，爲君人者，散一道於萬幾，復納萬幾於一道，子不離母，母不離子，所以說：

"道生之，德畜之；物形之，勢成之；是以萬物莫不尊道而貴德。道之尊，德之貴，夫莫之命而常自然。故道生之，德畜之，長之育之，亭之毒之，養之覆之；生而不有，爲而不恃，長而不宰，是謂玄德。"（五十一章）

這便是爲君人者守成御宇，垂統無窮的不二法門，其祕訣則在一個"重"字，一個"靜"字，"奈何萬乘之主，而以身輕天下？輕則失本，躁則失君！"（二十六章）

故"爲政不在多言"，"希言、自然；故飄風不終朝，驟雨不終日。孰爲此者？天地。天地尚不能久，而況於人乎？"（二十三章）

次則令人"莫測高深"，"言有宗，事有君；夫唯無知，是以不我知。知我者希，則我者貴；是以聖人被褐懷玉。"（七十章）

"是以聖人自知不自見，自愛不自貴；故去彼取此。"（七十二章）

"是以聖人爲而不恃，功成而不處，其不欲見賢"_{聰明也謂不欲令人估量他的聰明也}（七十七章）

復次，則注意於"知"的修養，"知不知。上；不知知，病。夫唯病病，是以不病。聖人不病；以其病病，是以不病"。（七十一章）

以上三事，"運用之妙，存乎一心"，殆不可以語言文字傳，然雖如此，而亦自有其扼要之方，故曰：

"此三者，以爲文不足，故令有所屬：見素抱樸，少私寡欲。"（十九章）

"守素樸，省私欲，這是天道，獨不見乎天之道乎？"

"天之道，損有餘而補不足。人之道則不然，損不足以奉有餘。孰

能有餘以奉天下？唯有道者。"（七十七章）

蓋"有道者"之爲人，"淡泊以明志，寧靜以致遠"，志明遠致，天運還有不亨久的麽？

"夫物芸芸，各復歸其根；歸根曰靜，是謂復命。復命曰常，知常曰明；不知常，妄作，凶；知常，容。容乃公，公乃王，王乃天，天乃道，道乃久：沒身不殆。"（十六章）

而且旣能甘淡泊，耽寧靜，則能明白天理是絕對平衡的，"故物或行或隨，或歔或吹，或强或羸，或挫或隳；是故聖人去甚，去奢，去泰。"（二十九章）

知此三去，則念念不離中庸，凡事不爲已甚，而自不至於自以爲"富有四海"而恣肆淫佚，緣"五色令人目盲；五音令人耳聾；五味令人口爽；馳騁畋獵，令人心發狂；難得之貨，令人行妨。"（十二章）

"故物或損之而益，或益之而損。"（四十二章）

"是以聖人爲腹不爲目，故去彼取此。"（十二章）

而又自不至於多設繁苛的法律以困苦百姓；因爲法律之興，實原於"忠信之薄"，忠信旣薄，有法律一條一條地明列着在，便可令人豫先知某事某事不可爲而不要去觸法網；但人與人之間，彼此不能相信以心，相見以誠，到這樣子，其澆漓蒙昧，也就可笑得萬分了，所以說：

"前識者，道之華而愚之始，是以大丈夫處其厚不居其薄，處其實不居其華，故去比取此。"（三十八章）

況且條例太瑣細，幾要令人行步自疑其影，則"天下多忌諱而民彌貧"（五十七章）。

而奸民正可躲在法律的背後去作姦弄鬼，是法律反而被他們利用，故曰："民多利器，國家滋昏。"（五十七章）

利用法律得了味兒，則障法律爲帷蔽，手舞法律之兵者將層出不窮，愈弄愈精，則"人多伎巧，奇物（事件）滋起。"（五十七章）

故法律者，自其施行以往，就時效上觀之，實亘過去、現在、未來之三時，都無一利，故可以說法律是爲亂之具而非爲治之具，

"故立天子，置三公，雖有拱璧以先駟馬，不如坐進此道。古之所以貴此道者何？不曰以求，得，有　罪，以免耶？故爲天下貴。"（六十二章）

歸根還是"道"可貴。把這個"道"來"修之於身，其德乃眞；修之於家（音姑），其德乃餘；修之於鄉，其德乃長；修之於邦，其德乃豐；修之於天下（音墅），其德乃普：故以身觀身，以家觀家，以鄉觀鄉，以邦觀邦，以天下觀天下。吾何以知天不然哉？以此。"（五十四章）

所以平常人所稱道的"王法"，"國法"，實際是不足以表示一個爲人君的威權的，只有"道"纔能彀表示這種威權。道固然是看不見，摸不着，但"大象無形。道，隱無名，夫唯道，善貸且成。"（四十一章）

而這種威權的力量所及，則：

"執大象，天下往。往而不害，安平太；樂與餌，過客止。"（三十五章）

這豈是區區書冊上面所寫着的第幾條第幾條的威力所能比擬的麼？

"道之出口，淡乎其無味；視之不足見；聰之不足聞；……用之不足旣！"（三十五章）

如是，則豈獨爲元首的人要修此"道"？便匹夫亦然？故曰：

"道者，萬物之奧：善人之寶；不善人之所保。"（六十二章）

匹夫修道，便"善建者不拔，善抱者不脫，子孫以祭祀不輟。"（五十四章）

論到此地，便又要惹出"人生論"來了。夫人生從未知來，向未知去。在這兩未知之間，便是人生。前一未知爲天，後一未知爲地，而"天地之間，其猶橐籥乎！虛而不屈，動而愈出"（五章），則可知這"動"便是人生；永遠創造，永遠進行；便是亘古不磨的人生。而未知和未知，實相接而入於混茫，故天、人、地，乃是一個圓不是一根直線，自無有日暮途窮而蒼涼灑淚之理。世有對於人生起煩悶，起焦躁的麽，讀上面幾句話，當爲之瞿然警省。惟然，則不絕的創造，不絕的進行，"戶樞不蠹，流水不腐"，人生自然是"日新不已"，故"道沖而用之或不盈，淵兮似萬物之宗"（四章）。

蓋人生最怕的是以爲盈滿，以爲到了終點，若如此，便萬事都休，由沈澱，而入於腐敗了，是以"保此道者不欲盈；夫唯不盈，故能蔽不新成"（十五章），是以我人肉質的軀體，容不免有衰老死滅之期，若夫靈明的精神，則永在齠齔孩提之歲，如其不然，

"物壯則老，是謂不道；不道早已！"（三十章及五十五章）

這豈不是很可傷的嗎？"道"罷！"道"罷！仍然是"道"罷！

"挫其銳，解其紛；和其光，同其塵；湛兮似或存。吾不知誰之子象帝之先！"（四章）

"道"之來源也如此：

"道生一，一生二，二生三，三生萬物；萬物負陰而抱陽，沖氣以爲和"。（四十二章）

"道"之發動也如彼：

"昔之得一者：天得一以清；地得一以寧；神得一以靈；谷得一以盈；萬物得一以生；侯王得一以爲天下貞：其致之！"

"天無以清，將恐裂；地無以寧，將恐發；神無以靈，將恐歇；谷無以盈，將恐竭；萬物無以生，將恐滅；侯王無以貴，高將恐蹶"。（三

十九章）

若是夫"道"之延八紘，恢九垓也：

"故從事於道者：道者同於道；德者同於德；"——失者同於失。

"同於道者，道亦樂得之；同於德者，德亦樂得之；同於失者，失亦樂得之。"（二十三章）

若是夫"道"與"不道"之相距如天壤也：那麼，我人又安能不致敬盡禮，歡喜讚嘆說：

"大道氾兮其可左右。萬物恃之而生而不辭。功成不名有。衣養萬物而不爲主。常無欲，可名爲小。萬物歸焉而不爲主，可名爲大。以其終不自爲大，故能成其大。"（三十四章）

"咄，咄！你說了這大半天的'道'，實際則一個'道'，被你說得莽浪無涯，莫明其妙。試想如此一個無體無相的東西，說起來，怎能令人起信？"顧"道"本來是語大莫大，語小莫小，沒有正體，復不可以執定。

"其無正，正復、爲奇，善復、爲妖。"（五十八章）

你若是要問他的相麼？

"明道若昧；進道若退；夷道若纇；上德若谷；大白若辱；廣德若不足；建德若偷；質眞若渝；大方無隅；大器晚成；大音希聲。"（四十一章）

這便是他的相；

"是以聖人方而不割，廉而不劌，直而不肆，光而不耀"。（五十八章）

如此你便無須介紹，就可和他相認識。"那麼，他叫什麼名字呢？""名可名，非常名。"（一章）

"強爲之名曰大；大曰逝；逝曰遠；遠曰反"。（二十五章）

名字知道了，你若要求再容易認識他一點麼？

"反者道之動；弱者道之用。"（四十章）

弱的對面爲強，那麼，什麼叫"強"呢？

"守柔曰強；"（五十二章）

"心使氣曰強"。（五十五章）

曰"守"，曰"心使氣"，此事初非昧人所能爲，則所需要的是一個"明"字，什麼叫"明"呢？

"見小曰明；"（五十二章）

"知常曰明："（五十五章）

"是謂襲明"。（二十七章）

什麼叫"常"呢？

"知和曰常"。（五十五章）

給他一個總結賬，就"益生曰祥："（五十五章）

"用其光，復歸其明，無遺身殃，是爲習常。"（五十二章）

至於說道能不能令人起"信"的問題呢，那麼，"孔德之容，惟道是從。……窈兮冥兮，其中有精。其精甚眞；其中有信。自古及今，其名不去，以閱衆甫。吾何以知衆甫之狀哉？以此。"（二十一章）

只能怪你自己的"信不足"，（二十三章）

至於我的話，卻是"焉有不信焉？（二十三章）"焉有不信焉？悠兮！其貴言。謂此爲永遠之眞理，乃可貴之言也。"（十七章）

一路說來，"道"的體、相、名、用，都已平明詳盡，敍述無遺了，你若是善用他呢，則"塞其兌，閉其門，終身不勤"；（五十二章）

你若是不善用他呢，則"開其兌，濟其事，終身不救"，（五十二章）

何去何從，這便在人的自擇了；至於我呢，自然是希望人人都是"上士聞道，勤而行之"（四十一章）。

而不願這些人仿效"中士聞道,若存若亡",(四十一章)

乃若一般的"下士"們,聞"道"旣非敏利勤行,又非愚蒙不理,而一味加以訕笑,那就不要怪我傲然地說:

"不笑,不足以爲道!"(四十一章)

何以呢?蓋"天下皆謂我道大,似不肖。夫唯大,故似不肖。若肖,久矣其細矣夫"!(六十七章)

但是天下的人,敏利者究居少數,蚩蚩者氓,大抵不是愚蒙,便是頑固,所以只有令我長嘆"人之迷,其日固久"!(五十八章)

我何以這樣熱心地屬望天下人皆爲有道之士?因爲,使天下人人,都皆明"道",則我以前費盡了無窮脣舌所講求的那些治國、用兵、統一等等,盡可當作廢話,投諸東洋大海。我們人類的根柢上,是用不着那些的。而所以用得着那些的,是因爲大道不明。倘使盡人都明道,盡人皆屬"道人",那就百劫修畢,便成忍辱之功,萬朶齊開,頓現蓮華之國,我們自會達到一個理想的極樂境地,所有人間世的什麼禮樂兵刑,胥成夢囈。這個理想的極樂境地是:

"小國寡民,使有什伯之器而不用;使民重死而不遠徙:雖有舟輿,無所乘之;雖有甲兵,無所陳之:使人復結繩而用之:甘其食,美其服,安其居,樂其俗:鄰國相望,雞犬之聲相聞,民至老死不相往來。"(八十章)

這境地有人說是不會達到的,但旣屬理想,人類又何妨懸此理想,作爲荒海黑夜的燈臺?眾生不成佛,我便與世終古,——這是凡屬生人,所應當敢然以自任的。

最後,此書便總揭自己的立言之旨而給他作了兩首序:第一首是恐防人家疑惑其行文太簡,復不華麗:其序曰:

"知者不博,博者不知;信言不美,美言不信"。(八十一章)

第二首是說著書立說，亦所以自利利他：其序曰：

"聖人不積：旣以爲人，己愈有；旣以與人，己愈多"。（八十一章）

此書全體精義的組織，已約略具如上所稱引。此外有些是屬於神祕的，如"谷神不死，是謂玄牝（六章）"，有些是屬於重複的，如"持而盈之，不如其已；揣而梲之，不可長保（九章）"，有些是由推理可以自達的，如"上德不德，是以有德（三十八章）"，有些是可以不求甚解的，如"出生入死，生之徒十有三（五十章）"，……因避免繁贅，茲不更舉。

綜此書思想的全體來說，則立一個眞空界絕對的"道"，以支配現象界相對的萬有現象界是以相對的矛盾律、因果律而成立的，但"道"卻只是超然處於這些之外，而亦汎然混於這些之中，不卽不離，無乎在，無乎不在。昧者尋之，則"踏破鐵鞋無覓處"，明者知之，則"春在枝頭已十分"。故可以說這書的哲學，是將萬象合而一之，則爲一元論，將萬事比而觀之，則爲汎神論；若單就一元論去看，則竪盡來劫，盡在否定之列，而單就汎神論去看，則橫盡十方，又盡在肯定之列。若能合此兩觀，無滯無礙，自在圓融，則可謂爲明"道"之人，此人庶可稱爲"眞人"。所謂"眞人"者，言其旣非超越於"人"的界線以上，亦非低落在"人"的界線以下，乃一平平常常，正正當當，眞眞確確的人。這種人，其所行爲"無爲"，其所守爲"柔靜"，其所達到爲"自然"爲"和"。根依這些，乃發爲其宇宙觀，人生觀，社會觀，國家觀……乃運用到養生、處世、用兵、治國……上面，其人遂與境抱合而爲一，左宜右有，頭頭是道，支應不窮，無入而不自得了。讀者本此線索，去讀上文的改寫，便自當覺到其思想的始終一貫，曾無什麼不相入處。

可是此書支配了我們的思想界凡二千多年，向來的讀者，大概誤解了！他們以爲"學道"，便去求什麼長生，去巖栖而谷飲，不作平凡正當的人，而幹滅絕人性之事；以爲"無爲"，便是束手不作一事，怠惰爲生人幸福；以爲"柔靜"便是揮塵清談，役人以爲己力；以爲"自然"，便是任其荒蕪滿目，不去整理。卻不想想，盈天地間都是"道"，一瞬卽至，隨動而流，豈待你瞑目空山去求，而能彀立言如書中之言的人，豈有不知必然的新陳代謝之理，而想保持此大道一分子的血肉之軀？明明說"爲無爲"，是敎你去作合於道的行爲，豈是敎你束手？不要硬化之謂"柔"，心氣澄淸之謂靜，豈是敎你怯懦？兩間的人類，互相揉擠攪擾而成"自然"，成"和"，襞褶日開，換層展進，豈是敎你荊榛蔓延，不加修繕？因爲對於這些，沒有得其正解，以致不容易作到一個恰好的平平常常，正正當當，眞眞確確的人——不是有意識地想超越過人的界線以上，便是無意識地低落在人的界線以下。持此意以窺探我國現前國家社會的表裏，乃不能不令人浩嘆此書勢力最大而其誤解亦最甚！

誤解之中，又分共鳴的誤解與異鳴的誤解。前者則兩千多年來，吃閒飯的那些君、相、士都是。後者則不求瞭解，復加之以固持學問門戶之見，如程顥便可稱此派代表：程氏稱此書"其言自不相入處如冰炭；其初意欲談道之極玄妙處，後來卻走入權詐上去（全書十九·七四）"云云，明如伊川　而如此詆斥，則又無怪此書眞旨湮晦之久了。至於尊奉此書，傅會神怪，那是奸詐之徒的利用，出乎這二者之外，不必說了。

現在這書已西漸歐土。彼土承十九世紀功利物欲之弊，社會裏面，拘牽執持，人人如困桎梏，得此玄言妙語，遂不啻甘露之湆腒草，傳道者不絕。然使他們依舊仍我舊解，陳陳相因，則我以此誤人，人轉以此輕我，兩無所益！今經著者如此略略一爬梳，一剔抉，便覺眞蘊畢宣；其說固柯條秩如，論理井然，剛健中正，利而不害。不過像這樣的新疏，差不多從根本上推翻了歷來的陳說，必有以淺學妄悖見譏的。實則此落落五千言，淵含無際，極虛靈空幻之致。譬如水銀瀉地，"既因方而爲圭，亦遇圓而成璧"，所語十九，皆屬象徵，見仁見智，本不妨各自爲說，而章句係襲漢文帝時河上公之舊，隨手雜綴，則我們現在應該重加整理，使凱撒的東西還凱撒，卽以本書註本書，這豈不痛快多了麼？

至於說這五千言的人，相傳了兩千多年，我們都知道是老子。據《史記》，老子是楚國苦縣人，而《索隱》說：苦縣本屬陳，春秋時，楚滅陳，故苦縣屬楚。又《括地志》云：苦縣在亳州谷陽縣界，有老子宅及朝，廟中有九井，今尚存，今亳州眞源縣也。按亳州屬現在的河南省，那麼，他是江之北，河之南的人。而他的職業，是"周之守藏室吏"，那麼，他是一個圖書館館長。他生存的時代，大概總不出春秋末戰國初，那麼，正是天下瓦解，喪亂孔多的時節。……我們只要知道這些就夠了。（1）他的生地是近中原而偏於南方，地平而沃，所以這麼廣於觀想，富於情感，高尚沖和，深邃幽密，愛自由，愛平等，代表一種南方之強。（2）他那職業，是世襲的，從小至大，就起居於學問的藪澤之中，所以把幾千年相傳的聖經王道，以及治亂興衰之故，一一了然於胸中。（3）以富於感情思想的人，加之以宏通明博之學，而處於萬方多難，民生憔悴之日，則其所收穫的活智識特多，而利害的明晰，打算的精密，自然都要勝人百倍，遂一方成爲一個極端的個人主義者，一方又是一個博愛的共產家，顧蒿目時艱，手無斧柯，所以其言詞極其勁悍決裂，教訓極其深摯沉透。歷代解老者，無慮數百家。抓着癢處的，還是《史記》太史公自序論六藝家要旨曰：

"夫陰陽、儒、墨、名、法、道德，此務爲治者也。……道家使人精神專一，動合無形，贍足萬物。其爲術也，因陰陽之大順，探儒墨之善，撮名法之要：與時遷移，應物變化；立俗施事，無所不宜；指約而易該，事少而功多。"

這固然是統道家而言，然道家之宗爲老子，果能深明此書之精詣，誠有如太史公所言。

乃若近人有謂老子企圖革命者，此五千言，便仿彿成了一部革命教科書，而老子便是一個大革命家，這是看見他所說的話，那麼凌厲激越，又把他去和當日的時勢對照，乃這麼推測的。實則他究竟是以教人爲職志的，即其所教，亦皆天下之通義，初非僅爲一時立言。不然，像他這樣一個以保身養己爲懷的人，一雙冷眼，只是樂於玩味天下事，必不得已而臨事時，其審愼周密，欲以"儲能"而"效實"，雖百利而有一害，且不見得去著手，又豈肯企圖冒昧的革命？就是這五千言的流傳，乃出於關尹之請，匆匆草此付之。所以並無組識的系統可尋；但思想的全體，卻是隨處可見的。我們現在讀此書，謂其中含有革命的精神、種子，固無不可，若必謂著此書的人，便是陰謀革命，這就未免有點近"誣"了。故我們應以此書本身的價值，還之此書本身，庶幾爲當。這書若再說下去，便再多說幾句也不得完，篇幅有限，姑止於此罷。

（二）讀《論語》

《道德五千言》所給與我們的是：養成一種徹底性，涵育一種不妥協的力，而發爲一種"非全有，便毫無（whole or nothing）"的氣概；其爲人也，恰如妙手空空兒，一擊不中，便翩然遠逝。現在的這一部書，其所給與我們的，卻是面面俱到的理性，精沈深厚的感情，鍛鍊搓磨的意志；告訴我們作人情中的人，人樣子的人，君子人……偉大的凡人。前者書中所教作的人，可謂"極高明"，後者書中所教作的人，可謂"致廣大"。

這是孔子的一部"言行錄"，孔子的事蹟，凡我國民無不知曉，不必費詞，今僅來研究此書罷。

此書後人分爲二十篇，凡二三萬言。通其全體，自始至終都是一個"人"字的紀錄。而人性之不同，各如其面，故雖同隸於一個"人"字的旗幟之下，其中實千差萬別，此書乃對於此千差萬別的人人，一一明示以各各應走的道路，故此書雖云"文成數萬，其指數千"，而總爲一言，則曰"人道之教"而已。

夫有生而後有人，抑有人而後有人生，人生是一次長途的旅行，故"人生"這兩個字，在這書的眼光看起來，實在是神聖無等，莊嚴莫名。所以隱者桀溺，諷子路以當此滔滔亂世，爲什麼不去辟世，孔子嘆道：

"……鳥獸不可與同羣，吾非斯人之徒與（偕也）而誰與？"（《微子六》）

故"人"唯有忠實於"生"，而後乃達於純眞，純善，純美之域，若夫辟世辟人的行爲，對於人生，是無有是處的。既爾，則凡超人的，或非人的，或害生的，便都是此書所不說的，如：

"子不語怪、力、亂、神。"（《述而二十》）

就是因爲怪、神非人，力超人，亂害生的緣故，所以說：

"……未能事人，焉能事鬼？……未知生，焉知死？"（《先進十一》）

"人、生"現在我們的眼面前，"鬼、死"現不到我們的眼面前，"物有本末，事有終始，知所先後，則近道矣"，我人既屬人，當然所先宜從事，求知的是現在我們眼面前可知可覺的"人、生"，而非那虛渺莫測的"鬼、死"，抑我人果其懇懇切切以從事人以求知生，同時也便是從事鬼求知死，何以呢？生死合縱，人鬼連橫，我們只要忠忠實實，把捉住，不放鬆現在的刹那刹那，令現在的刹那刹那充實，便過去、未來無不充實，次則種瓜得瓜，種豆得豆，作善降之百祥，作不善降之百殃，爲人而佳，爲鬼又安得厲？這個道理，本是很明白很清順，用不著多說，只要你知道"人便作人"，"人生便是人生"，故曰：

"人之生也直"。（《雍也十七》）

但是有一等人，他卻把人生看得太高，求之過深，"周道如砥，其直如矢"，他偏要著齒屐，行礓确，衣敗絮，走荊棘，又有一等人，他雖是在世上作了一場人，卻不知何所見而云然地過了他一生，懞懞懂懂，醉生而夢死，綜這兩等人，便都是：

"罔之生也幸而免！"（《雍也十七》）

"罔"是故意的彎曲，是愚迷的空虛，故前者之失爲高明，後者之失爲低劣，救此兩失，欲不枉於其爲"人"，不枉於其佔過生的紀錄篇幅之"人生"，則唯有"志於道，據於德，依於仁，游於藝"，（《述而六》)的一法，如其不然，則前者的人生便是"攻乎異端，斯害也已"(《爲政十六》)，而後者的人生便是"飽食終日，無所用心，難矣哉！"(《陽貨二十二》)

這兩種都是墮入了苦趣的人生，非幸福的人生；第一種人的苦，則精神的悶懣，拘攣滯塞而不得通，第二種人的苦，則生理上的精力過剩，臌脹橫決，或且爲災。試思人生而至於無樂，至於爲幸福所否定，則將焉用彼生爲？

那麼，什麼是"道"？如何"志"法呢？子夏曰：

"百工居肆以成其事：君子學以致其道"。(《子張七》)

工離不了肆，便"道"離不了"學"，猶之魚離不了水；這是答"志"法。蓋"道"是我們旅行的一個目的地，在這個旅行的途中，所必不可缺乏的是旅行費和指南針，旅費常給，便無饑餓之恐，南針未亂，便無歧迷之憂，若一味只知往前瞎撞，則"好仁不好學，其蔽也愚；好知不好學，其蔽也蕩；好信不好學，其蔽也賊；好直不好學，其蔽也絞；好勇不好學，其蔽也亂；好剛不好學，其蔽也狂……"。(《陽貨八》)

饑餓歧迷之苦，也就彀人消受了，故子夏又曰：

"博學而篤志，切問而近思，仁在其中矣。"(《子張六》)

只此數語，便令我們旅行家把心上的十七八個弔桶落了下來，決不再要擔心了。如此則我們旅行目的地——道——的所在，及達這個目的地的手段——學——，這兩種觀念，都已朗然於我們胸中，現在所常講求的，便是用這手段的方法：

第一，我們必得要"篤信好學"(《泰伯十三》)。

因我們若沒有起一種極堅決確固的信仰心，則"一日暴之，十日寒之"，與不學有何分別？我們當知人性固種種不齊，然必以學爲沐

浴則一，故"生而知之者，上也；學而知之者，次也；困而學之，又其次也；困而不學，民斯爲下矣！"(《季氏九》)

像孔子這樣的天才，他自己還知道自己"我非生而知之者，好古敏以求之者也"(《述而十九》)。

而資質好的人，隨地都有，只一不好學，便每每辜負了，故孔子嘆惜：

"十室之邑，必有忠信如丘者焉，不如丘之好學也！"(《公冶長二十七》)

第二，信心既生，漸漸便會把學做到那"好"的地位。這地位如何？

"子曰：君子食無求飽，居無求安，敏於事而愼於言，就有道而正焉；可謂好學也已。"(《學而十四》)

"子夏曰：日知其所亡，月無忘其所能，可謂好學也已矣。"(《子張五》)

第三，然而"信"只是能知，好只是能行，還不無勉强的意味夾雜其中，我們要弄到毫無勉强，趣味濃深，渾然與學化而爲一，學我兩忘，則其事爲"樂"，故子曰：

"知之者，不如好之者；好之者，不如樂之者。"(《雍也十八》)

第四，爲學而到了"樂"的一境，則對於懶惰懈怠等字，便自然頭腦裏尋不出影象，字典裏查不出解釋，於是每天每天，總是孜孜矻矻地"學如不及，猶恐失之"。(《泰伯十七》)

如此以繼以續，直到"發憤忘食，樂以忘憂不知老之將至。"(《述而十八》)

信也，好也，樂也，而又加一勤字作串，以貫徹這三事的首尾，則爲學之心理的一方面，已是全滿具備，而其行爲的一方面，亦有數事，宜知之者：

其一，凡爲我們知識的對象者，其物其事，都爲我們此一刻以前所已有，我們不過此一刻纔去追求，纔得發現而爲我們的知識。既都是此一刻以前所已有，則皆屬於"古"，所以要"好古敏以求之"。比如我此刻，幽閒偶得，把卷臨窗，伏承蜂蟻，來相照證，迨我目移卷盡，此蜂已爲古蜂，此蟻亦爲古蟻（以上金聖歎語），我而對於此蜂此蟻，立地加以研究而有所了解，這便是好古敏求的行事，故孔子說：

"述而不作，信而好古，稱比於我老彭。"（《述而一》）

蓋時間一物，方是現在，已成過去，而知識寓於時間，謂卽今卽古可也，謂卽述卽作可也，天下斷無有原無之新知，亦斷無有超有之創作，只在你對於這六合內外，有形無形之"古"，用一個"敏"字努力去追求就好了。

其二，既云追求，當得是五官四體，雙管齊下，斷不要如王陽明一般，爲了要格一個竹子的物，便對竹呆坐癡想了三日，結果了無所得，所以孔子說：

"吾嘗終日不食終夜不寢以思，無！益不如學也。"（《衛靈公三十》）

光是"思"爲什麼無益？曰：

"思而不學則殆。"（《爲政十五》）

然則僅用五官四體就彀了嗎？曰，那又不然，"學而不思則罔"。（《爲政十五》）

中無主宰，僅憑客觀界所得的一點物事，不是有意識地"委曲求全"，便是無意識地"勞而無功"，故頭腦的活動，也是必不可少的。

其三，學而有星星的收穫，不要卽刻以爲這就是眞理，而狂踊大躍，必得有充分的證據，庶所得的發表出來纔顚撲不破，而後人家，自己都相信爲眞，比如以學古禮作例來講：

"子曰：夏禮吾能言之，杞不足徵也；殷禮吾能言之，宋不足徵

也；文獻不足故也：足則吾能徵之矣。"(《八佾九》)

故"無徵不信"，纔眞是實學，亦學人應當有的精神，故孔子又說："蓋有不知而作之者；我無是也；多聞，擇其善者而從之，多見而識之，知之次也。"(《述而二十七》)

就是說，倘使證據雖不十分充足，而能多聞多見，加以自己的鑒別，也要比不知而妄作的好一些。其四，說到了多聞多見，則求學的範圍，便擴充得極廣了，我們偶與他人相接觸，或一步出門，就可以"見賢思齊焉，見不賢而內自省也。"(《里仁十七》)

"三人行，必有我師焉。擇其善者而從之，其不善者而改之。"(《述而二十一》)

是這樣就滿方滿角，徹上徹下，無在非學，無時不可以求了。但這究竟是就廣義的學來說，若就狹義的如專門之學之類，仍當就專門家學之，故"樊遲請學稼，子曰：吾不如老農；請學爲圃，曰：吾不如老圃。"(《子路四》)

綜此四事——格物、致知、集患、廣益、——則求學的行爲一方面所應具的德性，也約略都具了，而我人旣當終身游泳畋獵於學海文林之中，則有爲我們所迴環往復，學之不厭，習之不倦的科目數事，其名則如何？曰：

"子所雅言：詩、書、執禮。"(《述而十七》)

夫子何以常常舉這幾種來說呢？因爲涵育我們情感，陶冶我們性能的，無過於誦詩。知往事成敗得失之故，周天下郡國利病之宜的，無過於讀書；鍛鍊我們筋骨，操持我們意志的，無過於執禮。斯三者，言陶育則德、智、體，言訓練、則知、情、意，教育的能事都備，我人何可一時或疏？但是讀書究屬於注入知識一方，多讀多知，少讀少知，若其爲我們畢生薰修往復之資，以自發以創進者，則其事如何？

子曰：

"興於詩；立於禮；成於樂？"（《泰伯八》）

果爾，我們現在就一一來研究這三樣罷。

詩是人類的理性和感情表現的極致。既云表現，則其性其情，是經過內部的洗鍊，而出之以藝術的手腕所創造的。我們將此種作品，吟咏以往，我們爲其所薰提刺戟，發揚鼓舞，我們自己內在的生命，也綿綿脈脈，隨之跳躍；寫景則雲霞煥爛，抒情則歌哭無端。這種作品，自然是所謂"詩三百；一言以蔽之曰：思無邪。"（《爲政二》）了。而我們"沉浸穠郁，含英咀華"久了，"有諸內必形諸外"，我們自身當然不至於顯出粗鄙的表現。凡人言語最能表現其爲人的內面生活，若人想有美的表現，最好是用功於詩，否則"……不學詩，無以言……"（《季氏十三》）。

然用功要活潑，要聰明而能活用，不然，"誦詩三百，授之以政，不達，使於四方，不能專對，雖多，亦奚以爲？"（《子路五》）

是這種笨漢，只曉死誦呆記，詩見着他，也會發長嘆哩！

總而言之，則"小子何莫學夫詩，詩、可以興，可以觀，可以羣，可以怨：邇之，事父；遠之，事君；多識於鳥、獸、草、木之名"（《陽貨九》）。

在這裏面興則情育，觀則美育，羣則養成共同生活，馴習團體組織，怨則宣洩抑鬱，據發煩冤：如此則其爲人必溫雅整飭，和樂優閑，此外又兼之以博物，則我們無論何人，又安可不要有點"詩的修養"？如今試引個例來說。譬如我們一翻開《詩經》，便可看見第一篇，其最初的幾句是"關關雎鳩，在河之洲；窈窕淑女，君子好逑"，這於描寫人類天性之一的一個"色"字，其感興是何等的自由而活潑！因爲看見雎鳩雌雄和鳴的樣子，便感想到人類求偶的狀況。蓋"食、色"同爲人類的根柢本能，而男女相悅，尤爲本能之最美的表現。"君子之道，造端乎夫婦"，可見"戀愛"是人生幸福的出發點，而世間眞正的戀愛，又未有不與至高的道德相伴者，綠茲事乃兩條熱情糾結的火燄，燃燒達於極熱之度者，這種火燄，一面是男女各自發現自我人格擴大的燎炬，一面也是照臨下土的光明。世界自有人類，人類自有文字以來，其首先所要表現的，都是戀愛的謳歌，就是這個緣故。今此詩就是想到君子淑女互相愛悅至高至上的愉快，以明人類根柢的要求。雖則云樂，然其事自止於雍雍穆穆，更唱迭和，絕沒其他猥褻的感情夾溷其中，這便是人類之所以爲人類的處所。又因人類究竟是人類，男女相悅，初不能逕情直行，所以其下便道，"參差荇菜，左右流之；窈窕淑女，寤寐求之：求之不得，寤寐思服，悠哉悠哉！輾轉反側"。這於寫男女間思慕的痛苦，又是何等的迫切！是以古聖爲政，要使"內無怨女，外無曠夫"。蓋若"怨"若"曠"的這種獨身者，其人格都只得半邊，在社會中，其稱謂爲"畸人"零人"，而決非"具人"；其事至復可哀。顧在詩人寫去，其哀亦止進到"思懷永慕"的地步便戛然而止，決不狂號大踊。蓋此種熱烈的情燄，必善自含蓄，若任其橫流四溢小之足以焚身，大之或將摧毀萬物，故孔子評這一首詩是：

"關睢樂而不淫，哀而不傷。"（《八佾二十》）

這是感情的精鍊到了絕頂，旣高華，復矜愼，眞是三洗三伐，以臻於溫潤之域了。而止就這一篇詩來看，其所抒寫的竟體芬芳而能興起我們，自不消說；乃若言君子，則必非鄙俚粗儈之男性可知，言淑女，則必非悍潑妖冶之女性可知，便自極美觀之致；而戀愛一事，乃萬人共同的欣慕，亦萬人共同的哀怨，故"羣、怨"之鈞范人羣，眞無過乎詩了。所以孔子特地提出這詩所在的《二南》，注意他的兒子伯魚去學：

"女爲《周南》《召南》矣乎？人而不爲《周南》《召南》，其猶正牆而面立也與！"（《陽貨十》）

蓋這《二南》裏面所有的幾十篇詩，像上舉的第一篇的例一般，最爲溫柔敦厚，哀怨纏綿。其所描寫的人物，則有思婦，有勞人，有武士，有文官，有待字的處女，有持家的主婦……其所描寫的事蹟，則爲清美的風俗，平明的政教。以人與事爲經，以聲與色爲緯；其聲則以和平中正節其音，其色則以草木鳥獸傳之采，就燦然成爲藝術品了。這種藝術品，既不似莊言法語之稜稜斬斬，而我們一讀去，便習習悟到社會與個人的關係，個人在社會中應取的態度，以及自己性情，如何始非偏矯。若不然，則"面牆而立"，既無以自照，也無從反映社會，又怎能成功爲社會的一粒健全分子呢？

倘以爲此所言者，猶有不足，則試更引兩個實例來看看。

（一）子貢曾因爲人應取的態度，而悟到詩告訴他以"百尺竿頭，更進一步"：

"子貢曰：貧而無諂，富而無驕，何如？子曰：可也；未若貧而樂，富而好禮者也。子貢曰：詩云：'如切，如磋，如琢，如磨'。其斯之謂與？子曰：賜也，始可與言詩已矣！告諸往而知來者。"（《學而十五》）

（二）子夏因詩而悟及人羣間禮節的作用：

"子夏問曰：'巧笑倩兮，美目盼兮，素以爲絢兮'。何謂也？子曰：繪事後素。曰：禮後乎？子曰：起予者商也！始可與言詩已矣！"（《八佾八》）

這二例都是從詩的正面去悟的，而我們又得一例可從詩的反面去用我們的悟：

"唐棣之華，偏其反而。豈不爾思？室是遠而！子曰：未之思也，夫何遠之有！"(《子罕三十》)

蓋天下事，爲之則難者亦易，不爲則易者亦難，只不要曳裾拱手，任是千里萬里，海有角，天也有涯，孔子所以這樣反告詩人。

以上"興於詩"的義蘊，約略如此。但詩是純文學，其本質爲美，其受性屬柔，若用之把來興發我們的志氣，則上至賢人君子，下至愚夫愚婦，無一不可以耽溺於其感化，但若要求我們爲人，不爲現象所炫惑，不爲事物所搖奪，就是說要我們脊梁骨豎得起，腳後根站得穩，那我們就非得找"禮"不可，"……不學禮，無以立"(《季氏十三》)，"不知禮，無以立也……"(《堯曰三》)。

爲什麼便"無以立"呢？蓋禮者，乃人與人相互間內的外的交際之一總代名詞，其在內的，則爲天理，爲自然道德律，其在外的，則爲道理，爲約定習慣之法律。人和人的交互間，若沒有這些把各個人在人羣中的位置定得劃然明曉，則一片混茫，一種人不知要走一條什麼路，這是"無以立"的理由之一；凡人沒有不愛自由的，但所謂自由，豈有眞是任由自己麼？不，人自墮地入世以往，有象無象，帝網重重，眞是不自由已極，然於不自由之中，因爲有上言的種種理和律，各人還可得到相當的自由，就是說人人游泳於"禮"的大洋中，便橫衝直撞，都可以往來無阻，不然，就膠固牽纏，誰也不能享半分自由之樂，這是"無以立"的理由之二。那麼，我們只要依據着上言的理和律以表現於我們在人羣中的言動行爲上面，豈不就好了麼？但這也當分別說。固然，在我們言動行爲上的表現，凡非德性的，都是非禮的，然就令爲美德，而不中於禮，則"過猶不及"，五雀之重，等諸六燕。故子曰：

"恭而無禮則勞；愼而無禮則葸；勇而無禮則亂；直而無禮則

絞。"(《泰伯二》)

至於"勞、葸、亂、絞",豈不依舊是"無以立"嗎?那麼,究竟何者乃爲禮之本體?答:

"林放問禮之本。子曰:大哉!問。禮與其奢也,寧儉;喪與其易(治也)也,寧戚。"(《八佾四》)

所以只要知道"儉"是禮的本體,能合於儉,便沒有不中乎禮了。儉字的函義,是恰恰及到分際之謂,不及分際,不得爲儉,稍過分際,亦不得爲儉,譬如喪禮,"子游曰:喪致乎哀而止"。(《子張十四》)

哀便是儉,便是對於喪事應有盡有的一切。試思"死",這是何種嚴肅的事情!宜如何清靜沈寧,以現示人類理性之崇高?乃若今俗之所謂"治喪"者,則以遊戲出之,自以爲"易"而盡其情,殊未審此所謂盡情,乃屬彼原始野蠻之人之所優爲,有文化有教養之人,則大不應爾。怎見得呢?

"子曰:奢則不孫,儉則固;與其不孫也,寧固。"(《述而三十五》)

故禮之本體爲儉,其質地爲"素",(見前)在素的上面,施以節奏,乃有文有章,此節奏者,遂爲禮的作用。那麼,禮的作用,可得聞與?答:

"有子曰:禮之用,和爲貴。先王之道,斯爲美。小大由之。"(《學而十二》)

和是從容不迫,是自然循序,不逾分矜持,不過於勉強。蓋禮乃純粹的理性、意志之活動,緊張過度,反足致人情鬆懈離散,例如:"麻冕禮也,今也純;儉,吾從衆"(《子罕三》)。

故說:

"君子和而不同"(《子路二十三》)。

然而和勝則流蕩忘返,會仍然不衷於禮,而不可行,於是我們就

185

知道"有所不行,知和而和;不以禮節之,亦不可行也"(《學而十二》)。

例如:"拜下,禮也,今拜乎上,泰也——雖違衆,吾從下"(《子罕三》)。

故說:"小人同而不和"(《子路二十三》)。

由此可知不獨各種美德,非"禮"在作用於其間不可,就是"禮"自身,也非"禮"在作用不行。禮的質地爲素,前面已經說了,而構成這"質"的分子,則爲"義",剔抉洗刷這義的則爲"學"。我們已經用詩的文學,來興發我們,又加以讀書,則我們學海文圃中的涉獵,其範圍不能不算廣汎,但我們不能像野馬般地馳突無韁,必得有所收束,不然我們只是成了一册活字典罷了,故曰:

"君子博學於文,約之以禮,亦可以弗畔矣夫!"(《雍也二十五》)

"以約失之者鮮矣。"(《里仁二十三》)

"君子義以爲質,禮以行之,孫以出之,信以成之:君子哉!"(《衛靈公十七》)

"博、約、義、禮、孫、信",都是寫象上文所舉出的那個"儉"字,於是以儉爲體,以和爲用,節之文之,則我們爲人的卓然自立之基,豈不就很堅定了麽?則在社會之中,任是驚濤駭浪,打來打去,當然只有日益貞瑩煥發的。循是以往,以言自家修養,則"顏淵問仁。子曰:克己復禮爲仁……顏淵曰:請問其目?子曰:非禮勿視,非禮勿聽,非禮勿言,非禮勿動。顏淵曰:回雖不敏,請事斯語矣!"(《顏淵一》)

以言持躬涉世,則"有子曰:信近於義,言可復也。恭近於禮,遠恥辱也。因不失其親,亦可宗也。"(《學而十三》)

以言入而事親,則"孟懿子問孝。子曰:無違。樊遲御,子告之曰:孟孫問孝於我,我對曰,'無違'。樊遲曰:'何謂也?'子曰:生事之以禮;死葬之以禮;祭之以禮。"(《爲政五》)

以言出而事君，則"子曰：事君盡禮"（《八佾十八》）。

以言服官蒞民，則"子曰：上好禮，則民易使也"（《憲問四十四》）

以言將命祭記，則"子入太廟，每事問。或曰：孰謂鄹人之子知禮乎？入太廟，每事問！子聞之，曰：是禮也"（《八佾十五》）。

以言爲君使臣，則"……君使臣以禮……"（《八佾十九》）。

以言有國，則"子曰：能以禮讓爲國乎何有？不能以禮讓爲國，如禮何？"（《里仁十三》）

以言有天下，則"顏淵問爲邦。子曰：行夏之時，乘殷之輅，服周之冕"（《衛靈公十》）。

以言政治的弛張，則"子曰：道之以政，齊之以刑，民免而無恥；道之以德，齊之以禮，有恥且格"（《爲政三》）。

以言政象的測定，則"子張問，'十世可知也？'子曰：殷因於夏禮，所損益可知也。周因於殷禮，所損益可知也。其或繼周者，雖百世可知也"（《爲政二十三》）。

以言習俗的尊重，則"陳司敗問，'昭公知禮乎？'孔子曰：知禮。孔子退，揖巫馬期而進之曰：'吾聞君子不黨，君子亦黨乎？君取於吳，爲同姓，謂之吳孟子。君而知禮，孰不知禮！'巫馬期以告。子曰：丘也幸！苟有過，人必知之"。（《述而三十》）。

以言掌故的寶愛，則"子貢欲去告朔之餼羊。子曰：賜也！爾愛其羊，我愛其禮"（《八佾十七》）。

從是乃推其愛至於無限擴大，如：

"司馬牛憂曰：人皆有兄弟，我獨亡！子夏曰：商聞之矣，死生有命，富貴在天。君子敬而無失，與人恭而有禮，四海之內，皆兄弟也；君子何患乎無兄弟也！"（《顏淵五》）

"興於詩，立於禮"之義，則既得聞之矣，試詳"成於樂？"說

187

到樂和我們人生的關係，竟就"神妙欲到秋毫顛"了。樂分兩類，一者音樂，一者舞樂；前者從耳，後者從目。假道於耳目，以一種莫可名言，纖細微妙的魔力，叩擊我人靈府的門戶，使我人生命的火燄，消融升漲在一個恍惚溟濛之真、美、善的汪洋巨浸裏，這便是樂。我人整天整夜的生活裏面，無有一刻不有一個"我"字在內。人生被這種意識所苦，在這一點上面，實在是非常之枯燥寂寞。但有一物，能令我們渾然坐化，全然忘懷區區的"小己"以合於一個"大我"，因而救濟這枯燥寂寞的，便是"樂"。人於一個小己之外，還要知道有一個大我。緣我人受之自天的賦與，一面固是五官百骸之獸的屬性，而一面也是聰明靈秀之神的屬性。獸的屬性，只知有己，神的屬性，則兼知有人。聚合各個神我，便成大我，故這個大我，是"以天地萬物為一體"，是張子《西銘》所說的"民吾同胞，物吾與也"。凡人都要修養這"忘我"之功，庶幾達於神我全部活動的境界，其人格乃得完成。例如："子在齊，聞韶，三月不知肉味。子曰：不圖為樂之至於斯也！"（《述而十三》）

倘若人人一徑只知自逞"我見"，則我們將只看見有羽毛搏擊爪牙吞噬的世界，又何從看見人的世界？人的世界，"樂"最能全個表現出來，"子語魯太師樂。曰：樂其可知也；始作翕如也，從之，純如也，皦如也，繹如也：以成"（《八佾二十三》）。

翕是旋律初合的狀況，純是和諧之極，嚴淨無復纖塵的狀況，皦是明白如畫，音調節奏，絕去含胡模稜的狀況，自此遂如春蠶吐絲，融融洩洩，而成連入海，刺船逕入烟波了；老子說，"大曰逝，逝曰遠"，便恰可用在此地，狀此情景。而此情景之所表示，則天地之悠久無疆，人類運命之永遠行進也。試思以這種狀況，顯之於人類共同的生活上面，這還不是"盛哉！斯世，是為大同"嗎？且如"暮春三月，江南草長，雜花生樹，羣鶯亂飛：見故國之旗鼓，感生平於疇昔，撫劍登陴，豈不愴恨？——丘浮與彭寵書——"鶯飛草長，旗鼓明眸，一部天然歌舞，無怪寵之返斾南歸；又如"涼秋九月，塞外草衰，胡笳成羣，牧馬悲鳴，獨坐聽之，不覺淚下！——李陵與蘇武書——"斜陽如血，衰草牛羊，這又是一部天然歌舞，無怪陵至欲引頸自決：此二例者，其狀我人"忘我"之一瞬間，寫來最是眞切，從可知我人平日，但能一經"樂"的陶醉，便能將鄙吝之懷，略去淨盡，而赤裸裸地呈露出我們最純潔，無僞無飾的"神我"來。

況乎樂也者，"聲音所以養其耳；采色所以養其目；歌詠所以養其性情；舞蹈所以養其血脈：——程明道語——旣言是"所以養"，則試以食物來喩。食物之中，分滋養與毒害二種，我們攝取食物，當然是以富於滋養料的爲主。今所論的，是我們人格修養的食物，但製造這食物的，同時便是我們自身，則我們斷沒有製造毒害的食品，用來自家服食之理。我們學詩學禮。詩、禮這兩件事，對於我們人格，是捏製者，是塑造者，但樂卻是我們人格的完成者，表現者。我們的修養如何，則其表現也就如何其事直捷如影響我們試看：

"子擊磬於衛。有荷蕢而過孔氏之門者，曰：有心哉擊磬乎！旣而曰：鄙哉硜硜乎！莫已知也，斯已而已矣；深則厲，淺則揭。"（《憲問四十二》）

只憑一片曲尺形的頑石，在叮叮噹噹的聲中，便將夫子滿腔熱烈悲哀的情緒，一齊披露出來，走進荷蕢的耳裏。又有一個適例。多血質的子路，平生愛的是掉頭不顧，驀進直前輪，到他一拈弄樂器，發出來的聲音，自然就免不了是風雨縱橫，金鼓殺伐，於是夫子便叱誡他道：

"由之瑟，奚爲於丘之門？"（《先進十四》）

189

因爲夫子的門，乃是永遠爲平和的天使張其兩翅以覆翼着的宮牆，又安能容金戈鐵馬去往來馳驟呢？經夫子這麼一叱誡，遂致"門人不敬子路。子曰：由也，升堂矣！未入於室也。"（《先進十四》）

就是說，子路不過修養沒有到家，其所表現，並不能說是壞。還有那種壞的表現，夫子就憎惡之極，痛恨不置，蓋"……惡鄭聲之亂雅樂也……"（《陽貨十八》）。

故告訴顏淵，竟教他要"……放鄭聲，……——鄭聲淫……"（《衛靈公十》）。

就是雅樂，也有夫子的批評：

"子謂韶，盡美矣，又盡善也；謂武，盡美矣，未盡善也。"（《八佾二十五》）

一切藝術，都是我們全生命全人格的表現，這種表現是需要純乎其純的性眞，絕不容摻入微忽虛偽。若其性眞不穀表現，而靠人工去幫助補足，就是加點人工的裝飾，以完成其藝術，那麼，若爲哄騙一時的耳目之計，也未必不可糊塗過去，以博一般聾瞽俗人的喝采贊美，然在聰敏炯鑒的識者，則胸中雪亮，了了於玷瑕之所在，決不能令逃過於聽官視覺之前。而性眞是什麼呢？性眞是"忠"是"信"。但使忠、信，微忽有虧，便一定沒有偉大完善的藝術可觀。我們試看古人的遺蹟，在這遺蹟中所宿寓着的，設非其全生命之火所燃燒所建築，一定不能令我們觀者起分毫的感動作用。反之，若彼是用盡了力，實地表現過來的，則雖技巧有未臻完善之處，但彼生命之光，卻自赫赫奕奕，不可逼視。故知表現不在技巧之優劣，而視忠信之有無，故曰：

"人而不仁如禮何？人而不仁如樂何？"（《八佾三》）

仁便是忠信之德而表現的根核，根核上面，如具弱點，則見之於禮，便但覺"語言無味，面目可憎"，動作周旋，祇益增汗顏耳；而見之於樂，則但覺"遠山千里，蟪蛄之聲，其猶在耳"，枒音傀舞，亦祇益形其醜而已。

"禮云禮云，玉帛云乎哉！樂云樂云，鐘鼓云乎哉！"（《陽貨十一》）

玉帛鐘鼓，不滿滿裝以靈魂，是直行尸走肉之類，而人之爲之者，亦第見其徒滋紛擾罷了。今如前例，《韶》乃舜樂，舜揖讓而有天下，忠信未虧，自爾豐泰充實，乃若武王，則由馬上征誅得之，仰愧前修，遂不覺心虛膽怯，祇好要用點門面裝點，以塗民耳目了。門面的裝點，是不論如何輝煌炫惑，終不足以彌補那先天的缺陷，此缺陷一旦存在，即極微忽，也無法可稱以"完成"之嘉名，所以子曰：

"先進於禮樂，野人也；後進於禮樂，君子也；如用之，則吾從先進。"（《先進一》）

野人天眞爛縵，忠信未漓，其所表現，持較君子，雖邊幅之修，未必能逮，而眞力瀰漫，根柢上生命之強，遠強於君子了。今夫"……君子三年不爲禮，禮必壞；三年不爲樂，樂必崩……"（《陽貨二十一》）

禮樂之不可暫時或缺也如是。然天下事的進行，總是圓周而非直徑。此進行而稱之爲人類的進步麼，則人類的進步，是循環式而不是直線式。"其作始也簡，其將畢也鉅"，追鉅之量，有時而窮，則又復歸於簡；不過此次之"簡"，是曾經"鉅"的淘洗過來的，其內容愈加精湛充實，所以稱爲進步。禮樂之始，簡樸無華而忠信盛裕，逮積久文繁，凡百都弄成形式化，極其弊，遂至於內容全空，只剩下一些毫無生氣的甲殼。此際已到無路可走，只好回首故鄉，嚮往眞樸。這種現象，但看二十世紀的文明，濃麗纖細，無以復加，乃於此時，而鄉土藝術，原始情調，提倡之聲囂囂盈耳，此其故就可思了。

"子曰：吾自衛反魯，然後樂正；雅、頌各得其所。"（《子罕十四》）

想見當時，必是競尚"新聲"，雜雅入頌，雜頌入雅，雖則梳妝入時，而已失掉表現的實質，孔子歸，始令雅復歸雅，頌復歸頌，如實盡量，以表現焉。是故我人興詩立禮之傍，復益以樂，陶淑常存，忠信永無崩壞，而後功行於焉圓滿成就。茲更引孔子所稱之"樂"，以殿此章：

"子曰：師摯之始，關雎之亂，洋洋乎盈耳哉！"(《泰伯十五》)

又引一"成"的實例，來證實以上所說：

"子路問成人。子曰：若臧武仲之知，公綽之不欲，卞莊子之勇，冉求之藝，文之以禮樂，亦可以為成人矣。……"(《憲問十三》)

詩、禮、樂三門的研究，具如上述。這是學人的三寶，是不離身的琴、劍。然而這純然是學人的自身修養，與他人無與，"譬如為山未，成一簣，止、吾止也；譬如平地，雖覆一簣，進、吾往也"(《子罕十八》)。

必要明白這個"吾"，乃不失其學人的氣概。

"哀公問'弟子孰為好學？'孔子對曰：有顏回者好學；不遷怒，不貳過……"(《雍也二》)。

山虧一簣，是"吾"自虧，去怒誰？一簣未覆，是"吾"自不努力，還向誰去文飾？夫一簣之量，初視似乎不見其多，而學人的成功與失敗便繫於此，而其樞紐，則在一個"吾"字。——此為學者應知的第一件事。

"子曰：苗而不秀者有矣夫！秀而不實者有矣夫！"(《子罕二十一》)

這種失敗的人，便是剛才所說的不努力的結果。夫積學猶如積財，俗語說得好，"家財萬貫，不如日進一文"，人生壽命至促，若不是這樣不斷地"日進一文"起去，自然是有的就止於"苗"，有的就止於秀。故"子在川上，曰：逝者如斯夫！不舍晝夜。"(《子罕十六》)

因其是這樣"不舍晝夜"，乃得成功爲海。而這成功的祕訣，是什麼呢？是一個"恆"字。子曰：

"南人有言曰："人而無恆，不可以作巫醫"。善夫！"不恆其德，或承之羞"，子曰：不占而已矣。"（《子路二十二》）

時作時輟的人，還待"占卜"，纔知道他會失敗嗎？——此爲學者所應知的第二件事。

我們這樣努力修養，所爲的是要達於"道"，而達道一事，則豈易言？雖父子兄弟之親，對於一個人的修養，都無從加以揣測，"文章千古事，得失寸心知"，此事非可以銜詡爲的，乃"古之學者爲己，今之學者爲人。"（《憲問二十五》）

不一心自家修養，卻囂囂然惟恐人家不知道，潢潦之水，只不過泥鰍黃鱔在混罷了，徒見其貽笑大方。這個意思，荀子發揮得最爲剴切激烈，《勸學篇》："君子之學也，入乎耳，著乎心，布乎四體，形乎動靜，端而言，蠕而動；一可以爲法則：小人之學也，入乎耳，出乎口；口耳之間，則四寸耳！曷足以美七尺之軀哉？"古之學者爲己，今之學者爲人"，君子之學也，以美其身，小人之學也，以爲禽犢！"故古人稱嘆"叔度汪汪如千頃波"。——此爲學者應知的第三件事。

然而"獨學而無友，則孤陋而寡聞"，上說三事，——吾、恆、爲己——都是屬於獨善一方的，獨善而外，我們還須擴充我們的氣概，放大我們的度量，多求互相幫助的人以爲"進德修業"之資。人是羣的動物，斷未有能獨居匹處的，獨居匹處，絕去外緣，不看見人家，同時便也不看見自己。外緣固有好有壞，然我們既努力於修養，則壞的外緣，自不至於接近，而專求其有好影響於我的了。故曾子曰：

"君子以文會友，以友輔仁。"（《顏淵二十四》）

曰"會"曰"輔"，兩方都用一種好影響在行相互作用，這便是

"友"的定義。那麽，我們求友，便不可不有分寸了，

"孔子曰：益者三友，損者三友：友直，友諒，友多聞，益矣；友便辟，友善柔，友便佞，損矣。"(《季氏四》)

損益之間，我們可不慎加遴選嗎？然所謂慎加遴選的，並不是像武三思說的："與我好者爲好人，與我惡者爲惡人"，但憑自己主觀的愛憎，"愛則加諸膝，惡則墜諸淵"；所以我上面說過要擴充我們的氣概，放大我們的度量。此其例則有：

"子夏之門人，問交於子張。子張曰：子夏云何？對曰：子夏曰，'可者與之，其不可者拒之'，子張曰：異乎吾所聞君子尊賢而容衆，嘉善而矜不能：我之大賢與，於人何所不容；我之不賢與，人將拒我，如之何其拒人也！"(《子張三》)

子張稱引他所聞的那些話，於交友之義極是精到。蓋當我以人爲友之時，同時人也以我爲友。我之於人，只要我自己心下了了，對於比自己差的，要容衆而矜不能，決不要在表面上"訑訑之聲音顏色，拒人於千里之外"。即如與共筆硯的同學中，便有種種：

"子曰：可與共學，未可與適道；可與適道，未可與立；可與立，未可與權。"(《子罕二十九》)

這便非心下了了不可。心下而了了，則凡此諸人，無一不是有益於我的，故取友之途，慎而不窄，多而不濫，斯爲得之。不過自己自也必得爲直諒多聞之人，纔有上言的取友資格，若便辟柔佞則"巧言、令色、足恭、左丘明恥之，丘亦如之；匿怨而友其人，左丘明恥之，丘亦恥之"(《公冶長二十四》)。

"匿怨而友"，這是"口蜜腹劍，笑裏藏刀"的行徑。這種人令人不快，絕類手觸一又冷又滑之蛇，我人寧遇著當面唾罵我的朋友，殊不願見如此之人。或曰：孔子曾說過，"毋友不如己者"的話，可見

子夏所說，自有根據，而子張之言，不矛盾否？曰，否，孔子說此話時，係連帶許多德性講的，所謂"不如己"的範圍，乃限於德性之類，你看他的全話：

"子曰：君子不重則不威，學則不固；主忠信；毋友不如己者；過則勿憚改。"（《學而八》）

可知他注重在"重、忠信、改過"。重的反面爲"輕"，忠信的反面爲"浮"，改過的反面爲"文過"，像這一種人，我們還去友他則甚？如其不然，你以爲人不如你而不友，要知人也會以爲你不如他而不友的，如此，則社會之中，豈不就止有互相睥睨的人面了？故知只要是"重、忠信、改過"的人，則在我在人，雖才能上有高下之差，都可以互相握手的。要之，朋友乃兄弟範圍的擴張，故"子路問曰：何如斯可謂之士矣？子曰：切切偲偲，怡怡如也，可謂士矣。——朋友切切偲偲，兄弟怡怡。"（《子路二十八》）

友誼如斯，也就盡了。而個性與自由的尊重，也不可不知：

"子貢問友，子曰：忠告而善道之，不可則止，毋自辱焉。"（《顏淵二十三》）

所以有一個可以爲我們交遊模範的，是晏平仲，"子曰：晏平仲善與人交，久而敬之。"（《公冶長十六》）

相敬以至於老，這種老友，其於我們修養上面，爲益何可限量？——此爲學者應知的第四件事。概此四事，則"子曰：學而時習之，不亦說乎？有朋自遠方來，不亦樂乎？人不知而不慍，不亦君子乎？"（《學而一》）

學人有最易犯的一種毛病，便是求知一念，求亟亟欲試其所學的一念，所以孔子慨嘆，"三年學，不至於穀，不易得也。"（《泰伯十二》）

而"子使漆雕開仕，對曰：吾斯之未能信。子說。"（《公冶長五》）

在平常的人，學過幾年，或者是因爲自己很有些天才，或者是因爲"同學少年多不賤"而眼紅，沒有不躍躍欲試其技的。且謂天才果然特長，便學問欠缺一點，也儘不妨：

"子路使子羔爲費宰，子曰：賊夫人之子！子路曰：有民人焉，有社稷焉，何必讀書，然後爲學？子曰：是故惡夫佞者。"（《先進二十四》）

子路說的話，是含有一部分眞理的，而子夏也說：

"仕而優則學，學而優則仕。"（《子張十三》）

那麽，學人求知求試之念，何見得便壞？難怪世有一等才人，因爲轗軻不遇，憤恚怫鬱，便呪詛社會冷酷無情，甚至於佯狂自放，這也是應當的。殊不知爲學人的人，潛志專心，一於修養，人之知與不知，是應該置之度外，而不當去求的。何也？子曰：

"君子病無能焉，不病人之不己知也。"（《衛靈公十八》）

"不患人之不己知，患其不能也。"（《憲問三十二》）

"不患人之不己知，患不知人也。"（《學而十六》）

一個人果其"能"，果其"知人"，則是"抑塞磊落之奇才"，濟之以"交遊滿天下"，又何患乎無試之之地與用之之時？故曰：

"不患無位，患所以立；不患莫己知，求爲可知也。"（《里仁十四》）

你只要毂得上人家的"知"，縱令你南陽高臥，北窗酣眠，而"桃李不言，下自成蹊"，無待於你用"求"的，故"子張問'士何如斯可謂之達矣？'子曰：何哉？爾所謂達者。子張對曰：在邦必聞，在家必聞。子曰：是聞也，非達也。夫達也者，質直而好義，察言而觀色，慮以下人；在邦必達，在家必達：夫聞也者，色取仁而行違，居之不疑；在邦必聞，在家必聞"（《顏淵二十》）。

子張把"聞、達"幷爲一談，卻不曉得聞是強求名譽，達是自然感通。想要做到"聞"，這事容易極了，今時鄙語，有所謂"出風（或作"鋒"，蓋出毛遂傳"脫穎而出"，亦通頭"者，只須你厚顏——色取仁而行遠——無恥，——居之不疑——遇著機會一來，便可出風頭，便立地可成名流，至若要想做到"達"的境界，可就要眞才實學，純恃前面所說的玄默的修養，不似"聞"的易致了。而修養到爐火純靑的時候，便自會"幽蘭生空谷，其香能遠聞"，如響斯應，毫不費力，返視人工的逐逐，眞只見其徒勞而已！"周公恐懼流言日，王莽謙恭下士時"，前者是達，後者是聞，"眞金不怕火鍊"，故曰："假使當時身便死，一生眞僞有誰知？""聞之與達"，終有"水落石出"之時。說到此處，必有反詰著者的道：孔子說的：

"後生可畏，焉知來者之不如今也？四十五十而無聞焉，斯亦不足畏也已！"（《子罕二十二》）

孔子何嘗不尊重"聞"？他又說：

"年四十而見惡焉，其終也已！"（《陽貨二十六》）

他何嘗不勉人以"名譽"？他還使勁地說：

"君子疾沒世而名不稱焉！"（《衛靈公十九》）

沒世不名，他老人家至以爲"疾"，可想見他重視"名"了。而且還有事爲證：

"達巷黨人曰：大哉孔子！博學而無所成名。子聞之，謂門弟子曰：吾何執？執御乎？執射乎？吾執御矣。"（《子罕二》）

求名之亟，至欲執御以成之，又何能說學人不要有求知之念？著者曰：否！否！凡所引者，似是而非，請得而正之。五十無聞，則學之未成可知；四十見惡，則養之未純可知；沒世不稱者，言身負君子之名，到臨終算帳，總核生平，乃無一事，足稱君子之實也；至於言笑執御，則不過調侃俗人罷了，而卽此調侃之中，我們並又得一修養之訓：蓋射之爲事，志必中鵠，心神緊張極了，自非具"勝固欣然，敗亦可喜——蘇東坡語"之丰度者，不中便忽忽不樂；勝負之心勝，則暴慢之氣易長，不若御也，繮索在手，馳騁由心，虞顛躓則深慮患之能，辨方角則凝散騖之想；自由中有約束，發散處寓收斂，以視射之有時而僥倖貫的者，則何如呢？總之，學人處己，必要"聞然而益彰"，學人居心，必要"篤實而輝光"，不知而"慍"見於面的，天下洶洶皆是，其實這又何必？子曰：

"歲寒然後知松柏之後凋也！"（《子罕二十七》）

大丈夫學所以為己，作人是為的自己作人，不為禽獸，便為聖賢，莫問牧穫，但問耕耘，——曾滌生語——當其勤耕苦耘之日，安可不具此一副銅筋鐵骨，以岸然立於饕風虐雪之中呢？故此又為學人所應知的一件事。

學所以志"道"，上文所言，肅屬學的各方面，此下則試一研究道之為物。

何者為道？

"有子曰：其為人也孝、弟，而好犯上者，鮮矣；不好犯上，而好作亂者，未之有也。君子務本，本立而道生；孝，弟也者，其為仁之本與？"（《學而二》）

我們由有子此話，便可悟出以下三事來：一、道之名為仁；二、道之體為有機，是活的，動的，故曰"生"，曰"為"；三、道之性是中是庸，蓋"孝、弟"，都非奇行，而"犯上作亂"，則超越正軌。

我們既經認識了道的名、體、性，而其"相"以行為而顯，其"用"以行為而致，則我們現在最當研究的是"為仁"。為仁難乎？曰，不難：

"子曰：仁遠乎哉，我欲仁，斯仁至矣！"（《述而二十九》）

"一日克己復禮，天下歸仁焉。為仁由己，而由人乎哉！"（《顏淵一》）

那麼，爲仁就很易了。曰，這又未見得：

"樊遲……問仁。曰：仁者，先難而後獲，可謂仁矣。"(《雍也二十》)

"司馬牛問仁。子曰：仁者，其言也訒。曰：其言也訒，斯謂之仁矣乎？子曰：爲之難，言之得無訒乎？"(《顏淵三》)

可見爲仁是超出於難易問題之外的。因爲是超出於難易問題之外，所以顏淵喟然歎！曰：

"仰之彌高；鑽之彌堅；瞻之在前；忽焉在後：夫子、循循然善誘人，博我以文，約我以禮：欲罷不能；旣竭吾才，如有所立卓爾。雖欲從之，末由也已！"(《子罕十》)

顏淵發的這個歎聲，是很有價值的。他在孔子弟子當中，用功最力，修養最深，蓋居第一位：

"季康子問弟子孰爲好學。孔子對曰：有顏回者好學，不幸短命死矣！今也則亡。"(《先進六》)

以孔子這樣信服的一個人，而發爲那種歎聲，我們可以十分相信得過，這是行百里到了九十以上的人，回頭一望而吐出來的一口氣。從他這一歎，我們又知道"道"是無處不在的一個東西，只是稍縱卽逝，欲合還離，如露滴荷蓋，珠走玉盤；並又知道夫子幫人去親近這道的辦法。這辦法只是夫子說他自家的話：

"若聖與仁，則吾豈敢。抑爲之不厭，誨人不倦，則可謂云爾已矣。公西華曰：正唯弟子不能學也。"(《述而三十三》)

蓋"道"是這樣如珠如露，又滑又溜，除了"爲之不厭"以外，我們有什麼法子纔可和他相近，纔可和他不離？故夫子這話，並非無故謙遜，實實在在，因爲道是這樣子。我們但看：

"富與貴，是人之所欲也，不以其道，得之不處也；貧與賤，是人之所惡也，不以其道，得之不去也。君子去仁，惡乎成名？君子無

終食之間違仁；造次必於是，顛沛必於是。"（《里仁五》）

夫子這話，狀"爲之不厭"四字，如何懇摯丁寧！而他的眼中，平生只看見一個顏淵做到這個境界：

"子曰：語之而不惰者，其回也與！"（《子罕十九》）

"回也，其心三月不違仁。其餘則日月至焉而已矣。"（《雍也五》）

不幸顏子又短命而死，死後，"子謂顏淵。曰：惜乎！吾見其進也，未見其止也！"（《子罕二十》）

夫子何以對於顏淵，獨這樣歎惜？我們只看，賢如冉求，而"冉求曰：非不說子之道，力不足也！子曰：力不足者，中道而廢；今女畫！"（《雍也十》）

夫子何以這樣不客氣地申斥他是"畫"？蓋凡所謂"力不足"的，總不出兩種人：一種是無可奈何的低能兒，一種是自暴自棄的懶惰子。前一種，爲天稟所限，這是無法可施的，但後一種，卻不是力量不毅。只是他不肯伸伸懶腰，豎豎脊梁骨，而泰然地自己畫一根線，限住自己的腳步不再前進。不然，你既已知道"說"，又何來"力不足"？知道"說"，則可知並非低能，而又自稱"力不足"，則非懶惰而何？爲人應該有一種徹底的見地，故子曰：

"我未見好仁者，惡不仁者：好仁者，無以尚之；惡不仁者，其爲仁矣。不使不仁者加乎其身。有能一日用其力於仁矣乎？我未見力不足者；蓋有之矣，我未之見也。"（《里仁六》）

因你"好惡"果眞徹底，則斷沒有什麼"力不足"的話掛在口頭，蓋十分無法可施的低能兒，在人類中，也是佔最少數，其餘把"力不足"的話掛在口頭的，自然都是那些懶人了。一個"懶"字，不知害煞了天下多少蒼生！中了這一個字的毒，將見"君子化爲猿鶴，小人化爲沙蟲"，人類還有進步的希望嗎？這字是夫子所深惡痛絕的：至於

說，"……不有博弈者乎！爲之猶賢乎已。"(《陽貨二十二》)

緣"博弈"猶足使人神骨肅斂，一顆心住在腔子裏，否則一天吃飽了，精力無處使用，遂"羣居終日，言不及義，好行小慧。——難矣哉！"(《衛靈公十六》)

是以以冉求之賢，還都因一個"懶"字，被夫子大加申斥，則無怪公西華之說"正唯弟子不能學"，而令夫子念念不忘那位顏淵了。而"懶"字的對症藥，則有一個"志"字。"志者，氣之帥也"，然而"三軍可奪帥也，匹夫不可奪志也"。(《子罕二十五》)。

故我們一遇懶病發作之時，立刻便可將"志"這位醫王請了出來；志一昂頭伸腳，懶便會棄甲曳兵，故曰：

"苟志於仁矣，無惡也。"(《里仁四》)

不過，立志固也，而其所立，卻不可不分得清，辨得明，故"子謂子夏曰：女爲君子儒，無爲小人儒"(《雍也十一》)。

爲甚要這樣分別？因爲：

"君子上達，小人下達。"(《憲問二十四》)

同是一志，而其達到，則相隔天淵，彼立志欲爲小人者，我們固不能不說他也是志哩！"盜亦有道"，又何況其他百事？故子夏說：

"雖小道必有可觀者焉，致遠恐泥；是以君子不爲也。"(《子張四》)

清了，辨明了，所立的志是在大道，其次所當具的，便是"氣"。具氣的樣子，要有獅子奮迅，萬鬣齊竪之概。有志而無氣，這是鏡裏的花，水裏的月，何來香光？子曰："當仁不讓於師"(《衛靈公三十五》)。

仁的面前，萬人平等，只要你覷得定，拿得穩，生天成佛，誰也管不了誰的。夫生命一物，在我人似乎頂重要的了，然有比生命還更重要的；這是什麽？是"仁"，子曰：

"志士仁人，無求生以害仁，有殺身以成仁。"(《衛靈公八》)

何以仁便比生還重？曰：所謂我人之生，乃是短期間的，有限的，上壽百年，百年之外，這生終是歸於消滅。但於這種短期的生以外，我人還有一種"永生"，一種"無限的生"。人既一旦被稱爲"人"以上，不能光是像別的動物一般，只圖這短期間的生存，要知還有永遠無限的生活在。則我人設或遇有生存和生活勢不兩立的時節，在我左的是生存，在我右的是生活，我們兩足踏在這界頭上，那時，我們將取生存，抑取生活？只要被稱爲人的資格全備的人，當然是取後者——便就聰明的打算上說，也自然是取後者，因爲後者是永遠，是無限。可是言雖如此，而知道取後者的，並不多見。當在那兩界交頭，只爭一髮之際，能毅然"向右轉"的，往往和寥寥的晨星一般；他寧可取那電光石火的生存，而不肯走向那悠哉悠哉的生活。這自然是由於不立志，或者志雖立而氣不足的緣故。然而此所謂氣，卻又不是那"一鼓作氣，再而衰，三而竭"的一種暴氣，乃是曾經吐納過來的丹田之氣。必要鍊過這種氣的人，而後纔能真正"殺身以成仁"，不然，便會如狗死道旁一般。曾子曰：

"士不可以不弘毅；任重而道遠仁以爲己任，不亦重乎？死而後已，不亦遠乎？"（《泰伯七》）

負重行遠，不有真氣，都靠得住，擔得起的嗎？曾子平生，就極佩服子張有這種勝概曾子曰：

"堂堂乎張也！難與並爲仁矣。"（《子張十六》）

我們試看子張是怎樣個"堂堂"，子張曰：

"執德不弘，信道不篤，焉能爲有，焉能爲亡？"（《子張二》）

就是說，一個人若不是這樣的真氣內斂，則這一個人在天地之間，有他不多，無他不少，和人類無關係，和時代無關係，竟可不足齒數。子張的這種丰概，是何等的雄豪瑰偉！或人問：

"子游曰：吾友張也，爲難能也！然而未仁。"（《子張十五》）

這又作何解釋？曰：子游說的"未仁"，是說子張正在奮迅前進，只還沒有達到罷了，玩其語意，自可瞭然。

最易爲人的修道之累，弄到一個人沒有志氣的，物質生活，負有一半責任，這是我們相當承認的。凡人沒有不願望物質生活豐富的，而豐富的物質生活，善於運用，於志道上亦未嘗不可收"因利乘便"之益。但這是要"素其位而行"，不可以強致，強致便自然"心爲物役"了，故子曰：

"富而可求也，雖執鞭之士，吾亦爲之。如不可求，從吾所好。"（《述而十一》）

一個人不能徇自己的"好"，而去徇物的"欲"，又安得有時間修道？如是則物質生活貧弱的，便去求豐富；稍豐富的，便去求愈豐富。"雞鳴而起，孳孳爲利"，忙碌復忙碌，未幾而大道無聞，大命已頹，嗟夫！人生果真就是爲生存而生存的麼？要知所謂貧弱豐富，係從對比上面生出來的，對比而進，其度無底，吾生有涯，何能如此去效夸父之追日？而道則人人生中所必當修，固不能問其爲貧爲富。就令稍貧，而道並不是什麼錦上添花，勢利小人，我人因爲貧，道就愈要富，這纔不愧於堂堂丈夫。不然，"士志於道，而恥惡衣惡食者，未足與議也！"（《里仁九》）

所以孔子稱贊一個不恥"惡衣"的子路：

"子曰：衣敝縕袍，與衣狐貉者立而不恥者，其由也與！"（《子罕二十六》）

又稱贊一個不恥"惡食"，並且不恥"惡住"，抑不獨不恥，並且還要忘懷這些的顏淵：

"子曰：賢哉！回也。一簞食；一瓢飲；在陋巷；人不堪其憂，回

也不改其樂。賢哉！回也。"(《雍也九》)

蓋若子路的"不恥"，尚是高視闊步，目無餘子的行徑，在心胸稍爲闊大一點的人，俯視一切，都還能做得到；但若顏回之"不改其樂"，則是修學求道，其志凝，其神聚，更不知人間世有所謂豐富的衣食住。大凡人類關於物質生活講求的次第，其不文明者，最講究食，次衣，又次纔住；稍文明的則最講究衣，次食，次住；至若文明之人，則與不文明恰成反對，最先注重者爲住，次衣，又次纔食。故身居陋巷，而能忘懷，較之衣組劣而能不恥者，其事爲尤不易。求做到子路，已是需要很深的修養，求做到顏回，則修養更深，然志道之人，終當視顏回爲範，若因所居卑陋而心神忐忑不寧者，則是：

"士而懷居，不足以爲士矣！"(《憲問三》)

蓋只有"君子懷德，小人懷土"(《里仁十一》)之理，一個修學求道的人，而所皇皇者在大廈廣居，則貧寒之士，將愈只知爲口體的奴隸，不知有更高尚更豐富的精神生活了。故我人關於住的一問題，有一個最好的例：

"子謂衛公子荊善居室：始有，曰，'苟合矣'；少有，曰，'苟完矣'；富有，曰，'苟美矣'。"(《子路八》)

"合、完、美"，一是聽其自然，而後不爲道累。總之，孔子曰：

"君子謀道不謀食：耕也，餒在其中矣；學也，祿在其中矣。——君子憂道不憂貧。"(《衛靈公三十一》)

能彀這樣看得透徹，則"飯疏食，飲水，曲肱而枕之，樂亦在其中矣。——不義而富且貴，於我如浮雲。"(《述而十五》)

以上將志道的宜、——爲之不厭，立志養氣——忌、——懶惰畏葸，物欲牽累——各事，稍稍都研究了。此外有對於"道"的幾種誤會，爲我們所不可不知的，試說於後。

（一）我們莫要誤認仁之見於施爲，一定是廣汎無垠的慈惠。因爲能行廣汎無垠之慈惠的，只有大自然具此力量，號稱爲人以上，誰也無此大本領的。故我們當知，仁是由近及遠，由差別以及於平等，由個別以及於普遍的：

"子貢曰：如有博施於民而能濟衆，何如？可謂仁乎？子曰：何事於仁！必也聖乎？堯舜其猶病諸！夫仁者，己欲立而立人，己欲達而達人；能近取譬，可謂仁之方也已"。（《雍也二十八》）

（二）我們又不要誤認一種天稟的美才和幹練的能耐，就當他是仁。因爲天才能幹，用處都受著制限的，而仁則不然：

"孟武伯問"子路仁乎"？子曰：不知也。又問，子曰：由也，千乘之國，可使治其賦也，不知其仁也。"求也何如"？子曰：求也，千室之邑，百乘之家，可使爲之宰也，不知其仁也。"赤也何如"？子曰：赤也，束帶立於朝，可使與賓客言也，不知其仁也。"（《公冶長七》）

（三）"克己"必與"復禮"並行，乃得爲仁，我們切莫要僅止克己，便當他已經是仁這事原憲曾問過來：

"克、伐、怨、欲不行焉，可以爲仁矣！子曰：可以爲難矣，仁則吾不知也。"（《憲問二》）

（四）上例是指強於意志的消極作用說，然就是強於意志的積極作用，顯見得是一種高行美德，而我們也切莫卽刻誤認，當他是仁：

"子張問曰：令尹子文，三仕爲令尹，無喜色。三已之，無慍色，舊令尹之政，必以告新令尹。何如？子曰；忠矣。曰：仁矣乎？曰：未知，焉得仁？崔子弑齊君。陳文子有馬十乘，棄而違之，至於他邦，則曰，"猶吾大夫崔子也"！違之之一邦，則又曰，"猶吾大夫崔子也"違之。何如？子曰：清矣。曰：仁矣乎？曰：未知焉得仁？"（《公冶長十八》）

（五）以上四例，都是從正面去誤會是仁的，又有從負面去誤會爲非仁的，我們也可舉出兩個例來。

"子路曰：桓公殺公子糾，召忽死之，管仲不死，曰，未仁乎？子曰：桓公九合諸侯，不以兵車，管仲之力也。如其仁！如其仁！——子貢曰：管仲非仁者與？桓公殺公子糾，不能死，又相之！子曰：管仲相桓公、霸諸侯，一匡天下，民到于今受其賜。——微管仲，吾其被髮左衽矣！豈若匹夫匹婦之爲諒也，自經於溝瀆而莫之知也？"（《憲問十七十八》）

從正面去誤會的，一加解釋，我們還容易明白，但從負面去誤會的，可就索解人不得了。即如管仲的這一例，便極其顯然：管仲不死，誰也是要責他是害仁的，然管仲和公子糾的關係，不過是幫幫他作事而已，並不是賣給公子糾做奴隸，有何從死之必要？迨偶然遇著桓公，從此兵不血刃而統一天下，試問所成的仁，還不大麼？拘拘然以一姓一家的奴隸自待，眼光不擴大到天下蒼生，這是夫子所不許的。這種負面誤會之例，我們又可找出兩個來：

"公山弗擾以費畔。召，子欲往。子路不悅，曰：末之也已，何必公山氏之之也？子曰：夫召我者，而豈徒哉？如有用我者，吾其爲東周乎。"（《陽貨五》）

"佛肸召，子欲往。子路曰：昔者，由也聞諸夫子，曰，'親於其身爲不善者，君子不入也'，佛肸以中牟畔，子之往也，如之何？子曰：然！有是言也。不曰'堅乎磨而不磷'，不曰'白乎涅而不緇'？吾豈匏瓜也哉？焉能繫而不食！"（《陽貨七》）

以二畔人者，皆畔其國之僭臣——前者畔魯之季桓子，後者畔晉之范氏（據《史記》）——而以張公室爲名者彼既以張公室爲名，則仁便去彼（畔）而集中於此，（公室）人既以求仁爲幟志矣，那麼，仁所集中之點，何不可奔赴之有？是故仁之爲物，圓活萬方，擬議不得，控捉不住，苟非深思而知其故，鮮有不起誤會的。想深思而知其故，下面又有一個公案在：殷朝的紂王，弄到身亡國滅，其時，"微子去之，箕子爲之奴，比干諫而死。子曰，殷有三仁焉。"(《微子一》)

這三個人，都適如其量而成仁，這是何故？這三人都是大臣，或者與平人的身分稍異，而有和我們平常人身分最相近的一些人，我們爲思想材料的豐富起見，也可引此例來，作一公案："逸民伯夷、叔齊、虞仲、夷逸、朱張、柳下惠、少連。子曰，'不降其志，不辱其身，伯夷叔、齊與！'謂柳下惠、少連，'降志辱身矣，言中倫，行中慮，——其斯而已矣。'謂虞仲、夷逸，'隱居放言，身中清，廢中權'。——'我則異於是，無可無不可。'"(《微子八》)

據此以觀，仁有定而又無定可知。凡誤會之生成，大都由於心有所蔽，拘泥而不通，故綜上文所言正負兩面的誤會，則子曰：

"君子之於天下也，無適也，無莫也；義之與比。"(《里仁十》)

持心能無"適"無"莫"，論世能知"義"與"比"，誤會便無自而生了；如上文一、二、三、四之例，則無適無莫也，管仲之例則義，畔人召子之例則比，謂以畔僭臣與張公室相比也。

誤會既淨，正解旋生，夫仁之爲體。固，靈活變化，不可端倪，但我們可從動靜兩側夾而觀之，則其廬山眞面，立可顯豁呈露。靜面觀如何？子曰：

"剛毅木訥近仁。"(《子路二十七》)

不剛毅何以不近仁？子曰：

"吾未見剛者。或對曰，申棖。子曰：棖也慾，焉得剛？"(《公冶長十》)

試想"慾"這個東西，在在都足爲學人的累，"慾"何能與

"仁"並立？

"司馬牛問君子。子曰；君子不憂不懼。曰：不憂不懼，斯謂之君子矣乎？子曰：內省不疚，夫何憂何懼？"（《顏淵四》）

試問"慾"還能"內省不疚"麼？內省不疚，是以"君子坦蕩蕩……"（《述而三十六》）。

慾能累人，是以"……小人長戚戚"（《述而三十六》）。

其實君子亦並不"不憂"，子曰：

"德之不修；學之不講；聞義不能徙；不善不能改：是吾憂也！"（《述而三》）

憂之深，故求之急。且君子亦並不"不懼"，孔子曰：

"君子有三戒：少之時，血氣未定，戒之在色；及其壯也，血氣方剛，戒之在鬭；及其老也，血氣既衰，戒之在得。"（《季氏七》）

懼之深，故戒之切。此憂此懼，都非剛毅者莫能有。我們試看看非剛毅者的"憂"：

"子曰：鄙夫可與事君也與哉？其未得之也，患得之；既得之，患失之；苟患失之，無所不至矣！"（《陽貨十五》）

我們又試看看非剛毅者的"不懼"："孔子曰：……小人不知天命而不畏也；狎大人；侮聖人之言。"（《季氏八》）

是這樣旁敲側擊下來，那麼，仁與不仁，還有遁形嗎？大概以有慾的人，而能令傍人覺得他是剛的，此人或者具有一種悻悻之氣，睚眦必報，惡聲必反。然而這種悻悻之氣，又是夫子所大不喜懽的。子曰：

"色厲而內荏，譬諸小人，其猶穿窬之盜也與！"（《陽貨十二》）

這也可謂形容得透骨了；以這種人放在小人隊伍裏，只還不過偷雞摸狗者流，我們還把這種悻悻之氣，認之為剛，豈不大錯而特錯！故曰剛毅近仁。而不木訥何以又不近仁？子曰：

"巧言，令色，鮮矣！仁。"（《學而三》及《陽貨十七》）

"言"和"色"，都是人的內心表現，"誠於中，形於外"，自然而然的，若加之以人工的"巧"與"令"，則是中已不誠，而巧、令的極致則爲"佞"：自文化日啓，人漸不講究內心的修養，而日趨於嘴舌和顏面的考究，漂亮，表情，乃其所熱心從事的，而敦龐之風，遂一天一天，薄削下去，其弊之極，至於認醨卽醴，認艾卽蘭，露骨之例，則有：

"或曰：雍也仁而不佞！子曰：焉用佞？禦人以口給，屢憎於人。不知其仁。焉用佞？"（《公冶長四》）

由或人之言，足知文弊的末流，爲人竟非"巧"與"令"殆不足以言處世。而且具有一種非深厚堅固，顧又屬美質的人，則竟非墮落不可：

"子曰：不有祝鮀之佞，而有宋朝之美，難乎！免於今之世矣。"（《雍也十四》）

這還不令人浩歎？無怪夫子：

"……始、吾於人也，聽其言而信其行；今、吾於人也，聽其言而觀其行……"（《公冶長九》）

因此，"佞"又爲夫子所痛惡的，告訴顏淵時，教他要"……遠佞人……佞人殆"（《衛靈公十》）。佞人何以殆？蓋"……惡利口之覆邦家者"（《陽貨十八》）的緣故。今有所謂政客策士者，縱橫捭闔，挑撥離間，電文雲馳，宣言雨飛，而這數年來，我們這新命的國家，也就被這些"利口"，顛覆得可觀了！我們大聲再說一遍，"言者心聲也——《法言》，心而誠，則"有德者必有言……"（《憲問五》）。

心而不誠，則"……有言者不必有德……"（《憲問五》）。

是以"子貢問君子。子曰：君子先行其言，而後從之"（《爲政十三》)。

何爲如此？子曰：

"其言之不怍，則爲之也難！"（《憲問二十一》）

我們試看看在昔敦厚之世，"子曰：古者、言之不出，恥躬之不逮也"（《里仁二十二》）。

故我人之於言，初不在"巧"：

"魯人爲長府，閔子騫曰：仍舊貫，如之何？何必改作！子曰：夫人不言，言必有中！"（《先進十三》）

而亦不在"拙"：

"孔子曰：侍於君子有三愆：言未及之而言，謂之躁；言及之而不言，謂之隱；未見顏色而言，謂之瞽。"（《季氏六》）

那麼，言何在？曰，在"達"：

"子曰：爲《命》：裨諶草創之；世叔討論之；行人子羽修飾之；東里子產潤色之。"（《憲問九》）

子曰："辭，達而已矣。"（《衛靈公四十》）

是這樣的把言縱橫解剖下來，則仁還有遁處麼？故曰：

"⋯⋯不知言，無以知人也。"（《堯曰三》）

總而言之，則"子曰：君子恥其言而過其行。"（《憲問二十九》）

故曰木訥近仁。

仁的靜面觀如此，我們則試來研究仁的動面觀罷。"動"義云何？我們可引曾子告孟敬子的話，來疏這個動字。其話如下：

"⋯⋯君子所貴乎道者三：動容貌，斯遠暴慢矣；正顏色，斯近信矣；出辭氣，斯遠鄙倍矣。"（《泰伯四》）

此中、"動、正、出"，便都是仁的動。這動有一個根本條件。這條件散之有四字，合之只有一字。何謂散有四字，曰：恭、敬、忠、恕，何謂合只一字？曰，恕。

"樊遲問仁。子曰：居處恭，執事敬，與人忠；雖之夷狄，不可棄也。"（《子路十九》）

恭、敬、忠的行爲，不止在文明人，要當如此，便到野蠻人，也仍然如此，豈不一個"恕"字，就包括一切了麼？夫"如心"之謂恕。如心則有如己之心：

"子貢曰：我不欲人之加諸我也，吾亦欲無加諸人。子曰：賜也，非爾所及也。"（《公冶長十一》）

而又有如人之心：

"子貢問曰：有一言而可以終身行之者乎？子曰：其恕乎！——己所不欲，勿施於人。"（《衛靈公二十三》）

一心能恰如人、己之量，乃完成一個恕字，而其事則爲"愛"：

"樊遲問仁。子曰：愛人……"（《顏淵二十二》）

而所謂"愛"，則又自有其"宜"。宜者，義也。不然，便將如宰我所問：

"宰我問曰：仁者，雖告之曰，'井有仁焉'，其從之也？子曰：何爲其然也？君子可逝，使也，不可陷也，可欺也，不可罔也！"（《雍也二十四》）

試思從井救人，人莫能救，己且殉焉，人己兩陷，即兩不能如人己之心，這還爲仁？然能"從井"，似乎是很勇於赴仁。但這種"勇"麼，

"……子曰：暴虎馮河，死而無悔者，吾不與也。"（《述而十》）

這是一種"暴"，不成其爲"勇"，眞的勇，那是：

"子路曰：君子尚勇乎？子曰：君子義以爲上。君子有勇而無義，爲亂；小人有勇而無義，爲盜。"（《陽貨二十三》）

故"仁"的裏面，自然是有一個"義"，若沒有這個義，便也不

成其爲仁。何以言之？蓋"己"亦"人"中之一，愛人卽所以愛己，亦惟愛己，纔能慤愛人。卽如上言"井有仁焉"之例，若使眞的仁者處此，則"……必也，臨事而懼，好謀而成者也。"（《述而十》）

蓋必如是，而後人得救，己亦自盡其仁。倘一味只知奮不顧身，那就徒見其愚罷了；"好仁不好學，其蔽也愚"，就正爲此等處說法，故曰："……仁者必有勇，勇者不必有仁。"（《憲問五》）

故盡合以上所言，只是一個"恕"字。我人加入人羣裏面，去湊合一分子，持有這一個恕字，如人之心，則"仁"之事出，如己之心，則"義"之事出。又把己當作人中之一去看，則又只有一個如人之心之恕，便又只有一件爲仁之事：故道非多而唯一：

"子曰：賜也！女以予爲多學而識之者與？對曰：然！非與？曰：非也！予一以貫之。"（《衛靈公二子》）

"曰：參乎！吾道一以貫之。曾子曰：唯！子出。門人問曰，何謂也？曾子曰：夫子之道，忠恕而已矣。"（《里仁十五》）

蓋衆生芸芸，其事萬殊，以萬殊之事，而我們想用萬殊之方去應付，其道必不可能。但這個世界卻自然而然，有這樣一個唯一的"仁道"，作爲這宇宙成立的根據。仁者，核也，心也。通天地人而爲宇宙，其中若沒有一個核，沒有一顆心，又怎得成立？我人都得明白這個核心，纔能與天地並立而成世界，故"子曰：朝聞道，夕死可矣。"（《里仁八》）

何以夕便可死？因爲我人一旦了悟這個仁道，透澈這顆核心，則知我身與天地初無二致，冥然與天地化合而爲一，天地不死，我身不死，雖曰"夕死"，實際則"永生"也。有例乎？曰，有例。孔子周遊到衛國的時候，"冉有曰：夫子爲衛君乎？子貢曰：諾！吾將問之。入，曰，伯夷叔齊何人也？曰：古之賢人也。曰，怨乎？曰：求

仁而得仁，又何怨？出、曰，夫子不爲也。"（《述而十四》）

伯夷、叔齊，都是知道的人，彼方永生之可樂，又奚紅塵之足戀？嗚呼！死生之於人亦大矣。動物裏面，除去不可測不可抗的魔手，足以牽掣生死外，凡在可能的範圍裏，能彀自由處理自己生死的，只有人類。但是人而不明道，則一屆生死關頭，每每神志張皇，手足無措，危迫之際，"脫屣妻孥非易事"，凡民固不消說，便是不齊乎凡民的人，也往往同一樣的要違仁；孔子所以歎：

"君子而不仁者有矣夫！未有小人而仁者也。"（《憲問七》）

因爲君子都還有不仁的，故子張論士，以爲"士，見危致命，見得思義，祭思敬，喪思哀，其可已矣"（《子張一》）。

而曾子稱歎君子，亦以爲"可以託六尺之孤，可以寄百里之命，臨大節而不可奪也：君子人與！君子人也！"（《泰伯六》）

蓋凡這些，都是仁在動著的緣故，所以我人觀仁之動於生死之際，則其面目，便異常眞切：

"曾子有疾，孟敬子問之。曾子言曰：鳥之將死，其鳴也哀；人之將死，其言也善！"（《泰伯四》）

這語調何其沈痛至此！儘有平生爲惡的人，一迫大命臨終，其心胸忽然純潔光明，燭見天理者，都緣仁是宇宙生成的本原，其德純眞，純美，純善，爲惡則是賊害這個生成，而失其所以爲人。顧生時我執偏盛見不到此，因而爲惡，及至臨命，我見如霧消散，仁便朗朗如明月之懸於碧空了。然這不過是指變態的人而說，若平。常中正的人，則當知仁是永生不死，生時便須依其覆蓋之下，仰其崇宏之容，不待臨終，始能發見。夫生時甚需之物，莫過水火，顧子曰：

"民之於仁也，甚於水火；水火吾見蹈而死者矣，未見蹈仁而死者也！"（《衛靈公三十四》）

世界萬物，足以爲巨利者，同時便足以爲巨害，惟仁則只有巨利，曾無微害。其利之巨如何？

"子之武城，聞絃歌之聲。夫子莞爾而笑曰：割雞焉用牛刀！子游對曰：昔者，偃也聞諸夫子，曰："君子學道則愛人，小人學道則易使也"。子曰：二三子！偃之言是也！前言戲之耳。"（《陽貨四》）

仁又是不論何人，不論何事，無不徧存具在的；並不如恆人思維，以爲物貴原於希少：

"子曰：誰（指人）能出不由戶？何指事莫由斯道也？"（《雍也十五》）

爲有此"戶"，纔不致因氣息窒而殪，爲有此"道"，纔不致因血脈壅而殭；故仁也者，生生之機也，"天地之大德曰生"，這便是仁的動面觀。

合以上動靜兩觀研究的結果，則仁的正面，便赫然顯現到我們面前來了。仁的正面若何？

"子路、曾晳、冉有、公西華侍坐。子曰：以吾一日長乎爾，毋吾以也。居則曰，"不吾知也"，如或知爾，則何以哉？"（《先進二十五》）

於是，子路冉有公西華三人，都率直地依次說了各自的願望和能耐，最後輪到曾晳。孔子便問他道："點！爾何如？——鼓瑟希；鏗爾舍瑟而作。對曰：異乎三子者之撰。子曰：何傷乎？亦各言其志也已矣。曰：暮春者，春服既成，冠者五六人，童子六七人，浴乎沂，風乎舞雩，詠而歸。夫子喟然歎曰：吾與點也！"（《先進二十五》）

這種浩浩然，落落然，悠悠然，穆穆然的氣象，便是仁的本體，在要達到這種境地以前，是要涵養下文所言那種功夫：

"子絕四：毋意；毋必；毋固；毋我。"（《子罕四》）

能此"四毋"，胸次便自然浩浩落落，悠悠穆穆，和曾點所說的一般了。曾點所說的，是一種象徵的暗示。我們去理會這個象徵，便知這時的胸次，是渾然與大自然融合，而獲有"百丈巖頭掛草鞋，流行坎止任安排"的汪洋無際的殊勝妙悅。以有此妙悅故，"子謂顏淵曰：用之則行，舍之則藏，惟我與爾有是夫"！（《述而十》）顏淵也是修到了這一種境界的，所以雖是在他"短命"的一生中，他最後的一瞬間，卻是沈浸在這無上的愉快裏面。因有此胸次，而後"君子不器"（《爲政十二》）。

"器"，方圓爲之體，剛柔爲之性，無論如何，其用處都各有其最大限度的。譬如：

"子貢問曰：賜也何如？子曰：女器也。曰：何器也？曰：瑚璉也。"（《公冶長三》）

故器或有大小，精粗，美惡之或異，而其使用，被著定限的節制，則無或異。顧仁則旁礴周流，神化無方，因物賦形，隨體成性，天下至大至剛的是他，而天下至小至柔的也是他。乃若子路冉有公西華等各人所述的志願，則皆器而已矣。如孔子問到各人的時候，"子路率爾而對曰：千乘之國，攝乎大國之間，加之以師旅，因之以饑饉……由也爲之，比及三年，可使有勇且知方也。夫子哂之。

"求也何如？對曰：方六七十如五六十，求也爲之，比及三年，可使足民；如其禮樂，以俟君子。

"赤！爾何如？對曰：非曰能之，願學焉——宗廟之事如會同，端、章甫，願爲小相焉。"（《先進二十五》）

這些既皆是器，則皆止得仁之一偏，而未能賅仁的全體，此夫子所由獨與曾點。朱子註曾點此段，謂："其胸次悠然，直與天地萬物，上下同流；各得其所之妙，隱然自見於言外……"這話很有見於曾子所象徵的仁的體貌，袁了凡卻以爲此註"太覺誇張，朱子晚年，已自悔其說之非矣——《四書刪正》"云云，這卻不然，蓋早年所見，未必不確，而晚年所悔，未必便對，不過朱註又有"人欲盡處，天理流行"，照例又是體系地引上他的理氣之說，這就未免不脫家習。以上說仁的正面已畢。

至是而我們對於仁的認識，至少當已得到若干相當的理解，如是則由這仁的認識，我們便可以上窺"天命"。蓋仁之性是絕對的善，其基礎便建築在這"天"上；天、只是向"生"，只是向"成"，其性之流露爲"仁"，故仁至善，至善者，絕對的善之謂也，而"眞、美、善"，三位一體，故至善亦卽至眞，至美。說到此處，遂不禁令人想起近代大哲康德的話來。他在他所著的《實踐理性批判》的結末，有這樣幾句名言："思之思之，愈久則愈令人日增其感歎與崇敬之念以充滿於吾心者，凡有二事：一曰照臨吾上之日月星成繫焉的湛湛青天；一曰充塞於吾五內之道德律也！"東聖西聖，不覺符同揆一，蓋天止此天，仁止此仁，"東海有聖人焉，此心同，此理同；西海有聖人焉，此心同，此理同"也。那麼，我們試來窺研這天與命。

命是一種無可奈何的力，盲目的，沒有意志的，其來也忽焉，其動也隱然，其威勢爲黑暗，其代表爲惡魔：

"伯牛有疾，子問之。自牖執其手，曰：亡之命已夫？斯人也而有斯疾也！斯人也而有斯疾也！"（《雍也八》）

而其性又爲"偶然"而非"必然"，時時可以碰見，而又不必碰見，人亦有言，"誰也料不到眼面前便會出什麼事"，便是這個命：

"公伯寮愬子路於季孫，子服景伯以告，曰：夫子固有惑志於公伯寮，吾力猶能肆諸市朝。子曰：道之將行也與？命也！道之將廢也與？命也！公伯寮其如命何？"（《憲問三十八》）

讀者至此，必始而駭然，繼而哆口大笑，笑著者之狂惑失志。蓋上既指命的代表爲惡魔，今乃言"道之將行"，歸諸惡魔，豈不離奇突兀,令人駭笑?著者曰:唯,唯!否,否!蓋時值季世,夫子的道,必不能行,已是千定萬定的事實,我們試看夫子使子路傳給荷蓧丈人的話:

"……君子之仕也,行其義也;道之不行,已知之矣!"(《微子七》)

那麼,在這時代,而夫子的道謂公然能彀"將行",則豈非出於惡魔"偶然"的事實?不然,則夫子的道,是應該"必然"要行的,以必然要行的道,而竟走遍天下,絕不見有"行"的可能,則時代爲之也。在這惡魔得勢的時代,而謂公然會見"將行",這止能謂其出於惡魔。故又說"道之將廢也與?命也"!不然,夫子的道,乃日月經天,江河行地,萬古萬萬古,都沒有"廢"的理由,而謂"將廢",則又非止能說其出於惡魔而何?故命止是一個惡魔,我們須得知道他:

"子曰:不知命,無以爲君子也……"(《堯曰三》)

知他有如是如是的一回事就彀了,卻不能信他有如是如是的一回事。蓋若我們不知道有這麼一回事,則我們的活動,將成一種盲目的,無意識的。譬如夫子明知道之不行,而猶是栖栖皇皇的,則以知道有一個命故,不然,則夫子所有的活動,便將都成了盲目的進行了。又譬如愛兒死後,而每日屈指,計其年齡,則又何益?那麼,則作我們中樞的信念的,便當是"天"。天是主宰的,有意志的,必然的,其力量爲光明,其代表爲上帝:

"子曰:天生德於予,桓魋其如予何!"(《述而二十二》)

蓋必然要令道行的是天,偶然不令道行的是命;信天故明知道不行,而仍是栖栖皇皇,知命則明知道不行而其栖栖皇皇,初非無意識的行動;天也,命也,一物而二其面。夫人固已與命爭矣,天又何嘗不與命爭?因天亦與命爭,則我人之與命爭,只不過隨着天去亦步亦趨罷了。顧陰盛陽衰,乃偶然的時勢,而否完泰顯,則必然的道理,我人自不能以偶然的時勢，放在眼裏，而當以必然的道理，作爲歸墟。是以"子畏於匡，曰：文王既沒，文不在茲乎？天之將喪斯文也，後死者不得與於斯文也；天之未喪斯文也，匡人其如予何？"（《子罕五》）

啊！這種氣概，一何凜然乃爾。凡古今東西聖哲，當其與"死"相接的時候，無不具有此一種凜然的氣概，便是因有信念故。這是到了"宗教信仰"的地位，所以至此。然而說到宗教信仰，夫子卻又與別的宗教大異其趣。凡世間所謂宗教，對於其信仰，形之於儀式的，輒有兩種：一祭祀，一祈禱；祭祀以酬過去之德，祈禱以祝將來之福。夫子之於祭祀，取其無傷大雅者，則亦從俗而將之以絕對的誠實：

"鄉人儺（逐疫的祭禮），朝服而立於阼階。"（《鄉黨十》）

這是從俗；

"祭如在，祭神如神在。子曰：吾不與祭，如不祭。"（《八佾十二》）

這是絕對的誠實：如此而已。乃若俗間的迷信淫祀之類，則務必去掉，或有俗纏牢固，暫不能去的，則取"敬而遠之"的方法，以待民智之開：

"樊遲問知。子曰：務民之義，敬鬼神而遠之，可謂知矣。"（《雍也二十》）

可想見當時，一般爲民服務的，平日不講森林，不勤溝洫，一遇水潦，但知淫祀求晴，不講義倉，不儲穀糧，一遇旱魃，但知淫祀求雨：凡此都是一種畏難偷惰，愚而且懦的心理，故夫子申斥此輩曰：

"非其鬼而祭之，諂也；見義不爲，無勇也！"（《爲政二十四》）

以上夫子的"祭祀觀"，則不過爾爾。至於祈禱，則夫子只是信天，只是信天的必然性，曾不知有所謂祝福一事：

"子疾病。子路請禱。子曰：有諸？子路對曰：有之；誄曰，'禱爾於上下神祇。'子曰：丘之禱久矣！"（《述而三十四》）

自信得過平日無一事不與天相合，便無一日不在祈禱的生活中，若待有事時，始慌忙禱神求福，這只是對付命的行徑，不是對付天的行徑。蓋命你去祈禱，或者有偶然的福祉，若天、則莊嚴美妙，炯然下鑒，無待於禱，禱也沒用：

"王孫賈問曰：與其媚於奧，寧媚於竈，何謂也？子曰：不然！獲罪於天，無所禱也。"（《八佾十三》）

故夫子的"祈禱觀"，則又不過爾爾。總之，我人必得知命。知命而後畏命。何畏？畏他那種偶然性。若不知畏，而平常只是悠悠忽忽過去，則"一盞孤燈照夜臺，上牀脫了襪和鞋：此時一覺睡將去，不知明朝來不來"；設使明朝不來，這還不可畏麼？我人又必得知天，知天而後畏天。何畏？畏他那種必然性。"爲善必昌，爲善不昌，祖宗有餘殃；殃盡則昌；爲惡必滅，爲惡不滅，祖宗有餘德；德盡則滅"；這還不可畏麼？於此，讀者必疑著者在此乃引用往日陳腐的因果報應家言，而將罵其不當者。顧因果報應，自有一部分眞理，我們試看生物科學中的遺傳法則，便自會不寒而慄。於是綜斯二畏，所以說：

"君子有三畏：畏天命，畏大人，畏聖人之言。"（《季氏八》）

此中當世之以天命詔人者爲"大人"，古德之以天命詔人者爲"聖人之言"，故皆往寅畏之列。如是，我人知道畏命，而後纔能知愼命：

"子之所愼，齋、戰、疾。"（《述而十二》）

我人知道畏天，而後纔不至欺天：

"子疾病，子路使門人爲臣。病間，曰：久矣哉，由之行詐也，無臣而爲有臣！吾誰欺？欺天乎？且予與其死於臣之手也，無寧死於二三子之手乎！且予縱不得大葬，予死於道路乎！"（《子罕十》）

於是，知畏天而不欺天，則我人當然信天：

"子曰：莫我知也夫？子貢曰：何爲其莫知子也？子曰：不怨天，不

尤人，下學而上達；知我者，其天乎！"（《憲問三十七》）

何見得只有天知？試看，夫子遊歷到衛國的時候，"儀封人請見，曰：君子之至於斯也，吾未嘗不得見也。從者見之。出，曰：二三子！何患於喪乎？天下之無道也久矣，天將以夫子爲木鐸。"（《八佾二十四》）

天是這樣的聰明正直，所以"子見南子，子路不悅，夫子矢（誓也）曰：予所否者，天厭之！天厭之！"（《雍也二十六》）而

"顏淵死。子曰：噫！天喪予！天喪予！"（《先進八》）

要之，綜上所研究的天與命而言，則我人只是莊嚴人生，要當知命而不信命，要當知天而欽承天道。夫人生猶之乎披堅執銳，以入戰場，我們試看，"曾子有疾，召門弟子曰：啓予足！啓予手！《詩》云，'戰戰兢兢，如臨深淵，如履薄冰'；而今而後，吾知免夫！小子！"（《泰伯三》）

這種人生的戰士，是如何的艱難困苦！若非知命，安能有此奮鬪？若非敬天，安能有此徹底？

不過天和命，這都是夫子所不常講的：

"子貢曰：夫子之文章，可得而聞也，夫子之言性與天道，不可得而聞也。"（《公冶長十二》）

因爲"文章"是有體有象的東西，可以明示給人，而"性與天道"，則是形而上的，抽象的，見淺見深，都恃自力去會悟，人的語言是不能盡量達出來的：

"子曰：子欲無言。子貢曰：子如不言，則小子何述焉？子曰：天何言哉！四時行焉，百物生焉，天何言哉！"（《陽貨十九》）

故"四時行，百物生"，這便是天在告語我人，只在我人善用其"聞"，那就天雖不言，實則不啻日日在耳提而面命我人哩。豈止性與

天道，爲夫子所不甚言，並且"子罕言利與命與仁。"(《子罕一》)

蓋"利"與害爲對待，凡天下事物，有其利卽有其不利，所以說："放於利而行多怨。"(《里仁十二》)

何以"多怨"？因一方利，他方便不利，遂多怨了。天下事只當問當做不當做，不當問有利與無利。利害每每出乎人的意計之外；所以夫子不大說利。至於命之爲物，怯懦者聞之，足以長其懈惰之心，勇敢者聞之，足以阻其進取之氣；所以只教人知之已足。而仁則前此已經敍過，虛靈圓活，不可方物，可以行爲狀貌，而不可以語言傳達；若強言之以教人，則朱子說的"教學如扶醉人，扶得東來西又倒"，故也不常言。然而以上這些，和我們人生，都是有極密切的關係的，於今夫子旣罕言他們，那就只有我人各自去努力研究，努力體驗，以求得夫子近是之意的一法。最後，我們可由夫子的自敍傳——自求學以至志道——而來收束這以上所講：

"子曰：吾十有五，而志於學；三十而立；四十而不惑；五十而知天命；六十而耳順；七十而從心所欲不踰矩。"(《爲政四》)

而進行的歷程，雖則如此，至於進行的前途，固猶未有艾哩！

"子曰：加我數年，五十以學易，可以無大過矣。"(《述而十六》)

"志於道"的研究已畢，今當來研究"據於德"。學道而有得之謂德，我們旣有所得，便當以之爲地槃，爲基礎，而在那上面發展我們的人格，這便是據於德。有了這"據"，而後我們人生的進戰退守，乃能不矜不肆，大雅雍容，開花結實，行其所無事焉。然而凡人作事，往往不是太過，便是不及，眞能殼恰好據於德的，頗不易見。子曰：

"中庸之爲德也，其至矣乎！民鮮久矣。"(《雍也二十七》)

蓋慨乎其言之。何以這樣"鮮"？一則原於不學，竟不知有這一回事；

"子曰：由知！德者鮮矣。"(《衛靈公三》)

再則原於意志薄弱，容易被誘惑所搖奪：

"子曰：吾未見好德如好色者也！"(《子罕十七》)

"子曰：已矣乎，吾未見好德如好色者也！"(《衛靈公十二》)

世間上這兩種人——愚、弱——特多，夫子所以慨嘆：

"聖人吾不得而見之矣！得見君子者斯可矣；善人吾不得而見之矣！得見有恆者斯可矣：亡而爲有虛而爲盈約而爲泰難乎有恆矣。"(《述而二十五》)

這便是不得已而思其次的意思。蓋"聖、善"兩種人，都是能毅自然據德的，而"君子"有據於德之資格，"有恆者"有據於德之希望，總非愚與弱二者之比。且人與其失之愚弱，無寧失之剛健：

"子曰：不得中行而與之，必也狂狷乎？狂者進取，狷者有所不爲也。"(《子路二十一》)

因是之故，所以，"子在陳曰：歸與！歸與！吾黨之小子，狂簡。斐然成章，不知所以裁之。"(《公冶長二十一》)爲甚要"裁之"？裁之使恰到好處（中行）也。夫這種恰到好處，講來似乎容易，行去就很艱難——

"子問公叔文子於公明賈曰：信乎？夫子不言不笑不取乎？公明賈對曰：以告者過也。夫子時然後言，人不厭其言；樂然後笑，人不厭其笑；義然後取，人不厭其取。子曰：其然？豈其然乎？"(《憲問十四》)

蓋"時、樂、義"，都是到了恰好據於德的地位，夫子所以不能無疑於公明賈的說得好聽。那麼，據於德之事，既是如此不易，像我們這種非狂非狷的人，而想去從事於此，則其道將何由？曰，這可由消極積極兩方面去從事。消極方面，在於寡過：

"蘧伯玉使人於孔子。孔子與之坐而問焉。曰：夫子何爲？對曰：夫子欲寡其過而未能也。使者出，子曰：使乎！使乎！"（《憲問二十六》）

寡過之方，一在於"思"：

"孔子曰：君子有九思：視思明，聽思聰，色思溫，貌思恭，言思忠，事思敬，疑思問，忿思難，見得思義。"（《季氏十》）

但是用思也要得其當，不然，便最容易陷於優柔寡斷，故"季文子三思而後行。子聞之曰：再斯可矣。"（《公冶長十九》）

"三"便是代表"多"，並不是呆板地說一二三之三。凡人數的觀念，是一步一步發達起來的，現今還有許多野蠻人，數觀念發達只到三爲止的，他們數到三，便是頂多，再不能數上去了。而夫子說"再"，也並不是呆數。凡人用思，第一在詳審大局，第二在覷定下手處，故曰再。這是寡過的第一種方法。二在於"省"：

"曾子曰：吾日三省吾身：爲人謀而不忠乎？與朋友交而不信乎？傳不習乎？"（《學而四》）

三在於"改"：

"子曰：過而不改，是謂過矣。"（《衛靈公二十九》）

"子貢曰：君子之過也，如日月之食焉；過也，人皆見之，更也，人皆仰之。"（《子張二十一》）

蓋我人既號稱爲"人"，決沒有十全無缺的；惟其是常常有過，纔見出一種人的情味又惟其是常常改過，纔能彀不斷的向上。而"改"的反面爲"文"：

"子夏曰：小人之過也必文。"（《子張八》）

何以人每每好文過？因人每每有一種自負心故。因有此自負心，遂不肯認錯：

"子曰：已矣乎！吾未見能見其過而內自訟者也。"（《公冶長二

十六》）

既不肯"內自訟"，則或者將過聽其爲過，或者便遠要強辭奪理，而過乃一天一天，愈積愈厚了。故寡過不難在"思、省"，而難在"更、改"。因爲思之省之，人非聖智，孰能期其十分周到完密？則思、省的結果，猶不能無愆尤叢集之虞，止有隨過隨改的一法，庶幾乃足以補救思、省的不及而能觳日日遷善，故改字的功夫，比思、省二字尤爲當務之急。夫"思"者，"知"之事也；"省"者，"仁"之事也；"改"者，"勇"之事也：

"子曰：知者不惑；仁者不憂，勇者不懼。"（《子罕二十八》）

"子曰：君子道者三，我無能焉；仁者不憂；知者不惑；勇者不懼。子貢曰：夫子自道也。"（《憲問三十》）

"不憂、不惑、不懼"，這便是用了"思、省、改"的功夫所得到的成績，那麼，寡過之對於據德，其收效是何等的浩大呢？

翻覆說來，德祇是人生行爲依據的一根水平線，高於這線以上便成過，落在這綿以下也就成過。我們試看：

"子貢問"師與商也孰賢"？子曰：師也過，商也不及。曰：然則師愈與？子曰：過猶不及。"（《先進十五》）

故知寡過一事，是需十分努力的。我們試看看"過"了的過。

"子曰：好勇，疾貧，亂也，人而不仁，疾之已甚，亂也。"（《泰伯十》）

好勇何以亂？蓋好勇的必好爭，然而"君子矜而不爭，羣而不黨。"（《衛靈公二十一》）

"子曰：君子無所爭，必也射乎？揖讓而升，下而飲，其爭也君子。"（《八佾七》）

故止這種的"君子之爭"，纔不至亂，不然，好勇便亂了。疾貧

何以亂？蓋"貧而無怨難；富而無驕易。"(《憲問十一》)

至於"怨"，又安能不亂呢？而疾甚又何以亂？

"互鄉難與言。童子見，門人惑。子曰：與其進也，不與其退也。唯何甚！人潔己以進，與其潔也，不保其往也。"(《述而二十八》)

蓋人既辦着一片誠心前來進見，當然要承認他，獎勵他，目前的這一片好心；至於他的向來（往）和以後，（退）他既與我渺不相干，又去管他則甚？諺曰："人怕傷心，樹怕剝皮"，你若祇是悍悍然咎其既往，絕不爲他當前的體面，留點餘地，那是益發反激起他的不自愛心來，這豈不是亂麼？這是對待與己無干的人的說法，至於與己曾經有過交情的人，便是絕之，也應出以溫和的手段而不爲已甚：

"孺悲欲見孔子。孔子辭以疾。將命者出戶，取瑟而歌；使之聞之。"(《陽貨二十》)

是這樣溫和的法子，便可生其愧悔之心，而不至自暴自棄了。故"疾甚生亂"。以上是說過了的過。我們又試看看"不及"的過。因"不及"而成"過"的，大概總是犯了下文所說的各種毛病：

（一）強不知以爲知。

"子曰：由！誨女知之乎？知之爲知之，不知爲不知，是知也。"(《爲政十七》)

（二）人既好"強不知以爲知"，便好議論人家長短。

"子貢方人。子曰：賜也賢乎哉！夫我則不暇。"(《憲問三十一》)

（三）既好"議論人家長短"，每每喜權暴露自己的長處，藏匿自己的短處；暴露爲驕，藏匿爲吝。

"子曰：如有周公之才之美，使驕且吝，其餘不足觀也已！"(《泰伯十一》)

（四）一個人既"驕"且"吝"，每每只知有己，不知有人。何以說呢？

"子曰：君子泰而不驕，小人驕而不泰。"（《子路二十六》）

因其是"泰而不驕"，故"君子求諸己……"（《衛靈公二十》）。

因其是"驕而不泰"，故"……小人求諸人"（《衛靈公二十》）。

"求諸己"之例，則：

"子曰：躬自厚而薄責於人，則遠怨矣。"（《衛靈公十四》）

"子曰：君子易事而難說也；說之不以道，不說也，及其使人也，器之。"（《子路二十五》）

"求諸人"之例，則：

"……小人難事而易說也；說之雖不以道，說也，及其使人也，求備焉。"（《子路二十五》）

"器之"故責於人者輕以約，"求備"故責於人者重以周；重以周，自然便"多怨"，輕以約，自然便"遠怨"。遠怨之例，則"子曰：伯夷叔齊，不念舊惡，怨是用希。"（《公冶長二十二》）

以上四事，都是恆人極容易犯的毛病，便都是"不及"於德之過。於今我們欲免於過了的過，則有如下文所舉的一件：

"或曰：以德報怨，何如？子曰：何以報德？——以直報怨；以德報德。"（《憲問三十六》）

爲欲免於不及的過，則有如下文所舉的一件：

"曾子曰：以能問於不能；以多問於寡；有若無；實若處；犯而不校：昔者吾友，嘗從事於斯矣。"（《泰伯五》）

是這樣能免於過與不及，則可成爲文質彬彬的君子：

"子曰質勝文則野，文勝質則史，文質彬彬，然後君子。"（《雍也十六》）

否則一有偏勝，便將如棘子成之所說：

(二）讀《論語》

"棘子成曰：君子質而已矣，何以文爲？子貢曰：惜乎！夫子之說，君子也。駟不及舌文猶質也，質猶文也，虎豹之鞟，猶犬羊之鞟。"（《顔淵八》）

以上言消極方面從事於據德之道，現在再試言積極方面從事於據德之道。積極方面，在於躬行，"子曰：文莫[黽勉也勉強也努力也]吾猶人也，躬行君子，則吾未之有得。"（《述而三十二》）

像夫子還謙遜其辭如此，則躬行之難能而可貴可知了。蓋躬行所最需要的，是一個勇字。人而無勇，則最易流於媚世諧俗，與時浮沈；伈伈俔俔，唯唯諾諾，深怕得罪那一方，不能嶄然自立。雖"德"立在自己的面前，並且自己亦心知其故，但利害的打算既明，便趨避的技巧自工。夫天下事但當問是非，不當問利害；是麼，則雖有害於己，也當堂堂地去主張，非麼，便令有利於己，也是凜凜然要排斥。然而這稱人，卻是非不分，黑白不明，甲來甲好，乙來乙好，自謂絕去圭角，實則苟且偷活罷了。這是夫子所痛絕的：

"子曰：鄉愿、德之賊也。"（《陽貨十三》）

這自然是一種賊！在"德"的面前，過一種偷竊搶掠"不德"以爲生的生活，怎麼不是賊？而這樣能殼這樣到處糊塗，八面玲瓏的人，大概都是一種聰明而怯懦的人；又有一種愚蠢而怯懦的人，把德不當做怎麼一回事，看看德便如路旁的瓦礫敝屣一般，隨隨便便，模模糊糊，過其曖昧的生活。於是，他旣棄德，德也棄他。

"子曰：道聽而塗說，德之棄也。"（《陽貨十四》）

要知德是要修之於一心的，於今把來"道聽塗說"地去幹，這還成事麼？這兩種人所犯的病根，同樣是怯懦，故躬行之恃勇猶車之靠輪子路是一個眞能好勇的人，所以

"子路有聞，未之能行，惟恐有聞。"（《公冶長十三》）

是這纔眞是我們據德的模範。若其不然，那是：

"子曰：居上不寬，爲禮不敬，臨喪不哀，吾何以觀之哉！"(《八佾二十六》)

夫學人積學而不躬行，只是一個能言會動的書櫥，有時或者反不如不學的人倒還能實地踐履：

"子夏曰：賢賢易色，事父母能竭其力，事君能致其身，與朋友交，言而有信；雖曰未學，吾必謂之學矣。"(《學而七》)

天下往往有這種好資質的人，他雖未嘗從事於格物致知，窮理盡性的功夫，然其所爲，輒能與德行冥符。至於從事於格物致知，窮理盡性的學人，當然就更尚躬行了：

"子曰：吾與回言終日，不違，如愚。退而省其私，亦足以發，回也不愚！"(《爲政九》)

故知篤尚躬行的人，只是默默地驀然直前，必不"像煞有介事"地囂囂於狀貌，喋喋於齒牙。像煞有介事而囂囂喋喋的，這祇是把躬行當作一件大不了的事，針本來小，一到他手裏，便像棒一般大了。孔子於是教訓這一種人，教其把當了一件大事；只是平常而又平常：

"子曰：出則事公卿，入則事父兄，喪事不敢不勉，不爲酒困；何有於我哉？"(《子罕十五》)

這是教訓年紀大一點的，又有教訓少年人的話：

"子曰：弟子入則孝，出則弟，謹而信，汎愛衆而親仁；行有餘力，則以學文。"(《學而六》)

這樣說來，便把躬行看得如太羹玄酒，平淡天眞之極了。總之，躬行只是需要一點勇氣，故子路問成人，夫子告訴他以須"文之以禮樂"，但又恐人或者將禮樂看得繁重艱難，就又教之以一些經簡容易之說：

"曰：今之成人者何必然。見利思義，見危授命，久要不忘平生之言，亦可以爲成人矣。"（《憲問十三》）

然而躬行固需勇，而用這勇亦自有方法。方法如何？曰有兩：一曰臨事之時；

"子曰：不曰如之何，如之何者，吾末如之何也已矣。"（《衛靈公十五》）

二曰總言之時。

"子曰：法語之言，能無從乎？改之爲貴，巽與之言，能無說乎？繹之爲貴。說而不繹，從而不改，吾末如之何也已矣。"（《子罕二十三》）

似此臨事有適當的籌畫，得宜的打算，聽言能照着剛嚴的去改正，柔和的去尋繹，便就"勇"而不"債"了。

綜合以上從事據德的兩方面——消極積極——而觀之，其爲事只是"崇德、修慝，辨惑"：

"子張問崇德、辨惑。子曰：主忠信，徙義；崇德也。愛之欲其生，惡之欲其死——既欲其生，又欲其死，是惑也。"（《顏淵十》）

"樊遲從遊於舞雩之下，曰：敢問崇德，修慝，辨惑。子曰：善哉問！先事後得，非崇德與？攻其惡無攻人之惡，非修慝與？一朝之忿，忘其身以及其親，非惑與？"（《顏淵二十一》）

能知道這"崇、修、辨"，便能明白這"據"。我們試看夫子對於這"據"字的描寫：

"子張問行，子曰：言忠信，行篤敬，雖蠻貊之邦行矣；言不忠信，行不篤敬，雖州里，行乎哉？立則見其參於前也，在輿則見其倚於衡也，夫然後行。子張書諸紳。"（《衛靈公五》）

這直是行、住、坐、臥，都不要有一時半刻，脫離這德的大本營，"據"之一字，到這田地，纔可謂十分圓滿了。我人爲甚要造到這樣田地？這是因爲"人無遠慮，必有近憂。"(《衛靈公十一》)之故。我們試舉一個例來看：

"子張問明。子曰：浸潤之譖，膚受之愬，不行焉，可謂明也已矣；浸潤之譖，膚受之愬，不行焉，可謂遠也已矣。"(《顏淵六》)

"明"便是所以免去"近憂"，"遠"便是所以致其"遠慮"。蓋前此曾經說過，人生乃披堅執銳以入戰場，戰場之中，豈容有一時半刻的疏忽鬆懈？惟其如此，所以"原壤夷俟，_{蹲踞待人也}子曰：幼而不孫弟，長而無述焉，老而不死是爲賊！以杖叩其脛。"(《憲問四十六》)

原壤便是把人生看得太潦草了。夫子所以這樣切責他。潦草之反爲莊嚴，莊嚴之顯爲忠信篤敬，我們現在試來看"言忠信"的例：

"師冕見。及階，子曰：階也！及席，子曰：席也！皆坐，子告之曰：某在斯！某在斯！師冕出。子張問曰：與師言之道與？子曰：然，固相師之道也"。(《衛靈公四十一》)

我們又試來看"行篤敬"的例：

"子食於有喪者之側，未嘗飽也。子於是日哭，則不歌。"(《述而九》)

"子與人歌而善，必使反之，而後和之。"(《述而三十一》)

"子見齊衰者，冕衣裳者與瞽者，見之，雖少必作，過之必趨。"(《子罕九》)

"言忠信"了，"行篤敬"了，據於德之能事畢矣，如此，則"德不孤必有鄰"(《里仁二十五》)。

而我人遂不患生前的寂寞；

"齊景公有馬千駟，死之日，民無得而稱焉；伯夷叔齊，餓於首陽之下，民到于今稱之："誠不以富亦祇以異"，其斯之謂與！"(《季氏十二》)

具於當中的核心。以有此核心，而萬有乃相與聯絡維繫若網在綱，而宇宙以成。"天生烝民，有物有則；民之秉彝，好是懿德"（《詩·大雅·烝民》）便是說的這顆核心。"秉"也，"好"也，此世界所由成立也；故人之必依於仁，乃自然而然之事；抑人卽欲不依於仁，而其勢亦必不可得，這猶之木的本，水的源，沒有拔本而塞源的，則天地萬物俱枯竭毀滅。夫不遠不背之謂"依"，顧世間的人，竟有遠與背的，其故何哉？一則原於其自身不學；不學故心不知"志於道"，行不知"據於德"。二則原於其周圍足以使之違仁背仁。凡人爲惡，其自身所具之"能"，極爲有限，至於其環境有形無形之"所"，便無限了。故一個社會裏面，出了某種惡人，其人自身所負的責任，或者還要小於社會所應負的責任。一個人何能爲惡？必是其環境有隙有罅，或者令其有可乘之機，或者驅之使不得不爾，而這一個人遂走在犯罪的路上了。假使是在健全的社會，則依於社會的制裁力，這一個人雖欲爲惡而亦無由逞。環境的力量，鉅大無邊，自非特異的天才，足以征服環境，每每有極好的人，心不存惡，並欲爲善，但因不能得到周圍的向上幫助，只能得到周圍的向下幫助，遂至於墮落。故社會一失掉制裁力，或雖未失掉而微弱，那麼，幫助個人墮落的地方，遂層出不窮了。

"孟氏使陽膚爲士師。問於曾子。曾子曰：上失其道，民散久矣！如得其情，則哀矜而勿喜。"（《子張十九》）

這是如何沈痛的話！民是"秉彝"的，是"好懿德"的，但是社會失其中心主宰之力，譬如綱維解了紐一般，個個的目，無所歸屬，以致作姦犯科。迨一經落在士師（現在的法官）的手裏，則爲士師的，當知這是社會使之如此，而令社會之綱維解紐的，則又是在上者使之如此；如此一推勘，便知在上者之罪，尤劇於小民，則對於這種偶然誤而我人遂不患死後的寂寞。是這樣生前死後，兩方俱到，而後我人的人生，始可稱爲圓滿。何以這樣說？蓋凡人都以爲只有一個"生"字，便是人生的全部，殊不知還有一個"死"字，也是包含在人生當中的。若忘了這一個"死"字，則任是生前豪華蓋代，炙手可熱，迨一棺附身，便音沈響絕，"昔日華屋處，零落歸山邱"，只餘下詩人的嘆息，其人其名，卻早已埋沒了！所以"子曰：驥、不稱其力，稱其德也"（《憲問三十五》）。

而"力"與"德"的分別，則南宮适早已言之：

"南宮适問於孔子曰：羿善射，奡盪舟，俱不得其死，然禹稷躬稼而有天下！夫子不答。南宮适出，子曰：君子哉若人！尚德哉若人！"（《憲問六》）

最後，我們可雜就下舉的數事去看，則德之表現於行爲，或據或否，其觀念就益加明瞭：

"子華使於齊，冉子爲其母請粟。子曰。與之釜。請益，曰：與之庾。冉子與之粟五秉。子曰赤之適齊也，乘肥馬，衣輕裘；吾聞之也，君子周急不濟富。"（《雍也三》）

"原思爲之宰，與之粟九百。辭。子曰：毋！以與爾鄰里鄉黨乎。"（《雍也三》）

"顏淵死，顏路請子之車以爲之槨。子曰：才不才，亦各言其子也。鯉也死，有棺而無槨。吾不徒行以爲之槨；以吾從大夫之後，不可徒行也。"（《先進七》）

"顏淵死，門人欲厚葬之。子曰：不可！門人厚葬之。子曰：回也，視予猶父也，予不得視猶子也，非我也，夫二三子也！"（《先進十》）

"據於德"的研究既畢，今當來研究"依於仁"。仁是以前曾經研究過的，是宇宙萬有各各自具的核心，又是宇宙萬有互相交關，永久觸而掛上了法網的弱者，方長嘆"竊鉤者誅，竊國者侯"之不暇，更安能因爲捉到了一個犯人，又得一執法的機會而中心愉悅呢？故"子曰：聽訟吾猶人也；必也使無訟乎"（《顏淵十三》）。

果在上者不失其道，國民大家都依仁爲生；又那裏來的爭訟？故一個社會裏而，不貴在有法律，貴在有法律而不依賴他作維持生存之具，那麼，所須依賴的便是仁了，現代眞正文明的國家，漸漸都趨向廢除死刑。而一般思想家如托爾司泰等哲人，尤其主張誰也不能有治誰的罪處誰以死刑的權利；這在"依仁"的社會理想，實在是應該如此的。而我人的個人依仁之道，在內的爲修學，在外的便爲選擇環境。

"子曰：里、仁爲美。擇不處仁，焉得知？"（《里仁一》）

擇所以必於仁的，因爲"……不仁者，不可以久處約，不可以長處樂……"（《里仁二》）。

擇而得到仁的，則"……仁者安仁，知者利仁"（《里仁二》）。

語曰："近朱者赤，近墨者黑"，我人的周圍，永是陶鑄我人的型範，這個型範，能彀鑄出我人爲人的形相來，方方圓圓，竟是鮮明無匹，故"子貢問爲仁。子曰：工欲善其事，必先利其器：居是邦也，事其大夫之賢者，友其士之仁者"（《衛靈公九》）。

只有這種"賢者、仁者"，纔彀我們去"事"他"友"他的價値。何以呢？

"子曰：惟仁者能好人，能惡人"（《里仁三》）。

這種人和人交際的"好、惡"，絕不是憑一時的感情作用，就可以作爲憑準的。我們試看這種人的好：

"子曰：君子不以言舉人，不以人廢言。"（《衛靈公二十二》）

這纔是從精瑩的理性中發生出來確實可靠的好！我們又試看這種人的惡：

"子貢曰：君子亦有惡乎？子曰：有惡：惡稱人之惡者，惡居下流而訕上者；惡勇而無禮者；惡果敢而窒者。曰：賜也亦有惡乎：惡徼以爲知者；惡不孫以爲勇者；惡訐以爲直者。"（《陽貨二十四》）

這又纔是從洗鍊的感情中發生出來適當不移的惡！這種人的好惡，既如是其靠得住，則和之交結，便決不至於生出失敗的事情來：

"子曰：君子成人之美，不成人之惡。——小人反是。"（《顏淵十六》）

那麼，我們要怎樣纔能知其爲賢與仁，而去事去友呢？曰：這自不外從一個人的容貌言語動作三樣上面去留神，使我們無有不能分曉的。蓋"君子喻於義；小人喻於利"（《里仁十六》）。

一"義"一"利"，猶黑之與白，這還怕看走了去麼？蓋一個人對於一件事，其所要取的途徑，原來止此兩條；我們由其眉目之一揚一盼，聲音之一高一低，手足之一舞一蹈，便知其是傾向那一路，決不會有誤的。故我們若是從正面去看人，則：

"子夏曰：君子有三變：望之儼然，卽之也溫，聽其言也厲。"（《子張九》）

我們若是從反面去看人，則：

"子曰：人之過也，各於其黨。觀過，斯知仁矣。"（《里仁七》）

但是要從反面去識別一個人，這一雙炯眼的修養，頗爲不易；不過我們若照下言的例，用來作衡人的尺度，便也不至有差：

"子曰：古者民有三疾，今也或是之亡也：古之狂也肆，今之狂也蕩；古之矜也廉，今之矜也忿戾；古之愚也直，今之愚也詐而已矣！"（《陽貨十六》）

這便是"觀過知仁"。如其不然，只令我們見其"過"而不令我們見其"仁"，則是夫子所搖頭嘆息的：

"子曰：狂而不直，侗(無知也)而不愿，悾悾(無能也)而不信，吾不知之矣！"(《泰伯十六》)

然而正面反面，這都是從人的外表上面去推求，若我們更能單刀直入地追進人的心曲裏面去，則人之爲賢與仁與否，更加萬無一失：

"子曰：視其所以，觀其所由，察其所安，人焉廋哉？人焉廋哉？"(《爲政十》)

而這是有這樣一個實例的：

"子曰：孰謂微生高直？或乞醯焉，乞諸其鄰而與之。"(《公冶長二十三》)

自己沒有，便直言沒有好了，乃轉這麽一個大彎，乞鄰轉給；不知道的，見其來求便與，似乎很直，實則作僞掠名，眞所謂"今之愚也詐而已矣"了。蓋眞正的"直"的解釋，是這樣的：

"子曰：直哉史魚！邦有道如矢，邦無道如矢……"(《衛靈公六》)

這已不是微生高所能了解，至然以"訐"爲直的，那更比微生高還要不如了：

"葉公語孔子曰：吾黨有直躬者，其父攘羊而子證之。孔子曰：吾黨之直者異於是。父爲子隱，子爲父隱，直在其中矣。"(《子路十八》)

看人於其外貌，用一個"觀"字，看人於其心術，用一個"察"字，內外不遺，觀察兼施，這便是製造自己好環境的原料之方。身居於好的環境之中，"蓬生麻中，不扶自直"，何況又是以修學、志道、據德爲幟志的？那麽，其人之與仁，便自然是猶之乎"以膏投漆中，誰能別彼此"？了。然說到這一境，則自家本身的修養，自然是愈深愈好了。

"子曰：不逆詐，不億不信，抑亦先覺者，是賢乎！"(《憲問三十三》)

"不逆、不億"，自然是存心忠厚的好處，然若不能"先覺"，則將會受人的"陷"與"罔"。這是自己的修養不足，力量不足以包抄對方的人格。若自己的修養力量，足以包抄對方的人格，則一面忠厚存心，坦白虛直，胸無城府，而一面又能燭照人家的誠僞，不至於去上陷罔的當。否則"忠厚者無用之別名"，自己本來君子待人，回頭翻受其累。然所謂修養力量則如何？

"子禽問於子貢曰：夫子至於是邦也，必聞其政；求之與，抑與之與？子貢曰：夫子溫、良、恭、儉、讓以得之。夫子之求之也，其諸異乎人之求之與。"（《學而十》）

修養的有此五事，——溫、良、恭、儉、讓——便君子自親，小人自遠，從此躊躇四顧，所見所聞所接觸，無在不是浩浩滔滔之仁，又何患乎楊朱之悲路歧，墨翟之泣素絲呢？啊！環境和我們的依仁，其關係的密切，不誠大麼？我們試看，"子貢曰：紂之不善，不如是之甚也。是以君子惡居下流；天下之惡皆歸焉！"（《子張二十》）

觀於此例，我們能不凜然危懼嗎！故翻覆來說，我們要依於仁，我們要製造好環境：

"子曰：君子周而不比，小人比而不周。"（《爲政十四》）

"依於仁"的研究已畢，今所餘者尚有一事，曰"游於藝"。蓋道、德、仁這三樣，都是向我們要求全副的精神和渾身的氣力去對付他們的；他們支配著我們的精神界，絕不許我門[注]偶然疏忽，偶然鬆懈，要求我們要做到"相在爾室，尚不愧於屋漏"的地位。這樣，則我們的精神，永是在一種緊張的狀態，豈不單調而無變化，呆板而尠活潑？單調呆板的生活，這又是人生所厭的。固然，這三者的功夫，是"日新不已"的；然卽日新不已，亦自可以成功爲一種單調，欲免去這一種單調，必得修養多曲綿，饒興趣，規則而活潑，複雜而優美的藝事，通於這三者之間，以淡其濃，而散其聚。故曰："一張一弛，文武之道"；有

---

❶ "門"當爲"們"。——編者註

張有弛，而後用乃不窮不敝。故知藝與道、德、仁是有同等價值的；是我們學人所當同時修養的。程子說，"玩物喪志"，這話若不分別看，殊不見得合乎眞理。藝事達於神明之境，幾無不與道相合的，故眞的藝人，必爲有道之士，亦惟有道之士，纔眞能游於藝。我們試看，"子釣而不綱，弋不射宿"（《述而二十六》），便大可窺此中消息了。那麼，藝正足以輔志，尚何至於喪志？因藝而喪志的，大概是屬於"匠器"之類。匠器之爲物，足以悅人之感官，而不足以搖據人之深奧的生命，於道無補，故反而喪志了。比如"射不主皮，爲力不同科；古之道也"（《八佾十六》）。

射亦所以觀德，所宜修養的，乃在調氣息，整姿態。氣息調勻，姿態正則，便沒有不中；中便達到射的所志了。若一定期於貫革，則目的是在顯出他的力大，然力是有天賦限度的，若勉强以求超過這限度，豈不樂事反而變成苦事？故射而以貫革爲主，這便喪志，而非游藝之道。總之，藝亦和道、德、仁一般同爲我人修養涵育我們人格所不可缺少的；我人必都要具有這種修養，而後我們的心身，乃能成爲平行線的發達而不至變爲偏或畸的一個人格：

"衛公孫朝問於子貢曰：仲尼焉學？子貢曰：文武之道，未墜於地，在人。賢者識其大者，不賢者識其小者；莫不有文武之道焉。夫子焉不學？而亦何當師之有。"（《子張二十二》）

像夫子的這種不論是"大"，不論是"小"，無不去"學"，無不去"識"，這便使自己的生活，成爲多方面的，多角形的，而决不至感覺到人生的乾燥無味了。凡人必要富有趣味性，乃能無處不樂，隨遇而安，而過一種潤澤充實的生活，庶不至焦躁悽惶，皇皇然心如野馬，以至於因散而濫。而道是無物不寓，無處不在的，我們學多識廣，而求得其事事物物互相關聯，互相共同之點，既足以悅生，又資以明道；這是學人最大的樂。但這又自然是依一個人資性的高下以爲衡的：

"子謂子貢曰：女與回也孰愈？對曰：賜也何敢望回！回也聞一以知十，賜也聞一以知二。子曰：弗如也。吾與女，弗如也！"（《公冶長八》）

"知二"是知一事之表，同時卽知一事之裏，"知十"則知一事卽以貫通萬事；此時心如明鏡，朗徹中邊，學者之樂，寧復加此？故學者求趣之博而不拘泥於一定之"常師"：無常師便隨處有師，亦隨處有學；趣博則生活日加豐富，神識日加高明：

"太宰問於子貢曰：夫子聖者與？何其多能也！子貢曰：固天縱之將聖，又多能也。子聞之，曰：太宰知我乎！吾少也賤，故多能鄙事；君子多乎哉？不多也！（牢曰：子云，吾不試，故藝）。"（《子罕六》）

固知學海無邊，盡此生中，都是在這海裏"游"的時間，那麼，只嫌所得太少的，還怕所得太多麼？不過藝旣云游，其事屬樂，而樂有損益之別，我們不可不知：

"子曰：益者三樂，損者三樂：樂節禮樂，樂道人之善，樂多賢友，益矣；樂驕樂，樂佚遊，樂宴樂，損矣。"（《季氏五》）

而"樂"屬於"益"這一方，則可有下言的象徵、狀態和效果：

"子曰：知者樂水，仁者樂山；知者動，仁者靜；知者樂，仁者壽。"（《雍也二十一》）

以"志於道、據於德、依於仁、游於藝"，來建立修造這人格，而這人的生中應有之義，便是爲社會服務，爲人類服務。社會、人類，乃由各個人而成立的集合名詞，此名詞所包含的各個人，自然是各在其服務狀態中，而後此名詞乃得成立。不過像上文所言的修造過的人格，尤當意識地去爲社會人類服務"子曰：人能弘道，非道弘人"（《衛靈公二十八》）。

蓋我們個人，與社會、人類，原屬一體；爲社會、人類服務，（弘道）同時也就是盡我們個人的性，擴大我們個人，交相生成，交相利益，這原是天賦的使命。然而人類悠悠，只是消極地，無意識地背着這使命，至於積極地意識地背着這使命進行，這只屬於人類中之最少數的聖智者流。故"孔子曰：見善如不及，見不善如探湯，吾見其人矣，吾聞其語矣；隱居以求其志，行義以達其道，吾聞其語矣，未見其人也"（《季氏十一》）。

好善惡惡，這是人類的恆情。人類因有此恆情，遂消極地，無意識地以交相生成，交相利益，而成立這個人類的世界，但這只是蚩蚩者氓，於不知不識之間，遂爾致此，故人類中必又有積極地，意識地明白這天賦的使命者，以弘道而服務，庶幾乃率導人類進步向上。那麼，這種積極地，意識地弘道而服務的，便是"隱居以求其志，行義以達其道"的人了。我們試看隱居以求其志的例：

"顏淵季路侍。子曰：盍各言爾志。子路曰：願車、馬、衣輕裘，與朋友共，敝之而無憾。顏淵曰：願無伐善，無施勞。子路曰：願聞子之志。子曰：老者安之，朋友信之，少者懷之。"（《公冶長二十五》）

我們又試看行義以達其道的例：

"子路從而後，遇丈人以杖荷蓧。子路問曰：'子見夫子乎？'丈人曰：'四體不勤，五穀不分，孰爲夫子？'植其杖而芸。子路拱而立。止子路宿。殺雞爲黍而食之，見其二子焉。明日，子路行。以告。子曰：'隱者也！'使子路反見之。至、則行矣。子路曰：'不仕無義。長幼之節，不可廢也，君臣之義，如之何其廢之？欲潔其身，而亂大倫！'"（《微子七》）

求仕是所以行義，行義是所以達道，然而天下欲以求仕而達其道的人，尚復紛紛藉藉，彼亦自有其道，彼亦自謂爲人類服務，但"道不同不相爲謀"(《衛靈公三十九》)。

我們自信自己所抱的是大道,是救世濟民的究竟道,是"齊一變至於魯,魯一變至於道"(《雍也二十二》)的道,那麽,則雖值晦蒙否塞之秋,而有"所如不合"之嘆,而我們仍只有堅持着自己的信念而去"強聒不舍"的一法,決不要灰心短氣:

"楚狂接輿,歌而過孔子曰:'鳳兮!鳳兮!何德之衰?往者不可諫,來者猶可追。已而!已而!今之從政者殆而!'孔子下欲與之言。趨而避之,不得與之言。"(《微子五》)

"長沮桀溺,耦而耕,孔子過之,使子路問津焉。長沮曰:'夫執輿者爲誰?'子路曰:'爲孔丘。'曰:'是魯孔丘與!'曰:'是也。'曰:'是知津矣!'問於桀溺。桀溺曰:'子爲誰?'曰:'爲仲由。'曰:'是魯孔丘之徒與?'對曰:'然。'曰:'滔滔者天下皆是也,而誰以易之?且而與其從辟人之士也,豈若從辟世之士哉!'"耰而不輟。(《微子六》)

"齊景公待孔子,曰:'若季氏則吾不能;以季孟之間待之。'……曰:'吾老矣!不能用也。'孔子行。"(《微子三》)

"子曰:'道不行,乘桴浮於海,從我者,其由與!'子路聞之喜。子曰:'由也好勇過我,無所取材。'"(《公冶長六》)

"衛靈公問陳於孔子。孔子對曰:'俎豆之事,則嘗聞之矣,軍旅之事,未之學也。'明日遂行。在陳絕糧。從者病,莫能興。子路慍見曰:君子亦有窮乎?子曰:君子固窮,小人窮斯濫矣。"(《衛靈公一》)

窮到了這種境地,但還是固守着自己的道,並且還要對人強聒不舍,振其獅子之吼,以冀萬一有悟:

"微生畝謂孔子曰:'丘何爲是栖栖者與!無乃爲佞乎?'孔子曰:'非敢爲佞也,疾固也!'"(《憲問三十四》)

就令舉世"固"到像銅牆鐵壁一般，而我們吼喊還是要吼喊，那怕人家責我們爲"佞"："子路宿於石門晨門曰'奚自'，子路曰：'自孔氏。'曰：'是知其不可而爲之者與？'"（《憲問四十一》）

明知其不可，而仍是栖栖，這種"殉道者"的精神，是如何的威猛嚴毅呢？是故以確固不拔的信念，濟之以威猛嚴毅的精神，萬分"此路不通"時，既左右是爲人類服務，那麽，還可以向別一方面，去求發展：

"子欲居九夷。或曰：'陋如之何？'子曰：'君子居之何陋之有！'"（《子罕十三》）

蓋如九夷等文化未啓之地，往行自己的道，化野爲文，何嘗不是對於人類的絕大貢獻？故曰："君子貞而不諒"。（《衛靈公三十六》）

至是，而我們便可來一研究服務的途徑。服務之途有二；一，從事於政治的生涯；二，從事於教育的生涯。

政治的生涯，自然是出仕而從政。蓋身既爲"士"，士的內容，則如下文所舉：

"子貢問曰：何如，斯可謂之士矣？子曰：行己有恥；使於四方，不辱君命：可謂士矣。曰：敢問其次。曰：宗族稱孝焉，鄉黨稱弟焉。曰：敢問其次。曰：言必信；行必果。——硜硜然小人哉！抑亦可以爲次矣。曰：今之從政者何如？子曰：噫！斗筲之人，何足算也。"（《子路二十》）

那麽，怎麽叫"行己有恥"呢？

"子曰：篤信好學，守死善道，危邦不入，亂邦不居；天下有道則見，無道則隱；邦有道，貧且賤焉，恥也；邦無道，富且貴焉，恥也。"（《泰伯十三》）

恥字的解釋，既是這樣，則仕亦是士的一種義務：

"子貢曰：有美玉於斯，韞匵而藏諸？求善賈而沽諸？子曰：沽之哉！沽之哉！我待賈者也。"（《子罕十二》）

因爲抱道懷才而不仕，亦猶之"貨棄於地，力不出於身"，乃社會人類的損失，而天之所"惡"。蓋這一種人，一旦出仕，則：

"子曰：苟有用我者，期月而已可也；三年有成。"（《子路十》）

試想這一個人和社會人類進出，向上的關係，如此之大，又安能不仕，而坐令社會人類，受如此鉅大的損失？

"陽貨欲見孔子。孔子不見。歸孔子豚。孔子時其亡也而往拜之。遇諸塗。謂孔子曰：來！予與爾言。曰：'懷其寶而迷其邦，可謂仁乎？'曰：不可。'好從事而亟失時，可謂知乎？'曰：'不可。'日月逝矣！歲不我與。'孔子曰：諾！吾將仕矣。"（《陽貨一》）

陽貨這人，雖則粗鄙已極，但他說的話，卻不見得就錯。士之當仕，既已如此，而仕亦自有其道焉。其道如何？則在自己的"言、行"上面去注意就是：

"子張學干祿。子曰：多聞闕疑，慎言其餘，則寡尤；多見闕殆，慎行其餘，則寡悔：言寡尤，行寡悔，祿在其中矣。"（《爲政十八》）

因言行之當謹如是，所以"子曰：邦有道，危言危行；邦無道，危行言孫。"（《憲問四》）

那麼，怎樣纔能"言寡尤"呢？

"子曰：可與言而不與之言，失人；不可與言而與之言，失言；知者不失人，亦不失言。"（《衛靈七》）

"子游曰：事君數，斯辱矣；朋友數，斯疏矣。"（《里仁二十六》）

又怎樣纔能"行寡悔"呢？曰：一者對上，則"子路問事君。子曰：勿欺也而犯之。"（《憲問二十三》）

"子曰：事君敬其事而後其食。"（《衛靈公三十七》）

二者對下，則"子路問君子。子曰：修己以敬。曰：如斯而已乎？曰：修己以安人。曰：如斯而已乎？曰：修己以安百姓。——修己以安百姓，堯舜其猶病諸！"(《憲問四十五》)

而總這對上對下二事，祇是要得人家對於自己的一種信任心：

"子夏曰：君子、信而後勞其民；未信，則以爲厲己也；信而後諫；未信，則以爲謗己也。"(《子張十》)

人家既相信得過，則三者對於職務，便：

"子曰：不在其位，不謀其政；"(《泰伯十四》及《憲問二十七》)

"曾子曰：君子思不出其位。"(《憲問二十八》)

有以上三者，這還有不行寡悔的麼？我們試看子產：

"子謂子產，有君子之道四焉：其行己也恭；其事上也敬；其養民也惠；其使民也義。"(《公冶長十五》)

如是綜合這言、行兩事，則：

"子曰：君子欲訥於言而敏於行。"(《里仁二十四》)

而這可以甯武子爲例：

"子曰：甯武子邦有道則知，邦無道則愚；其知可及也，其愚不可及也。"(《公冶長二十》)

以上言出仕。夫士固然是當仕，然而也有不仕之時：

"子曰：……君子哉蘧伯玉！邦有道則仕，邦無道則可卷而懷之。"(《衛靈公六》)

胡爲不仕？

"憲問恥。子曰：邦有道，穀。邦無道，穀、恥也。"(《憲問一》)

恥心既重，故"季氏使閔子騫爲費宰，閔子騫曰：善爲我辭焉！如有復我者，則吾必在汶上矣。"(《雍也七》)

"子曰：賢者辟世？其次避地；其次辟色；其次辟言。"(《憲問三

十九》）

"子曰：作者七人矣！"（《憲問四十》）

但是我們不要誤以爲不仕便是對於人生服務冷淡；要知就是不仕，而亦有和仕的價值相等的事情在。這是什麼事情？

"或謂孔子曰：子奚不爲政？子曰：書云：'孝'乎；惟孝、友于兄弟；施於有政，是亦爲政。奚其爲爲政？"（《爲政二十一》）

何見得"孝"和"仕"是相等的價值？

"曾子曰：慎終，追遠，民德歸厚矣。"（《學而九》）

"君子篤於親，則民興於仁；故舊不遺，則民不偷。"（《泰伯二》）

這豈不與在位施政，是一般無二麼？仕而有不得志之時，其時則將何如？如此，有柳下惠之例在：

"柳下惠爲士師，三黜。人曰：子未可以去乎？曰：直道而事人，焉往而不三黜？枉道而事人，何必去父母之邦！"（《微子二》）

言出仕已畢，次所當言者，則爲從政。從政之道，"子曰：知及之，仁不能守之，雖得之，必失之；知及之，仁能守之，不莊以涖之，則民不敬；知及之，仁能守之，莊以涖之，動之不以禮，未善也。"（《衛靈公三十二》）

那麼，第一，我們現在就來研究何爲"知及之"。何爲知及之？曰，知者知也。爲政者最先要知的便是"政"。什麼是政？

"季康子問政於孔子。孔子對曰：政者正也；子帥以正，孰敢不正？"（《顏淵十七》）

知道政便是"正"，如是爲政者第一便當"自正其身"。何以要自正其身？

"子曰：其身正，不令而行；其身不正，雖令不從。"（《子路六》）

自身既正了，而後便可以"正人"：

"子曰：苟正其身矣，於從政乎何有？不能正其身，如正人何？"(《子路十三》)

身正人正，其次便當正名。怎叫正名？

"子路曰：衛君待子而爲政，子將奚先？子曰：必也，正名乎。子路曰：有是哉！子之迂也。奚其正？子曰：野哉！由也；君子於其所不知，蓋闕如也。名不正，則言不順；言不順，則事不成；事不成，則禮樂不興；禮樂不興，則刑罰不中；刑罰不中，則民無所措手足。故君子、名之必可言也，言之必可行也；君子於其言，無所苟而已矣。"(《子路三》)

正名關係的重要如此！而我們則試一看"名之必可言"：

"子曰：觚不觚，觚哉？觚哉？"(《雍也二十三》)

試想"觚"，原來是因爲有觚的形而後有此名，迨時代一變，觚形已變爲別種形狀，而我們對人怎能仍然稱觚，啓人誤會？我們又試一看"言之必可行"：

"孔子謂'季氏八佾舞於庭，是可忍也！孰不可忍也？'"(《八佾一》)

試想"八佾"是天子之樂，既名八佾，便當在天子的庭中去舞，於今乃在一個臣下的季氏庭中舞，試問叫我們如何說法？故凡百事物，既各有一定的名稱，必各有一定的表裏，而後我們一提到此事此物，人家當下便知其爲某事某物，而後事事物物，乃能各循其軌，依序進行；這便叫做治。故名之必可言，言之必可行。如：

"冉有退朝。子曰：何晏也？對曰：有政。子曰：其事也；如有政，雖不吾以，吾其與聞之。"(《子路十四》)

政自政，事自事，說是國政，便可堂堂地布告國民，若是私事，便和國民了不相干。又如：

"邦君之妻：君稱之曰夫人；夫人自稱曰小童；邦人稱之曰君夫人，稱諸異邦曰寡小君；異邦人稱之，亦曰君夫人。"（《季氏十四》）

只這一個邦君之妻，因其地位一有改動，便各各正其改動的名稱如此，如是。其人與各種人的關係，便朗若列眉，絲毫不苟。但在孔子的那時，實際大概都是名之不必可言，言之不必可行，於是名實既各不相符，而人遂至於越禮而犯義，而我人欲求一時之安亦不可得了。故：

"齊景公問政於孔子。孔子對曰：君君，臣臣，父父，子子。公曰：善哉！信如君不君，臣不臣，父不父，子不子，雖有粟，吾得而食諸？"（《顏淵十一》）

自然是有粟也不得食了，像這樣一片凌亂，互相踐踏！而這是有實在的現象可以證明的：

"孔子曰：天下有道，則禮樂征伐，自天子出；天下無道，則禮樂征伐，自諸侯出：自諸侯出，蓋十世希不失矣；自大夫出，五世希不失矣；陪臣執國命，三世希不失矣。天下有道，則政不在大夫；天下有道，則庶人不議。"（《季氏二》）

"孔子曰：祿之去公室五世矣，政逮於大夫四世矣；故夫三桓之子孫微矣。"（《季氏三》）

所以夫子最嚴正名，就是稱人，也必恰恰如其分際，決不因爲"善善從長"，便令稍有踰越：

"季子然問'仲由冉求，可謂大臣與？'子曰：吾以子爲異之問，曾由與求之問！所謂大臣者，以道事君，不可則止。今由與求也，可謂具臣矣。曰：然則從之者與？子曰：弑父與君，亦不從也。"（《先進二十三》）

而最惡的便是亂名：

"子曰：惡紫之奪朱也……"（《陽貨十八》）

"紫"既可以奪"朱"，便黑可以爲白，而積非便會成是了。因爲是惡之深，故這種大義所在，遇有機會，就提出來宣示天下：

"陳成子弒簡公。孔子沐浴而朝，告於哀公曰：陳恆弒其君，請討之。公曰：告夫三子。孔子曰：以吾從大夫之後，不敢不告也。君曰'告夫三子'者。之三子告，不可。孔子曰：'以吾從大夫之後，不敢不告也。'"（《憲問二十二》）

這並不是孔子多事，因爲正名一事，是和全人類有關的，故不得不爾，以喚起天下人的覺悟。上文所舉的陳成子，是"臣不臣"的一例，設世而有"君不君"的，孔子也會申罪致討於他：

"子曰：夷狄之有君，不如諸夏之亡也！"（《八佾五》）

蓋夷狄的君長，還很有爲其部落氏族，盡心努力的人，不像當時諸夏的各君，十九是貪殘亂暴，害國殃民；以此孔子故稱贊殷有三仁。

爲政者既已知道了政的確實意義，其次所當知道的，便是"人"。因爲政事純靠人爲，"人存政舉，人亡政熄"。故人的重要和政的重要是一樣的，故爲政首在得人。

"子游爲武城宰。子曰：女得人焉爾乎？曰：有澹臺滅明者；行不由徑，非公事未嘗至於偃之室也。"（《雍也十二》）

子游答應夫子以得了人，並又自述其得之之法，則得人一事，我們便大可研究了。大凡一個人的賢否，社會上自然有公論；而要知道一個人，便也以這公論爲憑：

"仲弓爲季氏宰，問政。子曰：先有司；赦小過；舉賢才曰：焉知賢才而舉之？曰：舉爾所知。爾所不知，人其舍諸？"（《子路二》）

但公論有時也是悠悠之口，故實際要用一個人，雖由公論而知之，仍得加以細心的訪求。如何訪求？

"子曰：衆惡之，必察焉。衆好之，必察焉。"(《衛靈公二十七》)

怎樣"察"法呢？曰：一則察之於其人之周圍；

"子貢問曰：鄉人皆好之，何如？子曰：未可也。鄉人皆惡之，何如？子曰：未可也。——不如鄉人之善者好之，其不善者惡之。"(《子路二十四》)

再則察之於其人之本身：

"子曰：巧言亂德。"(《衛靈公二十六》)

"子曰：論篤是與，君子者乎？色莊者乎？"(《先進二十》)

是這樣一察再察，還恐有千慮之一失，則尚可用一"試"字：

"子曰：吾之於人也，誰毀誰譽？如有所譽者，其有所試矣；斯民也，三代之所以直道而行也。"(《衛靈公二十四》)

我們試看孔子譽閔子騫能孝：

"子曰：孝哉！閔子騫；人不間於其父母昆弟之言。"(《先進四》)

閔子騫的孝，是孔子把他的父母昆弟之言，試之於人人而皆不間；我們又試看孔子譽子賤爲君子：

"子謂子賤，'君子哉若人！魯無君子者，斯^{此人}焉取斯^{此德}？'"(《公冶長二》)

子賤之爲君子，是孔子試之於其能入芝蘭之室而與之俱化：這二人——閔子騫宓子賤——都是經過了這樣嚴密的"試"來，而後纔加以嘆賞。故從政者欲得人，則察之之後，便繼之以試，用了這試字的結果，便會知道：

"君子不可小知，而可大受也；小人不可大受，而可小知也。"(《衛靈公三十三》)

既這樣涇分渭別出來，就自不會用違其才了：

"子曰：孟公綽爲趙魏老則優，不可以爲滕薛大夫。"(《憲問十二》)

但如上言的用察與試以求人，我們不要以爲這是苛於選擇。從政者，要知道人才難得，倘用察與試以求人而失之苛，便天下之大，將無人可用了：

"武王曰：予有亂臣十人。孔子曰：才難，不其然乎？唐虞之際，於斯爲盛；有婦人焉，九人而已！"（《泰伯二十》）

因爲"才難"如此，故從政者之於人才，只要其大行無有虧缺，其餘小節，儘可大度包容。蓋全才至少，而凡人皆有其長處，同時便有其短處；用人者只在利用其長，善避其短，便"牛溲馬勃，竹頭木屑"，何一不可納入夾袋藥籠之中？故"子夏曰：大德不踰閑，小德出入可也。"（《子張十一》）

此其例則有：

"子謂：'公冶長可妻也；雖在縲絏之中，非其罪也。'以其子妻之。"（《公冶長一》）

假使在平常俗見，則一個曾經入過牢獄的人，縱令其爲蒙冤，誰還肯以自己的愛女許婚給他？故擇人最要從大處着眼，細行末節，盡可毋置胸懷。《荀子·王制篇》引孔子的話說："大節是也，小節是也，上君也；小節、一出一入焉，中君也；大節非也，小節雖是也，吾無觀其餘矣。"這便是觀人而可以得其用的善道。

凡是作團體領袖人物的人，初不必其人自身，要具有各種絕特本領；他所要具的絕特本領，便是善於用人。善於用人，則他自己便不要躬親庶務，而庶務皆可弄得停停當當。不然，只恃自己的一聰一明之銳，憑自己的一手一足之烈，這只能治局部的事情，呈局部的功效，而決不能囊括全盤，牢籠大勢。就是說，這種人，只彀供"受命"而不彀"能令"。能令的人麼，則：

"子曰：無爲而治者，其舜也與；——夫何爲哉？恭己正南面而

已矣!"(《衛靈公四》)

舜何以便至於"無爲"?曰:"舜有臣五人而天下治。"(《泰伯二十》)

像舜已是才德兼備的理想君主,而"天下治",所恃的便是這"五人",又有不才不德的君主,但因其善於用人,彼亦竟能保有天命:

"子言:'衛靈公之無道也!'康子曰:'夫如是奚而不喪?'孔子曰:仲叔圉治賓客;祝鮀治宗廟;王孫賈治軍旅:夫如是,奚其喪?"(《憲問二十》)

善於任人之效,竟至於如此,則"知及之"的第二要務——知人——豈非從政者所當用其全力的麼?是以:

樊遲……問知。子曰:"知人"。樊遲未達。子曰:"舉直錯諸枉,能使枉者直。"樊遲退見子夏曰:"鄉也,吾見於夫子而問知,子曰:'舉直錯諸枉,能使枉者直。'何謂也?"子夏曰:"富哉言乎!舜有天下,選於衆,舉皋陶,不仁者遠矣;湯有天下,選於衆,舉伊尹,不仁者遠矣。"(《顏淵二十二》)

蓋紅日一出,則爝火自然失耀,賢正當陽,彼其赫濯的聲光所被,自足令么麼小醜,匿影銷踪;如是則國民都會歡欣鼓舞,喜色相告:

哀公問曰:"何爲則民服?"孔子對曰:"舉直錯諸枉,則民服。——舉枉錯諸直,則民不服。"(《爲政十九》)

因爲用人顚倒,以致國民都"不服"起來,此時作首領的人,還不有覥面目麼?故孔子責備臧文仲道"臧文仲其竊位者與!知柳下惠之賢而不與立也。"(《衛靈公十三》)

而大大的稱嘆公叔文子:

"公叔文子之臣,大夫僎,與文子同升諸公。子聞之曰:"可以爲文矣!"(《憲問十九》)

臨末，我們還可以舉幾個知人之道的實例如下：

"子謂：南容'邦有道，不廢；邦無道，免於刑戮。'以其兄之子妻之。"(《公冶長一》)

"南容三復《白圭》，孔子以其兄之子妻之。"(《先進五》)

"子謂仲弓：'犁牛之子騂且角，雖欲勿用，山川其舍諸？'"(《雍也四》)

"子貢問曰：孔文子何以謂之文也？子曰：敏而好學，不恥下問，是以謂之文也。"(《公冶長十四》)

"宰予晝寢。子曰：朽木，不可雕也；糞土之牆，不可圬也：——於予與何誅！"(《公冶長九》)

"子曰：唯女子與小人，爲難養也；近之則不遜，遠之則怨。"(《陽貨二十五》)

"齊人歸女樂，季桓子受之，——三日不朝。孔子行。"(《微子四》)

爲政者能知政，又能知人，再次所當知的便是"事"，立國的根本大政策，自然是對內對外兩事：對內則當令己國的財力；豐裕充實，足以自給自足，無待於外，對外則當令己國的兵力，精練忠勇，足以捍衛疆圉，防止侵略。簡言之，前者是富國，後者是強兵，前者屬經濟政策，後者屬軍事教育。

"子貢問政。子曰：足食，足兵，民信之矣。子貢曰：必不得已而去，於斯三者何先？曰：去兵。子貢曰：必不得已而去，於斯二者何先？曰：去食：——自古皆有死，民無信不立！"(《顏淵七》)

在這一個問答中，我們得聞了立國的兩大政策，富與強外，又得聞一個超乎這富與強以上，而爲行使這兩大政策的根本手腕的"信"字。蓋爲政者行使他的政策，能否一定貫徹他最初的目的，這是一事；而政策的行使，全靠著國民的信任，這又是一事。若不能得着國民的信任,無論這政策之目的,沒有貫徹的希望,就是貫徹了,一迫有事之秋,國民仍會土崩瓦解的;而若能令國民,充分信任這政治家的人格和手腕,則雖因其他原因,而國並不能十分富,兵並不能十分強,然而上下輯睦,同德一心,便也就堂堂地有其國際上的地位,人國自亦不敢輕侮。故立國必定要富要強,這自不消說得,而謂立國純然是只靠富強,卻又不一定;富強若不是建築在全國民的心上,這只是沙面上的華屋,蜃氣裏的高樓,這種華屋高樓,歷史已教訓得我們彀了。而政治家欲求得到國民全體的信任,有這種方法沒有?曰,有!

"子曰:民可,使由之;不可,使知之。"(《泰伯九》)

凡百政策的措施,無在不是以國利民福爲主腦,而求得國民深切的了解和同情,這便是能得國民全體信任的方法。蓋凡政治家國利民福的好政策,往往只是出於一二天才的頭腦,而天才總是走在民衆的前面的,若走的距離,相隔太遠,民衆望不見前面時,則"非常之原,黎民懼焉",縱有好的設施,民衆是要出來反對的;這時,爲政者就止有盡力宣傳,使民衆"知之",迫民衆一旦覺悟,就不怕不令出若流水,而民衆和政治家,便打成一體,而收"身使臂,臂使指"之效了。故爲政者要求得國民的一個信字,比他政策所有的全部,還更重要:

"子曰:人而無信,不知其可也;大車無輗,小車無軌,其何以行之哉?"(《爲政二十二》)

故孔子大大稱贊子路:

"子曰:'片言可以折獄者,其由也與!'——子路無宿諾。"(《顏淵十二》)

我們現在則試來一研究"足食"——經濟政策。經濟政策,孔子曾告訴冉求說:

"丘也聞,有國有家者,不患貧而患不均,不患寡而患不安;(按

"貧、寡"二字，通行本互易，今據《春秋繁露·度制篇》及《魏書·張普惠傳》《晉書·張純傳》改寫）蓋均無貧，和無寡，安無傾……"（《季氏一》）

這數語，便是經濟立國的精義。夫所謂足食，豈止是增殖產業，添加國富？而要在一國生產分配的平勻，不令國中生出許多參差不齊的狀況來。生產分配不平勻，則一國的財富，便不知不覺，集中於少數者之手，如此，便足令大部分的國民，心懷怨望；怨望之心萌動，不平之氣鬱然，而階級爭鬥，於以釀成。此時，國民相互之間，已不和睦，縱令地大人衆，於立國乎何有？反之，一國的國民間，無甚貧，無甚富，一眼望去，不顯異色，人人安其居，樂其業，則二人同心，其利亦足以斷金，何況是一國之人？縱令是小國寡民，也綽綽然足以稱雄於國際競爭場裏了。我們縱觀歷史，橫覽八荒，隨地可得證明，證明上述夫子的幾句話，爲經濟立國者所萬無可逃的公理。故爲政者，將一國的政治，整理得清明以後，國民自己，自然會增殖產業而添加國富，此時爲政者便須注其全力，以法整齊這富的均勻；這便是足食的本義。

"哀公問於有若曰：年饑用不足，如之何？有若對曰：盍徹乎。曰：二、吾猶不足！如之何其徹也？對曰：百姓足，君孰與不足？百姓不足，君孰與足？"（《顏淵九》）

哀公只知道"集"，卻不明白"分"，這如何立國？這只是致亂之道。因爲是致亂之道，故又是夫子所痛恨不置的：

季氏富於周公，而求也爲之聚斂而附益之：子曰："非吾徒也！小子鳴鼓而攻之可也！"（《先進十六》）

我們現在又來研究"足兵"——軍事教育：

"子適衛，冉有僕。子曰：'庶矣哉！'冉有曰：'既庶矣，又何加

焉？'曰：'富之。'曰：'既富矣，又何加焉？'曰：'教之。'（《子路九》）

蓋"庶"則立國的三要素，已有其一充足，而保護這國的兵，便不患其缺乏。但有兵而無運用兵的能力的"富"，則本所以保國者，反足爲國之累；然雖富而兵皆無知無識，平時既不明保國的大義，臨事又不講軍人的天職。故庶、富兩事，固然是立國之原，而亦是亂國之首；欲獲得其原，而消滅其亂，則只有一個"教"字。教的結果，則：

"子曰：善人教民七年，亦可以即戎矣。"（《子路二十九》）

不教的結果，則：

"子曰：以不教民戰，是謂棄之。"（《子路三十》）

一教一不教，所呈的結果，如此相隔天淵，則爲政者之用心，一方固憂國民之不庶不富，一方則尤憂國民之沒有教養；換言之，就是要量多而質精，纔是真的強國。

夫富國豈止爲養兵，蓋民庶而貧，其患將不可設想；而爲教豈止於教兵？蓋國民教育，須知保國乃國民責任，爲兵乃國民義務：這又是富與教的本義，亦即是"足兵"的足字之真解釋。

足兵的結果，最容易生出來的弊病，便是濫用自己的兵力以"兼弱攻昧，欺亂侮亡"，於是"強凌弱，衆暴寡"的侵略人國而滿足一二政治家的野心。關於這種好侵略的流弊，夫子是痛斥不貸的：

季氏將伐顓臾，冉有季路，見於孔子曰："季氏將有事於顓臾。"孔子曰："求！無乃爾是過與？夫顓臾、昔者先王以爲東蒙主，且在邦域之中矣。是社稷之臣也，何以伐爲？"冉有曰："夫子欲之，吾二臣者皆不欲也。"孔子曰："求！周任有言曰：'陳力就列，不能者止'。危而不持，顛而不扶，則將焉用彼相矣？且爾言過矣！虎兕出於柙，龜玉毀於櫝中，是誰之過與？"冉有曰："今夫顓臾，固而近於費，今不取，後世必爲子孫憂。"孔子曰："求！君子疾夫舍曰欲之，而必爲之辭。丘也聞：'有國有家者，不患貧而患不均，不患寡而患不安；蓋均無貧，和無寡，安無傾：夫如是，故遠人不服，則修文德以來之；既來之，則安之，今由與求也，相夫子，遠人不服而不能來也，邦分崩離析而不能守也，而謀動干戈於邦內！吾恐季孫之憂，不在顓臾而在蕭牆之內也。'"（《季氏一》）

痛責嚴斥，丁寧告誡，垂訓之殷，教誨之切，只這一篇文章，便是爲政家的寶典。而由此，我們可知夫子對於兵的意見，兵只是用來保衛國家的，而決不是供侵略之用的。除保衛以外，萬不得已而有用兵之時，只是如陳恆弒君請討之類。至於謀國家發展的方術，則只有"修文德"。就是說，一個國家，只要政治修明，則凡百文化便自然而然興盛起來，國力既充實宏偉，而又毫不示人以侵略兼併的野心，如此，則旁的弱小民族，有不嚮風慕義而來歸附的麽？不然，足兵而用來黷武，本國國民，先已不信其行政者，而"以力服人"，其勢亦必不久長。故夫子於三代之中，所最取上的是周。取上他的什麽？取上他的"文"：

"子曰：周監於二代，郁郁乎文哉！吾從周。"（《八佾十四》）

周的文，是周公一手所制定的，故夫子每懷政治家的周公：

"子曰：甚矣！吾衰也久矣，吾不復夢見周公。"（《述而五》）

"不復夢見周公"言滔滔斯世，只見些以侵暴爲能的政治家，而不見有以振興文化爲事的政治家。

約以上所言的知"事"說起來，則有如下文所舉的古史上的陳跡，可資我們從政者的借：

堯曰："咨！爾舜！天之曆數在爾躬；允執其中。——四海困窮，天祿永終。"

舜亦以命禹。

曰："予小子履，敢用玄牡，敢昭告于皇皇后帝：有罪不敢赦。帝臣不蔽，簡在帝心。朕躬有罪，無以萬方；萬方有罪，罪在朕躬。"

周有大賚，善人是富。

"雖有周親，不如仁人。百姓有過，在予一人。"

"謹權量，審法度，修廢官，四方之政行焉。

"興滅國，繼絕世，舉逸民，天下之民歸心焉。

"所重：民食，喪，祭。

"寬則得衆，信則民任焉，敏則有功，公則說。"（《堯曰一》）

足知所謂知事的，簡括言之，只是要"敬事"：

"子曰：道千乘之國：敬事而信；節用而愛人；使民以時。"（《學而五》）

"信、節、愛、時"，便都是從這一個"敬"字生出來。而表現這一個敬字最爲完全的，在古代帝皇中則有一個禹，可作爲從政家的模範：

"子曰：禹、吾無間然矣！菲飲食而致孝乎鬼神；惡衣服而致美乎黻冕；卑宮室而盡力乎溝洫：禹、吾無間然矣！"（《泰伯二十一》）

然而這敬字，卻須具一個根本條件，曰強毅堅忍，何謂強毅堅忍？

子路問政。子曰："先之勞之。"請益。曰"無倦。"（《子路一》）

子張問政。子曰："居之無倦，行之以忠。"（《顏淵十四》）

蓋敬字所要求於政治家的，是渾身的努力，而這渾身的努力，所最難能的是持久。爲政者若沒有強毅堅忍的精神，以貫注一事到底，往往要弄得"龍頭起，狗尾煞"；此夫子所以諄諄以"無倦"爲訓，而"子夏爲莒父宰，問政子。曰：'無欲速，無見小利。——欲速則不達，見小利則大事不成。'"（《子路十七》）

欲速而見小利，這只是不能堅忍，貪功急效，遂爾目光短淺如此；但這是萬萬不足以幹大事業的。故曰："……小不忍則亂大謀。"(《衛靈公二十六》)

試想國家是有永遠生命的，豈如人生因壽命有限，而其打算遂不出數年或數十年？現代的英國，彼之外交政策，持續至數百年而未有變，遂弄成那種偉大的樣子，故孔子說的，"如有王者，必世而後仁。"(《子路十二》)

這是一點也不錯的啊！"禮樂百年而後興"，爲政者又安可不放大眼光，向着永遠凝視，而紓其盡籌碩畫呢？

爲政者只是孜孜矻矻，敬事而無倦，迨積久而其施張已有成效可覩，則當淡焉忘懷而不自以爲功。孔子述孟之反道：

孟之反不伐：奔而殿，將入門，策其馬曰："非敢後也，馬不進也。"(《雍也十三》)

要知凡一事的成功，非一人之力所能致，"一將功成萬骨枯"，一個成功政治家的周圍，也不知有若干無名犧牲者；爲政者方當向這些犧牲者致其滿腔的敬意纔是，更安能曉曉揚揚，自鳴得意。且作事只不過是自盡其責，有成效乃盡責的當然結果，而區區的一點成功，若把來和更高更大的相比，則尤當自愧不遑。故孔子對於他理想的三代君長的贊辭，是這樣的：

"子曰：大哉！堯之爲君也。巍巍乎，唯天爲大，唯堯則之。蕩蕩乎，民無能名焉。巍巍乎其有成功也。煥乎其有文章。"(《泰伯十九》)

"子曰：巍巍乎！舜禹之有天下也而不與焉。"(《泰伯十八》)

"則天"天只是"四時行，百物生"，曾不聞其一聲一響；"有天下而不與"，只是爲天下作事，而忘懷自己有這天下：故"不伐"又是爲政者於知"事"以後所應知道的。

於是，總上三知——政、人、事——則一言以蔽之曰，從政者要知道自己的地位是不可以輕易居的罷了：

定公問："一言而可以興邦有諸？"孔子對曰："言不可以若是其幾也。人之言曰：'爲君難，爲臣不易。'如知爲君之難也，不幾乎一言而興邦乎？"曰："一言而喪邦有諸？"孔子對曰："言不可以若是其幾也。人之言曰：'予無樂乎爲君；唯其言而莫予違也。'如其善而莫之違也，不亦善乎？如不善而莫之違也，不幾乎一言而喪邦乎？"（《子路十五》）

是這樣知道自己地位之非輕易，而後乃能兢兢自持，於政則不敢苟且，於入則愼求任使，於事則罔或疏懈，而從政之道的第一事"知及之"的"知"字，也可以說是"及"到十分了。

研究知及之已畢，第二，我們當來研究"仁能守之"。有知自然是有才，有才當然便可以從政：季康子問："仲由可使從政也與？"子曰："由也果，於從政乎何有。"曰："賜也可使從政也與？"曰："賜也達，於從政乎何有。"曰："求也可使從政也與。"曰："求也藝，於從政乎何有。"（《雍也六》）

但才之爲物，可能得到人的信服，而不必能得到人的愛戴。有信服而無愛戴，則人視這一個政治家，來去都不甚關切。故曰："知及之，仁不能守之，雖得之，必失之"。要想得而不失，必得以仁爲守。如何爲仁？

"仲弓問仁。子曰：出門如見大賓；使民如承大祭；己所不欲，勿施於人；在邦無怨，在家無怨；仲弓曰：雍雖不敏，請事斯語矣。"（《顏淵二》）

子張問仁於孔子。孔子曰："能行五者於天下爲仁矣。"請問之。曰："恭、寬、信、敏、惠；恭則不侮，寬則得衆，信則人任焉，敏

則有功，惠則足以使人。"(《陽貨六》)

是這樣麼，則還怕國民有不愛戴其爲政者的麼？則還怕他的政治生命，有不既久且長的麼？故曰："爲政以德，譬如北辰，居其所而衆星共之。"(《爲政一》)

豈止於"共之"而已嗎？並且還要生出如下的效驗來：

"葉公問政。子曰：近者悅，遠者來。"(《子路十六》)

能令遠者都來，這是因爲託庇於"以仁爲守"的爲政者之下，便得以安心樂意，以生以息，而不至於汲汲顧影，惟恐夕之不保其朝：

哀公問社於宰我。宰我對曰："夏后氏以松，殷人以柏，周人以栗。"——曰："使民戰栗。"子聞之曰："成事不說，遂事不諫，既往不咎。"(《八佾二十一》)

"使民戰栗"，這豈是爲國民服務？眞是國民所疾首蹙額的一個衆矢之的罷了。古時候，野蠻殘虐的餘風未泯，栽社樹或者各有其象徵的意義，但這是過去的事情，大可以埋葬在過去裏面，不再提出來說，所以夫子云云。故爲政者以仁爲守，使民戰栗已不可，而殺民則尤不可：

季康子問政於孔子。曰："如殺無道以就有道，何如？"孔子對曰："子爲政，焉用殺？子欲善而民善矣；君子之德風，小人之德草，草上之風必偃。"(《顏淵十九》)

蓋殺戒一開，則從此流血之慘，便將層出，而循環報復，國民都淪於殘忍的獸道。故殺是萬不足以止殺的，止殺只有一個"善"字：

"子曰：'善人爲邦百年，亦可以勝殘去殺矣。'——誠哉是言也！"(《子路十一》)

善人爲邦，其心恬靜和謐，所尚者簡淡敦龐，只願國民熙熙皞皞，同登春臺，決不願以繁刑重罰，殘殺其民。故：

"子曰：雍也，可便南面。仲弓問子桑伯子。子曰：可也；簡。"（《雍也一》）

而國民被着這種恬淡之化，便都能省去私欲，不去觸犯他的刑罰：

"季康子患盜。問於孔子。孔子對曰：苟子之不欲，雖賞之不竊。"（《顔淵十八》）

因爲國民至於盜竊，乃是在上者多欲好侈之風所造的成績，故孔子重責管仲：

"子曰：管仲之器小哉！或曰：管仲儉乎？曰：管氏有三歸，官事不攝，焉得儉？"（《八佾二十二》）

總之，守國之道，有周公訓子的幾句話，最爲精到：

"周公謂魯公曰：君子不施其親；不使大臣怨乎不以；故舊無大故，則不棄也；無求備於一人。"（《微子十》）

這幾句話，便都可用一個"仁"字包括。

知及之了，仁能守之了，第三，我們當來研究"莊以涖之"。大凡仁的流弊，便是太嘻哈了，太隨喜了，故仲弓聞孔子稱道子桑伯子的簡，便又疑惑着問道：

"……居敬而行簡，以臨其民，不亦可乎；居簡而行簡，無乃太簡乎？子曰：雍之言然！"（《雍也一》）

"太簡"便足以致民之"慢"，而將有威信不立之虞。故曰："知及之，仁能守之，不莊以涖之，則民不敬"。故：

季康子問："使民敬忠以勸，如之何？"子曰："臨之以莊則敬，孝慈則忠，舉善而教不能則勸。"（《爲政二十》）

那麽，怎樣則爲莊呢？

"子張問於孔子曰：何如斯可以從政矣？子曰：尊五美，屏四惡，斯可以從政矣。子張曰：何謂五美？子曰：君子惠而不費，勞而不怨，欲而不貪，泰而不驕，威而不猛。子張曰：何謂惠而不費？子曰：因民之所利而利之，斯不亦惠而不費乎？擇可勞而勞之，又誰怨？欲仁而得仁，又焉貪？君子無衆寡，無小大，無敢慢，斯不亦泰而不驕乎？君子正其衣冠，尊其瞻視，儼然人望而畏之，斯不亦威而不猛乎？子張曰：何謂四惡？子曰：不教而殺謂之虐；不戒視成謂之暴；慢令致期謂之賊；猶之與人也，出納之吝，謂之有司。"（《堯曰二》）

於知及仁守之外，再能像夫子告訴子張的這些話，以臨其民，那麼，國民對於這種爲他服務的人，一面固然是極其親愛，一面又不至於狎狃了。

然而太莊亦有病，其病在木強，在絲毫不肯退讓，故必得以合於義理之宜的"禮"調節之，而後從政的資格，乃得十分完美；則第四，我們便當來研究"動之以禮"。禮之德莫大乎讓，孔子稱贊周說：

"三分天下有其二，以服事殷，周之德，其可謂至德也已矣！"（《泰伯二十》）

又稱贊泰伯說：

"泰伯其可謂至德也已矣！三以天下讓，民無得而稱焉。"（《泰伯一》）

讓是"至德"，故夫子笑子路之不讓。先是，子路曾皙冉有公西華等四人，在夫子前言志以後，"……三子者出，曾皙後。曾皙曰：夫三子者之言何如？子曰：亦各言其志也已矣。曰：夫子何哂由也？曰：爲國以禮，其言不讓，是故哂之。"（《先進二十五》）

爲國既當以禮，此夫子所由大不滿於管仲：

"……然則管仲知禮乎？曰：邦君樹塞門，管氏亦樹塞門；邦君爲兩君之好，有反坫，管氏亦有反坫：管氏而知禮，孰不知禮？"（《八佾二十二》）

總而言之，則"知及之，仁能守之，莊以涖之，動之不以禮，未善也。"故樊遲請學稼，夫子以爲這事宜委之專門家，從政者無躬親的必要。

"……樊遲出。子曰：小人哉樊須也！上好禮則民莫敢不敬；上好義則民莫敢不服；上好信則民莫敢不用情：夫如是則四方之民襁負其子而至矣，焉用稼？"（《子路四》）

從事政治的生涯，在以上說清楚了，試又來研究從事教育的生涯。所謂教育的生涯，不外兩事：一爲師，一教人。如何乃能爲師？

"子曰：溫故而知新，可以爲師矣。"（《爲政十一》）

只這一語，便包括爲師之道無遺。何言乎溫故？博通古先聖哲所遺傳下來的精神的產業，曠覽宇宙間自然的品物，精察社會人生的現象……一言以蔽之曰："通天地人之謂儒"，這便是溫故。何言乎知新？曰，以博通曠覽之所得，而融會貫通於心，因之推得時代遷變的來源去脈，深明現代精神之所寄託，現代潮流之所趨歸，……一言以蔽之曰："識時務者爲俊傑"，這便是知新。因溫而知，知而更溫，新識既無窮無盡，樂趣亦愈得愈多，故夫子自道：

"默而識之，學而不厭，誨人不倦，何有於我哉。"（《述而二》）

這種爲師的，其門庭自然廣大如海，巨川細流，匪所不納；彼心中目中，視天下殆無不可教之人：

"子曰：有教無類。"（《衛靈公三十八》）

"子曰：自行束脩以上，吾未嘗無誨焉。"（《述而七》）

而其心胸又是公平如水，教人決沒有厚薄之分的：

陳亢問於伯魚曰："子亦有異聞乎？"對曰："未也。嘗獨立，鯉趨而過庭，曰：'學詩乎？'對曰：未也。'不學詩，無以言。'鯉退而學詩。他日又獨立，鯉趨而過庭，曰：'學禮乎？'對曰：未也。'不

學禮,無以立。'鯉退而學禮。聞斯二者。"陳亢退而喜曰:"問一得三;聞詩,聞禮,又聞君子之遠其子也!"(《季氏十三》)

如是,以溫知修己,以廣大納衆,以公平存心,爲師之道,盡於此矣。又如何乃以爲教?曰,"子以四教:文、行、忠、信。"(《述而二十四》)

這是教作人的四個根本條件。"文、行"屬於人的外表;"忠、信"屬於人的內心:必內外俱全,始得成爲一個受過教育的人。用現在的教育條目看起來,則文乃智育體育,行乃德育,忠信則貫此三育而作之基本。但施行這四個根本條件,欲令有效,初非口說可以了事,只有爲師的以身作則,纔不蹈空:

"子曰二三子以我爲隱乎?吾無隱乎爾!吾無行而不與二三子者是丘也。"(《述而二十三》)

弟子自覺不及其師,每疑師不盡其教,故夫子語之如此。實際則進德自有其次第,萬無可以躐等之理:

"子張問善動詞人之道。子曰:不踐迹,亦不入於室。"(《先進十九》)

那麼,什麼是"迹"呢?

"子游曰:子夏之門人小子,當洒掃,應對,進退,則可矣。——抑末也,本之則無。如之何?子夏聞之,曰:噫!言游過矣!君子之道,孰先傳焉,孰後倦焉,譬諸草木、區以別矣。君子之道,焉可誣也?有始有卒者,其惟聖人乎!"(《子張十二》)

以"迹"爲階梯,循着這階梯,自會一步一步向上,而況天賦又有智愚的不齊,就是這階梯的登法,也當各令分別:

"子曰:中人以上,可以語上也;中人以下,不可以語上也。"(《雍也十九》)

說到此處，則教授的方法，便不可不研究了。夫人性不同，各如其面，則教人第一在識透各個人的個性：

"子曰：性相近也，習相遠也；唯上知與下愚不移。"（《陽貨二及三》）

旣是只有上知和下愚，是天已生定，人無所用其力，則其餘非上非下的，便都因人之力而可上可下，則爲教者便當利用這"相近、相遠"二事，鍼砭其個性，涵養其習慣，導之導之，使往向上一路，而防備向下一路。夫人性雖云萬殊，但人人必都要求生，必都欲成全這生而不欲損害這生，這卻是人人性分中所共具的一件事實，故曰，性相近；但又有以損害這生爲事的人，這只是緣於惡劣的環境（習）蒙蔽着他的靈明的緣故，故曰，習相遠。故爲教，只要向個性和環境兩事上面去用心，便得了。那麼，怎樣是識透個性？曰，這可以看下例：

"子曰：回也，非助我者也；於吾言無所不說。"（《先進二》）

"子曰：回也其庶乎！屢空。賜不受命而貨殖焉；億則屢中。"（《先進十八》）

"閔子侍側，誾誾如也；子路，行行如也；冉有、子貢，侃侃如也：子樂。——若由也，不得其死然！"（《先進十二》）

我們又看夫子對於各弟子短處的批評：

"子曰：柴也愚；參也魯；師也辟；由也喭。"（《先進十七》）

各有其偏短如此，而皆令堂堂地成一個人以去，則性近習遠的利用，詎非教育家所當致其全力的麼？那麼，又怎樣是鍼砭個性？曰，這可以看下例：

"子路問：聞斯行諸？子曰：有父兄在，如之何其聞斯行之？冉有問：聞斯行諸？子曰：聞斯行之。公西華曰：由也問，'聞斯行諸？'子曰：'有父兄在。'求也問，'聞斯行諸？'子曰：'聞斯行之。'赤也

惑，敢問。子曰：求也退，故進之；由也兼人，故退之。"（《先進二十一》）

我們又看，同是一個問"孝"，然而"孟武伯問孝。子曰：父母惟其疾之憂。"（《爲政六》）

"子游問孝。子曰：今之孝者，是謂能養；至於犬馬皆能有養。——不敬何以別乎？"（《爲政七子夏問孝。子曰：色難。有事弟子服其勞，有酒食，先生饌，曾是以爲孝乎？"（《爲政八》）

便知孟武伯出身貴族，習於奢逸，以致把身體弄成一個"蒲柳之質"；而子游子夏，是兩位文學家，文學家的性質，最易墮入隨隨便便，即俗語所謂"名士氣"：是這樣的看人說話，這纔眞能名之曰"教"故教授之時，爲教師的，最是先要自空其心，無成見蟠踞其中，而後隨問隨答：

"子曰：吾有知乎哉？無知也。有鄙夫問於我，空空如也。我叩其兩端而竭焉。"（《子罕七》）

而又要深明"匪我求童蒙，童蒙求我（出《易經》）"的意義：

"子曰：不憤、不啓，不悱、不發，舉一隅不以三隅反，則不復也。"（《述而八》）

這種教授法，前者是希臘古聖梭格拉底的《產婆法》，後者是美洲今哲約翰、杜威的《引出說》。何謂《產婆法》？謂於一問一答之中，而徐徐逗達眞理，何謂《引出說》？謂教育乃引出其所固有，非能灌注以所本無。是這樣施教，則受教者便能各各本其天與的長處而各自成材：

"子曰：從我於陳蔡者，皆不及門也：德行，顏淵、閔子騫、冉伯牛、仲弓；言語，宰我、子貢；政事，冉有、季路；文學，子游、子夏。"（《先進二》）

凡上所云云，要之，爲教育家的，只是要愛其弟子，忠其天職，而後纔能那樣的不憚煩瑣的，一一察其個性，施以教訓：

"子曰：愛之能勿勞乎？忠焉能勿誨乎？"（《憲問八》）

故唯這種熱愛與精忠，乃爲教育家的第二生命。而對於這種熱愛與精忠的酬報，便是受教的弟子們之患難不貳，生死相從：

"子畏於匡，顏淵後。子曰：吾以女爲死矣！曰：子在，回何敢死。"（《先進二十二》）

故師、弟感情的深厚，必要造及此境，而後乃足稱從事教育的生涯。不然，師、弟本以義合，若沒有感情維繫其間，則相視如路人，怎能稱爲教育？又何貴乎有這種教育？故眞的教育，我們可以重呼一遍，是要要求教育家的熱愛與精忠！

以上將《論語》一書，——兩千年來我全國國民，一入蒙塾便讀的一書，加以嶄然一新的組織，便覺淸白平明，孔教的面目，畢呈畢露。往日我們讀此書，每苦其繁殽無倫，如書中論仁、論學、論君子、論成人、論政、論教，……各各若干事，而我們卒不能得一系統的觀念。原書本是語錄，隨聞隨見，卽隨時筆述出來，以存眞相，這是自然的結果，毫無足怪。那麼，只有後人重新分析，重新組合，便成爲有系統的學術。但先儒尊經太過，對於此書，只是泥守章句，不敢稍加變動，以致傳來數千年，註釋數百家，而試叩問讀者，大抵只能說出一點零碎觀念，而不能爲具體的答覆。今著者援古人"以本經證本經之例"，如此另抄一遍，似乎書中所論各事，便都不煩言而解了。

全書《鄕黨》一篇，專記孔子起居動作，所記精細已極，取原書讀之自然明白，故不錄。其餘和我們的時代無關係的幾章也不錄。但尚有子貢的"孔子觀"數章，卻有抄錄的必要。因爲我們後人，任□

□[1]千言萬語，來贊孔子，總是不關痛癢，萬不及當時親炙者所說的眞切；加之子貢又善於言語，故其屬詞吐語，獨精美確切，更不能令後人再贊一辭。

叔孫武叔語大夫於朝曰："子貢賢於仲尼。"子服景伯以告子貢。子貢曰："譬諸宮牆：賜之牆也及肩，窺見室家之好；夫子之牆數仞，不得其門而入，不見宗廟之美，百官之富。——得其門者或寡矣！夫子之云，不亦宜乎？"（《子張二十三》）

叔孫武叔毀仲尼。子貢曰："無以爲也，仲尼不可毀也！他人之賢者，丘陵也，猶可踰也；仲尼日月也，無得而踰焉。人雖欲自絕，其何傷於日月乎？多見其不知量也！"（《子張二十四》）

陳子禽謂子貢曰："子爲恭也，仲尼豈賢於子乎？"子貢曰："君子一言以爲知，一言以爲不知；言不可不愼也。夫子之不可及也，猶天之不可階而升也。夫子之得邦家者，所謂立之斯立，道之斯行，綏之斯來，動之斯和：其生也榮，其死也哀；如之何其可及也？"（《子張二十五》）

然而子貢的這種評贊，或者覺得太主觀了，那麼，我們試一作客觀的論斷。客觀的論斷，自然是檢討孔子人格的偉大及《論語》一書的內在價值。但此事還待末學如愚的來曉絮？德國學者有羨慕中國五尺之童，便得聆其國聖人之大道者。這自是不合事理的一種悠悠之譚，但此書終是我民族的根本經典而爲我國人所必讀，誰也不能否定。但我們欲作客觀的論斷，與其是本國人來操筆，無寧取異邦人論評，或者尤爲客觀的。最近日本渡邊秀方氏著《支那哲學史概論》，頗爲精博，茲抄譯其《孔子》一章起結之語，以殿此篇：

世界三聖之中，佛耶兩聖，都是大宗教的祖師，他倆的寶訓金

---

[1] 此處原書兩字不清，疑爲"其以"。——編者註

言，異於使世之思想家窮理而追求價值者，蓋專以神祕的信仰心爲本，而欲於人生的彼岸，現出絕對淨土，乃其本旨耳。"吾神之子也！吾佛也！超越一切智，一切識。上天下地，唯一者，絕對者，舍我其誰？"這便是他們的中心思想是言也，若其說者之人格，自信而非佛非耶者，則他說出這些話來，只不過是一個惑亂愚衆的詐僞師罷了；此所以自古以來邪教續出，至今猶未能絕其迹。

然而有其他一聖之孔夫子者，彼絕未嘗用什麼權道，只是想就着現實而建設文質彬彬的社會在此地上，而令萬民悉享太平之樂，遂樹立起萬古不滅的人道教來。他嘗說："十室之邑，必有忠信如丘者，不如丘之好學也。"(《公冶長》)可見他絕不以詭辭籠絡天下的愚衆。——其言忠信，其行質實，如此卽成爲東洋五億民衆的木鐸。從這一點說起來，我以爲我夫子以人樣的人格而足爲人儀表，要遠駕乎佛耶兩聖之上。他的高弟顏淵，見其師人格崇高而喟然歎曰："仰之彌高，鑽之彌堅，瞻之在前，忽焉在後。夫子循循然善誘人：博我以文，約我以禮；如有所立卓爾，雖欲從之，末由也已！"(《子罕》)這是"稱歎夫子的人格，直無追從的餘地"之語，而孔門唯一的才人子貢，也發這同樣的歎聲。如此，從孔門之中，沒有像賣基督的猶大的例，也沒有像佛弟子中有背其師而去者的例：弟子三千，無一不信任其師，悅服其德，而終身不渝。

孔子自謂"述而不作，信而好古，竊比於我老彭。——老彭，殷之賢大夫，《論語·述而》篇"，則孔子未嘗有自述其思想的著書；只有一部《論語》，是夫子故後，由門弟子所集成的言行錄，由此書便足以見夫子的思想如何。這書蓋恰等於基督的聖經，釋迦的經典，然而從歷史的正確之點觀察起來，則這書決不似佛耶兩聖的經典一般，用奇怪的傳說圍繞着；以此之故，孔子的言行，便一空翳障，而可以赤裸裸地看出來。——這是此書的特色，也就是研究孔子的第一資料，從古以來，論夫子的，大都傾向於以孔子爲一個祖述者。誠然，《論語》有"述而不作"的記載，而《六經》的整理，又是曾用過曠絕今古的手腕和努力來的，但是尤有其他倫道的建設，我們萬不可以閒卻。蓋孔子所以偉大，而有千古不滅之價值，就是他用了一個仁的範疇，而以一大倫道的組織，抱擁了古代的家庭倫理之一事。這不能不說他是以此東洋道的權化，而負有教化世界人類的一大使命。自古以來，時無論古今，地無論東西，或言善，或言惡，或言義，或言信，或言愛，或言慈悲……然未有如孔子之仁的意義廣大者。至於泰西的倫理學者，比起孔子的倫道來，尤爲偏小，殆不足道。故夫子實可以說是生民以來，唯一無二人道教的建設者！

那麼，則成就了這樣大道的孔子的人格，即說他是知、情、意圓滿發達，到了極頂，天下恐更無其類，也非溢美過甚之言。我們試看，大凡智太發達的人，往往缺於情，情太濃厚的人，往往缺於意。唯夫子，則知、情、意相共發達，曾無微隙。如十五志學，終生不倦地探討以研其知，而意志的強固，尤常令及門諸子，舌撟不能下，臨難之時，神色自若，這已是知、意俱造其極的人，而說到情，則極其濃厚，如《論語·鄉黨》篇的行狀，記孔子情緒的流動，彷彿如在目前，而師弟間的情誼之深，像慟哭顏子之死，長歎伯牛之疾，永傷子路之難，俱足以證明其人情味是如何深永。我們讀《論語》一書的人，總覺得一讀再讀，一次一次地增加我們的興味來，畢竟是因爲夫子具有人間趣味的仁道，促迫這二千五百年後的我人的心胸故。——像夫子這一位聖人，比起佛耶兩聖來，實在是容易親近了。

編後記

李繼煌（1891~1960），湖南綏寧人。1905年，與其兄李繼輝赴靖州考取同榜秀才，兄弟聯芳，聞名全縣。次年，同時進入綏寧縣立高等小學堂讀書。1907年，由縣政府一同保送到湖南西路師範學堂就讀。1913年，因成績優異，被一同派赴日本公費留學，系綏寧縣內最早的出國留學生。李繼煌在日本結識林伯渠、郭沫若等進步人士，思想受到薰陶。1922年從日本畢業回國，受聘於湖南省立二師任教，兼任常德《沅湘日報》等報刊編輯。1925年前往上海商務印書館任編輯並兼任《農民文藝》編輯，曾慷慨解囊助林伯渠從事地下工作，以紓其經濟困難，此事在《林伯渠日記》有所記載。1926年回湖南，任省立第二師範教務長。期間，進步學生與右派學生發生衝突，鬧出命案，危急之時，李繼煌設法救出學生領袖粟裕、滕代遠、劉彥文等，資助他們連夜投奔革命軍，參加北伐；並出面請好友調解，救出蔣兆驤、鄧興民、楊傑舜等中共黨員。馬日事變後，李繼煌到北伐36軍任中校秘書，代軍部草擬反蔣檄文——《告皖省民眾書》，痛斥蔣介石背叛革命的罪行。後，被迫離開軍隊重返教育界，先後任教于長沙一中、兌澤中學、常德中學、乾城國立商學院、長沙克強農學院。曾編寫中學國文教科書和珂羅版《中國古畫》10餘冊；著《中國文化史》《儒道兩家關係論》《古書源流》；譯《英倫風土志》等。新中國成立後，在湖南省文史館任文史委員，直到1960年病故，享年69歲。

　　數千年來，我國祖先創造了豐富、燦爛的文化碩果，主要錄存於浩如煙海的古代圖書典籍之中，這些就是"古書"。古書是先人知識的記錄、積累、總結和存儲，是後人繼承、獲取前人知識的重要媒介，也是後人進行科學研究的基礎。中國自古以來重視古代文獻及其整理，我國文獻起源之久遠、種類之眾多、數量之浩廣、整理之頻繁，蔚為大觀。自孔子整理圖書，由此產生了關於古代文獻及其整理的專門學問——文獻學。歷代學者用功頗深、研究源遠流長，如漢代劉向、劉歆父子編制《別錄》《七略》，正史《漢書》《隋書》有專門文獻志等，南宋鄭樵著《通志·校讎略》，清代考據盛行對古代文獻的考證研究成為一時顯學，研究成果豐碩，為我們研究、學習和運用古書提供了重要途徑。但是，前賢這類著作多放在大部頭書裡，或者散見於許多部書裡，一般讀者查閱很不方便。有鑑於此，作者將先賢關於古書源流的著作從大部頭書中抽出來、從許多地方收攏來，放在一起，以便集中瞭解和研究我國古書的源流脈絡。作者在本書結尾以《新"解老"》《讀論語》兩篇高品質的中國文化研究論文為代序，顯現了作者深厚的國學功底和對中國文化的深入理解。

　　本書依據商務印書館1926年版為底本進行整理。在整理的過程中，我們在版式上將原來的直排變為橫排，以便於今人閱讀；對底本中需要補充或明顯錯訛需要糾正的地方，以"編者註"的形式加以說明；底本標點與今天的規範差異較大，以尊重原稿為主、依據現代漢語標點規則修改；原書為兩冊，其一為卷一，其二為卷二、卷三、卷四及附錄，本次整理卷二、卷三、卷四及附錄稱為下冊。本次整理沿用這一方式。卷二分經、子、史三部分別介紹相關研究成果，包括經部《六經正名》《兩漢經師今古文家法考敘》《國朝經師經義目錄》《國朝詁經文鈔序》《經解》;子部《莊子·天下篇》《史記·論六家要旨》《淮南子·要略篇》《讀子卮言·論子部之沿革興廢》《讀子卮言·論九流之名稱》《讀子卮言·論道家為百家所從出》《呂氏春秋序》;史部《尊史》《史通·二體》《史通·六家》《通志總序》《文獻通考總序》《論過去之中國史學界》等。另有《新"解老"》《讀論語》兩篇作者所著論文作為附錄。限於整理者水準，錯漏不當之處仍在所難免，誠望讀者批評指正。

劉　江
2014 年 3 月

《民國文存》第一輯書目

紅樓夢附集十二種	徐復初
萬國博覽會遊記	屠坤華
國學必讀（上）	錢基博
國學必讀（下）	錢基博
中國寓言與神話	胡懷琛
文選學	駱鴻凱
中國書史	查猛濟、陳彬龢
林紓筆記及選評兩種	林紓
程伊川年譜	姚名達
左宗棠家書	許嘯天、胡雲翼
積微居文錄	楊樹達
中國文字與書法	陳彬龢
中國六大文豪	謝無量
中國學術大綱	蔡尚思
中國僧伽之詩生活	張長弓
中國近三百年哲學史	蔣維喬
段硯齋雜文	沈兼士
清代學者整理舊學之總成績	梁啟超
墨子綜釋	支偉成
讀淮南子	盧錫柼

國外考察記兩種	傅芸子、程硯秋
古文筆法百篇	胡懷琛
中國文學史	劉大白
紅樓夢研究兩種	李辰冬、壽鵬飛
閒話上海	馬健行
老學蛻語	范槨
中國文學史	林傳甲
墨子間詁箋	張純一
中國國文法	吳瀛
錢基博著作三種	錢基博
老莊研究兩種	陳柱、顧實
清初五大師集（卷一）·黃梨洲集	許嘯天
清初五大師集（卷二）·顧亭林集	許嘯天
清初五大師集（卷三）·王船山集	許嘯天
清初五大師集（卷四）·朱舜水集	許嘯天
清初五大師集（卷五）·顏習齋集	許嘯天
文學論	夏目漱石、張我軍
經學史論	本田成之、江俠庵
經史子集要略	羅止園
古代詩詞研究三種	胡樸安、賀楊靈、徐珂
古代文學研究三種	張西堂、羅常培、呂思勉
巴拿馬太平洋萬國博覽會要覽	李宣龔
國史通略	張震南
先秦經濟思想史二種	甘乃光、熊夢
三國晉初史略	王鍾麒
清史講義（上）	汪榮寶、許國英
清史講義（下）	汪榮寶、許國英

清史要略	陳懷
中國近百年史要	陳懷
中國近百年史	孟世傑
中國近世史	魏野疇
中國歷代黨爭史	王桐齡
古書源流（上）	李繼煌
古書源流（下）	李繼煌
史學叢書	呂思勉
中華幣制史（上）	張家驤
中華幣制史（下）	張家驤
中國貨幣史研究二種	徐滄水、章宗元
歷代屯田考（上）	張君約
歷代屯田考（下）	張君約
東方研究史	莫東寅
近世歐洲史	何炳松
西洋教育思想史（上）	蔣徑三
西洋教育思想史（下）	蔣徑三
西洋教育史大綱	姜琦
人生哲學	杜亞泉
佛學綱要	蔣維喬
國學問答	黃筱蘭、張景博
社會學綱要	馮品蘭
韓非子研究	王世琯
中國哲學史綱要	舒新城
中國古代政治哲學批判	李麥麥
教育心理學	朱兆萃
陸王哲學探微	胡哲敷

認識論入門	羅鴻詔
儒哲學案合編	曹恭翊
荀子哲學綱要	劉子靜
中國戲劇概評	培良
中國哲學史（上）	趙蘭坪
中國哲學史（中）	趙蘭坪
中國哲學史（下）	趙蘭坪